EL LIBRO QUE OJALÁ TUS PADRES HUBIERAN LEÍDO

PHILIPPA PERRY

EL LIBRO QUE OJALÁ TUS PADRES HUBIERAN LEÍDO

(y que a tus hijos les encantará que leas)

Zenith / Planeta

Título original: *The Book You Wish Your Parents Had Read (and Your Children Will be Glad That You Did)*

Zenith, un sello editorial de Editorial Planeta, S. A.
Avda. Diagonal, 662-664, 08034 Barcelona (España)
www.zenitheditorial.com
www.planetadelibros.com

Adaptación de la cubierta: Booket / Área Editorial Grupo Planeta, a partir de la idea original de © Penguin Books UK
Primera edición en Colección Booket: septiembre de 2025
Segunda impresión: febrero de 2026

Depósito legal: B. 13.324-2025
ISBN: 978-84-08-30765-5
Impreso en España

Biografía

Philippa Perry se formó como psicoterapeuta y ha trabajado en el campo de la salud mental durante más de 20 años. En 2010 publicó una novela gráfica, *Couch Fiction*, que muestra el proceso de la psicoterapia. Es autora del bestseller mundial *El libro que ojalá tus padres hubieran leído*, que lleva más de 1,3 millones de ejemplares vendidos y se ha traducido a más de 40 idiomas. Además de su trabajo como psicoterapeuta, Perry es presentadora de radio y televisión, ha trabajado en varios documentales y escrito otros dos libros. Vive en Londres con su marido, el artista Grayson Perry, con el que tiene una hija, Flo.

Dedico este libro con mucho cariño a mi hermana Belinda

SUMARIO

PRIMERA PARTE:
EL LEGADO DE TU CRIANZA

SEGUNDA PARTE:
EL ENTORNO DE TUS HIJOS

TERCERA PARTE:
SENTIMIENTOS

CUARTA PARTE:
SENTAR UNAS BASES

QUINTA PARTE:
CONDICIONES PARA UNA BUENA SALUD MENTAL

SEXTA PARTE: TODA CONDUCTA ES COMUNICACIÓN

SEXTA PARTE
TODA CONDUCTA ES COMUNICACIÓN

PRÓLOGO

Este no es un libro sobre cómo criar y educar a los niños sin más.

No voy a entrar en detalles sobre cómo quitar el pañal o sobre el destete.

Este libro trata sobre cómo nos relacionamos con nuestros hijos, qué impide una buena conexión y qué puede mejorarla.

Trata sobre cómo la forma en la que nos educaron influye en nuestra manera de criar a nuestros hijos, sobre los errores que cometeremos (sobre todo esos que nunca quisimos cometer) y qué hacer al respecto.

En este libro no encontrarás muchos consejos, trucos o soluciones para padres y madres. Es posible que en ocasiones te moleste, te haga enfadar, o incluso te convierta en un padre o una madre mejor.

He escrito el libro que desearía haber leído cuando me estrené como madre, y que desearía que mis padres hubiesen leído.

INTRODUCCIÓN

Hace poco vi un monólogo del cómico Michael McIntyre. Decía que hay cuatro cosas que debemos hacer con nuestros hijos: vestirlos, alimentarlos, bañarlos y acostarlos. Explicaba que antes de tener a sus hijos se imaginaba que ser padre consistiría en correr por los prados y comer al aire libre, pero la realidad era que cada día suponía una batalla continua para conseguir que hiciesen esas cuatro cosas básicas. El público estalló en carcajadas cuando describió cómo los convencía para que se lavasen el pelo, se pusiesen el abrigo, saliesen de casa o comiesen verdura. Eran risas de padres y madres, tal vez como nosotros, que habían pasado por lo mismo. Ser padre[1] puede resultar muy complicado. Puede ser aburrido, desalentador, frustrante y agotador, pero al mismo tiempo es la cosa más divertida, alegre, genial y llena de amor que experimentarás en tu vida.

Cuando estamos enredados en minucias como los pañales, las enfermedades infantiles o las rabietas (de bebés y adolescentes), o cuando trabajas todo el día y al llegar a casa empieza el verdadero

1. Cuando utilizo la palabra padre, incluyo también a la madre, y me refiero a la persona responsable de los niños, ya sea porque son sus hijos biológicos o porque es el responsable legal, o un pariente cercano, o un amigo de la familia. En otras palabras, podríamos intercambiar «padre» con «cuidador principal». En ocasiones utilizo la palabra «cuidador», que puede ser un padre o una madre, un padre o una madre adoptiva, un padrastro o una madrastra, una persona que ayuda con los niños a cambio de remuneración o no, o cualquier otra persona que se responsabilice de los niños.

trabajo (que incluye quitar restos de plátano de los recovecos de la trona o afrontar otra carta del director del colegio para pedirte que acudas a una reunión), puede ser difícil poner en perspectiva la labor de ser padre o madre. Este libro intenta ofrecerte esa visión general y ayudarte a tomar distancia para que veas qué importa y qué no, y qué puedes hacer para ayudar a tus hijos a ser las personas que pueden llegar a ser.

La clave está en la relación que tienen los padres con sus hijos. Si las personas fuésemos plantas, la relación sería la tierra. La relación apoya, nutre, permite el crecimiento... o lo impide. Sin una relación en la que apoyarse, la sensación de seguridad del niño se verá afectada negativamente. Queremos que la relación sea una fuente de fortaleza para nuestros hijos (y, algún día, para los hijos de nuestros hijos).

Como psicoterapeuta, he pasado por la experiencia de escuchar y hablar con personas que se enfrentan a diferentes aspectos de la crianza de los hijos. A través de mi trabajo he tenido la oportunidad de observar cómo las relaciones pasan a ser disfuncionales (y cómo se consigue que vuelvan a funcionar bien). El objetivo de este libro es compartir contigo todo lo relevante acerca de la crianza, y esto incluye cómo trabajar con los sentimientos (tuyos y suyos), cómo conectar con tus hijos para aprender a entenderlos mejor y cómo crear una conexión real con ellos en lugar de quedarte atascado en agotadores patrones de conflicto o retirada.

He adoptado una visión de la crianza a largo plazo en lugar de centrarme en dar consejos y trucos. Me interesa cómo podemos relacionarnos con nuestros hijos, no cómo podemos manipularlos. En este libro te animo a revisar tu propia infancia para que aproveches las buenas experiencias que tuviste al crecer y evites los aspectos menos favorables. Analizaré cómo podemos crear buenas relaciones o mejorarlas para que nuestros hijos crezcan en un entorno positivo. Hablaré de cómo nuestras actitudes durante el embarazo pueden influir en el futuro vínculo con nuestros hijos, y de cómo debemos comportarnos con un bebé, un niño, un adolescente o un hijo adulto para mantener relaciones que sean una fuente de fortaleza para ellos y, a su vez, satisfactorias para nosotros. Y, de paso, te pelearás mucho menos para conseguir que se vistan, coman, se bañen y se acuesten.

Este libro es para padres y madres que no solo quieren a sus hijos, sino que además quieren llevarse bien con ellos.

PRIMERA PARTE

EL LEGADO DE TU CRIANZA

El cliché es cierto: los niños no hacen lo que les decimos, sino que hacen lo que hacen. Antes de empezar a hablar de la conducta de nuestros hijos, resulta útil (fundamental incluso) observar a sus primeros referentes. Y uno de esos referentes eres tú.

Esta sección trata sobre ti, porque tú serás una gran influencia para tus hijos. Te pondré ejemplos de cómo el pasado puede influir en el presente en lo que respecta a la relación con tus hijos. Hablaré de cómo los niños pueden desencadenar en nosotros viejos sentimientos que nos hacen actuar de manera equivocada en nuestro trato con ellos. Y también examinaré la importancia de analizar a nuestro crítico interior para no transmitir sus nocivos efectos a la siguiente generación.

EL PASADO NOS PASA FACTURA (A NOSOTROS Y A NUESTROS HIJOS)

Un niño necesita cariño y aceptación, contacto físico, tu presencia física, amor y límites, comprensión, jugar con personas de todas las edades, experiencias reconfortantes y gran parte de tu atención y tu tiempo. Ah, vale, qué fácil; el libro puede acabar aquí. Pero no, no puede, porque hay cosas que se interponen. Tu vida puede interponerse: las circunstancias, el cuidado de los hijos, el dinero, el colegio, el trabajo, la falta de tiempo, las obligaciones... y la lista continúa, como sabes.

Sin embargo, lo que puede interponerse más que cualquiera de los elementos anteriores es lo que nos entregaron cuando éramos bebés y niños. Si no analizamos cómo nos criaron y cuál es el legado de esa crianza, podría regresar y pasarnos factura. Es posible que alguna vez hayas dicho algo así: «Abrí la boca y me salieron las palabras que usaba mi madre». Por supuesto, si esas palabras te hacían sentir querido, amado y seguro en tu infancia, está bien. Sin embargo, lo habitual es que se trate de palabras que provocaban el efecto contrario.

Lo que puede interponerse son cosas como nuestra falta de confianza, nuestro pesimismo, nuestras defensas (que bloquean nuestros sentimientos) y nuestro temor a sentirnos abrumados por esos sentimientos. Cuando se trata específicamente de la relación con nuestros hijos, podría ser lo que nos irrita de ellos, las expectativas que tenemos puestas en ellos o nuestro temor por lo que pueda pasarles. No somos más que un eslabón de una cadena que se remonta a miles de años atrás y se prolonga hacia delante hasta quién sabe cuándo.

La buena noticia es que puedes aprender a remodelar tu eslabón, tu vínculo, y eso mejorará la vida de tus hijos y la de los hijos de tus hijos. Y puedes empezar ahora mismo. No tienes que repetir todo lo que hicieron contigo; puedes prescindir de todo aquello que no sirvió para nada. Si tienes hijos o vas a tener uno, puedes analizar tu infancia y familiarizarte con ella, examinar qué te ocurrió, cómo te sentías entonces y cómo te sientes ahora al respecto. Después de ese análisis a conciencia, quédate solo con lo que necesites.

Si en tu infancia y adolescencia te respetaron como a un ser único y valioso, te mostraron amor incondicional, recibiste suficiente atención positiva y mantuviste relaciones satisfactorias con los miembros de tu familia, te habrán imbuido de la capacidad de crear relaciones positivas y funcionales. A su vez, esto te habrá enseñado que puedes tener una contribución positiva en tu familia y en tu comunidad. Si este es tu caso, es poco probable que el ejercicio de revisar tu infancia te resulte doloroso.

Pero si no tuviste una infancia así, como ocurre en una gran parte de nosotros, el hecho de revisarla podría provocarte malestar emocional. Creo que es necesario tomar plena conciencia de ese malestar para entender mejor cómo evitar transmitirlo. Gran parte de lo que hemos heredado habita al margen de nuestra conciencia. Y eso hace que a veces nos cueste distinguir si estamos reaccionando aquí y ahora a la conducta de nuestros hijos o si nuestras reacciones están más arraigadas en el pasado.

Creo que la siguiente historia ayudará a ilustrar esta idea. Me la explicó Tay, una madre muy cariñosa que es a su vez una psicoterapeuta experimentada y se dedica a formar a otros psicoterapeutas. Menciono sus dos papeles para dejar claro que incluso las personas más informadas y bienintencionadas podemos caer en un túnel del tiempo emocional y acabar reaccionando a nuestro pasado en lugar de a lo que está ocurriendo en el presente. Esta historia comienza cuando Emily, la hija de Tay, a sus casi siete años de edad, le gritó a su madre que se había quedado atascada en un juego del parque (de los de trepar) y que necesitaba ayuda para bajar.

> Le dije que bajase, y cuando me respondió que no podía, de repente me sentí furiosa. Pensé que estaba haciendo el tonto, que podía bajar sola fácilmente. Le grité: «¡Baja ahora mismo!».
>
> Al final bajó. Intentó cogerme de la mano, pero yo seguía furiosa y le dije que no. Pegó un grito.
>
> Cuando llegamos a casa y preparamos té juntas, se calmó. Yo desterré de mi mente aquel suceso pensando: «Dios, los niños pueden ser un fastidio».
>
> Una semana más tarde, estábamos en el zoo y había también una estructura para escalar. Al mirarla, me invadió un repentino sentimiento de culpa. Obviamente, Emily también se acordó del episodio porque me miró con una expresión próxima al miedo.

Le pregunté si quería jugar. En aquella ocasión, en lugar de sentarme en un banco mirando el teléfono, me quedé junto a la estructura observando a Emily. Cuando pensó que se había quedado atascada, estiró los brazos hacia mí en busca de ayuda. Aquella vez fui más alentadora.

—Pon un pie aquí y el otro ahí, agárrate ahí y podrás hacerlo sola —le dije.

Y así lo hizo.

Ya a mi lado, me preguntó:

—¿Por qué no me ayudaste el otro día?

Me quedé pensando unos segundos, y respondí:

—Cuando era pequeña, Nana me trataba como a una princesa y me llevaba en brazos a todas partes. Siempre me decía que tuviese cuidado. Yo me sentía incapaz de hacer nada por mí misma y acabé siendo muy insegura. No quiero que a ti te pase lo mismo, y por eso no quise ayudarte cuando me pediste que te bajase de la torre la semana pasada. Me recordó cuando yo tenía tu edad, cuando no me dejaban bajar sola. Sentí mucha rabia y lo pagué contigo, y eso no fue justo.

Emily me miró y me dijo:

—Ah, yo pensé que no te importaba.

—No, no —respondí—. Claro que me importas, pero en aquel momento no sabía que estaba enfadada con Nana y no contigo. Lo siento.

Como le ocurrió a Tay, resulta sencillo caer en juicios o hacer suposiciones instantáneas sobre nuestra reacción emocional sin tener en cuenta que podría tener tanto que ver con lo que se ha desencadenado en nuestro propio historial como con lo que está ocurriendo en el presente.

Cuando sientas rabia (o cualquier otra emoción difícil, como resentimiento, frustración, envidia, rechazo, pánico, enfado, terror, miedo, etcétera) como reacción a algo que tu hijo ha dicho o ha pedido, conviene que la interpretes como una advertencia. Y no una advertencia de que tu hijo o tus hijos están haciendo algo mal, sino de que tus interruptores se están accionando.

En muchos casos, el patrón es el siguiente: cuando reaccionas con rabia o cualquier otra emoción demasiado intensa ante tu hijo es porque se trata de un mecanismo que has aprendido para evitar sentirte como te sentías a su edad. Sin que seas consciente de ello, su comportamiento amenaza con desencadenar tus propios sentimientos pasados de desesperación, anhelo, soledad, celos o dependencia. Y así, sin darte cuenta, escoges la opción más fácil: en lugar de empatizar con lo que está sintiendo tu hijo, te cortocircuitas y sientes rabia, o frustración, o pánico.

En ocasiones, los sentimientos del pasado que reaparecen se remontan a más de una generación. A mi madre le parecían irritantes los gritos de los niños mientras jugaban. Me di cuenta de que yo también entraba en una especie de estado de alerta cuando mi hija y sus amigas hacían ruido, aunque estuviesen divirtiéndose sin más. Quise profundizar en el tema y le pregunté a mi madre qué le habría pasado a ella si hubiese hecho mucho ruido mientras jugaba cuando era pequeña. Me explicó que su padre (mi abuelo) tenía más de cincuenta años cuando ella nació, que a menudo tenía dolores de cabeza muy fuertes y que todos los niños de la casa debían moverse sin hacer ruido si no querían tener problemas.

Es posible que te dé miedo admitir que, en ocasiones, la irritación que sientes con respecto a tu hijo gana la partida, creyendo que intensificará esos sentimientos de rabia o que hará que sean más reales. Lo cierto es que poner nombre a nuestros sentimientos inapropiados y buscar una narrativa alternativa para ellos (una en la que no responsabilizamos a nuestros hijos) implica que no pensaremos que nuestros hijos son culpables de haberlos desencadenado. Si eres capaz de hacer eso, se reducirán las probabilidades de que reacciones ante ese sentimiento a expensas de tu hijo. No siempre serás capaz de desentrañar una historia que dé sentido a cómo te sientes, pero eso no significa que no exista, y te ayudará tenerlo en cuenta.

Un problema podría ser que en tu infancia sintieses que no siempre caías bien a la gente que te quería. Es posible que en ocasiones te considerasen pesado, una carga, decepcionante, insignificante, exasperante, torpe o estúpido. Cuando la conducta de tu hijo te recuerda eso, reaccionas y acabas gritando o mostrando una conducta negativa.

No cabe duda de que convertirse en padre puede ser muy complicado. De la noche a la mañana, tu hijo se convierte en tu prioridad más apremiante, todos los días y a todas horas. Es posible que tener un hijo te lleve a darte cuenta, por fin, de todo por lo que tuvieron que pasar tus padres, y tal vez los aprecies más, te identifiques más con ellos o sientas más compasión hacia ellos. Sin embargo, necesitas identificarte también con tus hijos. El tiempo que inviertas en analizar cómo te sentías cuando tenías la edad de tus hijos te ayudará a desarrollar empatía hacia ellos. Y eso te ayudará a entenderlos y a empatizar con lo que sienten cuando se comporten de una manera que te genere rechazo.

Tuve un cliente, Oskar, que había adoptado a un bebé de dieciocho meses. Cada vez que su hijo tiraba comida al suelo, o que no comía, Oskar sentía cómo se le iba acumulando la rabia. Le pregunté qué le pasaba a él de pequeño si tiraba o se dejaba la comida. Recordó a su abuelo golpeándose los nudillos con el mango de un cuchillo y, a continuación, obligándole a salir del comedor. Después de recuperar el contacto con lo que sentía al ser tratado de aquella manera, Oskar sintió compasión por el niño que fue, y eso le ayudó a encontrar la paciencia necesaria para tratar a su hijo.

Resulta fácil dar por sentado que nuestros sentimientos surgen de lo que está ocurriendo en el momento presente y que no son una reacción a lo que sucedió en el pasado. Te pongo un ejemplo: imagina que tienes un hijo de cuatro años que recibe un montón de regalos por su cumpleaños, y le llamas «malcriado» con brusquedad porque no comparte uno de sus juguetes nuevos.

¿Qué ocurre ahí? Lógicamente, que reciba tantas cosas no es por su culpa. Es posible que, inconscientemente, estés dando por sentado que no merece tantas cosas, y tu irritación ante esa idea se manifiesta con un tono brusco o esperando de manera irrazonable que tu hijo sea más maduro.

Si te paras un momento a mirar atrás, si indagas en tu irritación ante ese comportamiento, lo que podrías descubrir es que tu propio niño interior de cuatro años está celoso o se siente competitivo. Tal vez cuando tenías cuatro años te dijeron que compartieses algo que no querías compartir, o simplemente no recibiste demasiados regalos y, para no sentirte triste por tu niño interior, lo pagas con tu hijo.

Me vienen a la mente los mensajes amenazantes y los comentarios negativos en las redes sociales que reciben muchas personas de fuentes anónimas. Si leemos entre líneas, lo que parecen decir ante todo es: «No es justo que tú seas famoso y yo no». No es inusual sentir celos de nuestros hijos. Si te ocurre, tienes que admitirlo y no reaccionar de manera negativa con tus hijos debido a ese sentimiento. No necesitan el «troleo» de sus padres.

A lo largo del libro he incluido ejercicios que pueden ayudarte a entender mejor de qué hablo. Si no te resultan útiles o te superan, puedes saltártelos y regresar a ellos, si lo deseas, cuando te sientas más preparado.

Ejercicio: ¿De dónde viene esta emoción?

La próxima vez que sientas rabia hacia tus hijos (o cualquier otra emoción negativa), en lugar de reaccionar sin pensar, párate a preguntarte: ¿Este sentimiento concierne exclusivamente a esta situación y a mis hijos en el momento presente? ¿Cómo evito observar la situación desde su punto de vista?

Un buen modo de impedirte reaccionar consiste en decir: «Necesito tiempo para pensar en lo que está ocurriendo», y utilizar ese tiempo para calmarte. Aunque tu hijo necesite ayuda, no sirve de mucho intentar dársela cuando estás en pleno enfado. Si se la das, solo percibirá tu rabia y no lo que intentas decirle.

Puedes probar esta segunda variación del ejercicio aunque todavía no tengas hijos. Simplemente observa con qué frecuencia te sientes enfadado, o moralmente superior, o indignado, o muy nervioso, o tal vez avergonzado, con odio hacia ti mismo o desconectado. Busca patrones en tus reacciones. Trata de remontarte a la primera vez que experimentaste el sentimiento, hasta tu infancia, cuando comenzaste a reaccionar de esa manera; es posible que empieces a entender hasta qué punto esa reacción se ha convertido en un hábito. En otras palabras, la reacción tiene tanto que ver con el hecho de que se ha convertido en un hábito para ti como con la situación en el momento presente.

RUPTURA Y REPARACIÓN

En un mundo ideal nos frenaríamos antes de reaccionar ante un sentimiento de un modo inapropiado. Nunca gritaríamos a nuestros hijos, ni los amenazaríamos, ni les haríamos sentir mal de ningún modo. Por supuesto, resulta poco realista pensar que seríamos capaces de actuar así en todas las ocasiones. Recordemos el ejemplo de Tay: es una psicoterapeuta experimentada y, aun así, dejó salir su rabia porque pensó que correspondía al momento presente. Sin embargo, algo que también hizo para reparar el daño (y que todos podemos aprender) es lo que se conoce como «ruptura y reparación». Las rupturas (esos momentos en los que nos malinterpretamos mutuamente, nos equivocamos en nuestras suposiciones, herimos a alguien) son inevitables en todas las relaciones importantes, íntimas y familiares. Lo importante no es la ruptura, sino la reparación.

Lo primero a la hora de reparar relaciones es trabajar para modificar tus reacciones; es decir, reconocer tus desencadenantes y utilizar ese conocimiento para reaccionar de una manera distinta. O si tu hijo tiene la edad suficiente para entenderlo, puedes expresarlo con palabras y disculparte, como hizo Tay con Emily. Incluso si te das cuenta de que has actuado mal con tus hijos mucho tiempo después, puedes explicarles en qué te equivocaste. Puede significar mucho para un hijo, incluso para un hijo adulto, que el padre o la madre repare la relación. Recuerda lo que pensaba Emily: dio por sentado que Tay, en cierto modo, no se preocupaba por ella. Qué alivio saber que a su madre sí le importaba y que simplemente se había confundido.

En una ocasión, una madre me preguntó si era peligroso disculparse con los niños.

—Pero ¿no necesitan que tengamos razón? De lo contrario, se sentirán inseguros.

—¡No! Lo que los niños necesitan es que seamos reales y auténticos, no perfectos.

Piensa en tu infancia: ¿Te hacían sentir «mal», culpable o incluso responsable del mal humor de tus padres? Si así era, resulta muy sencillo intentar reparar tu sentimiento negativo haciendo que otra persona se sienta mal. Y las víctimas son, con demasiada frecuencia, nuestros hijos.

El instinto del niño le dirá que no estamos en armonía con él o con lo que está ocurriendo, y si fingimos lo contrario, estaremos atontando su instinto. Por ejemplo, si fingimos que como adultos nunca nos equivocamos, el resultado puede ser un niño sobreadaptado: no solo a lo que digas tú, sino a lo que cualquiera pueda decir. Y eso lo convertirá en un niño más vulnerable ante personas que tal vez no tengan las mejores intenciones. El instinto es un componente esencial de la confianza, la competencia y la inteligencia, de modo que conviene no dañar o torcer el instinto de los niños.

Conocí a Mark cuando asistió a un taller sobre crianza que yo impartía. Se lo sugirió su mujer, Toni. En aquel momento, su hijo, Toby, tenía casi dos años. Mark me explicó que él y su mujer habían acordado no tener hijos, pero que Toni cambió de opinión al cumplir los cuarenta. Tras un año intentándolo y un año más de fecundación in vitro, Toni se quedó embarazada.

> Teniendo en cuenta lo mucho que nos esforzamos para conseguirlo, ahora me sorprende, en retrospectiva, lo confuso que me sentía respecto a cómo sería la vida con un bebé. Creo que construí mi concepto de la paternidad a través de la televisión, donde el bebé duerme milagrosamente la mayor parte del tiempo y casi nunca llora.
>
> Cuando nació Toby, la realidad de que la espontaneidad y la flexibilidad se habían acabado, la pesadez de cuidar de un bebé, el hecho de que uno de nosotros tuviera que cuidar al bebé las veinticuatro horas

del día hizo que empezase a sentirme resentido, o deprimido, o ambas cosas a la vez.

Dos años más tarde sigo sin disfrutar de mi vida. Toni y yo no hablamos de otra cosa que no sea Toby, y si intento sacar otro tema, al cabo de un minuto vuelve a ser Toby. Sé que estoy siendo egoísta, pero eso no me impide sentirme irascible. Para ser sincero, no me veo viviendo con Toni y Toby mucho más tiempo.

Le pedí a Mark que me hablase de su infancia. Lo único que pudo contarme fue que no tenía mucho interés en analizarla conmigo, ya que había sido completamente normal. Como psicoterapeuta, me tomé el «no me interesa» como una pista de que deseaba distanciarse de ella. Sospeché que el hecho de ser padre había desencadenado en él sentimientos de los que deseaba huir.

Le pregunté a Mark qué significaba «normal». Me explicó que su padre se marchó cuando él tenía tres años y que sus visitas se fueron espaciando cada vez más. Mark tiene razón: es una infancia normal. Sin embargo, eso no significa que la desaparición de su padre no le importase.

Le pregunté cómo se sintió ante el abandono de su padre, pero no se acordaba. Le sugerí que tal vez le resultaba demasiado doloroso acordarse. Y tal vez le parecía más fácil ser como su padre y abandonar a Toni y a Toby porque entonces no tendría que abrir su propia caja de emociones difíciles. Le expliqué que pensaba que era importante que abriese la caja porque, de lo contrario, no sería sensible a las necesidades de su propio hijo y transmitiría a Toby lo que se le habían transmitido a él. Por su reacción no supe si había escuchado lo que realmente le estaba diciendo.

No volví a ver a Mark hasta seis meses después, en otro taller. Me explicó que había estado deprimido y que, en lugar de quitarle importancia, había decidido empezar terapia. Para su sorpresa, acabó llorando y gritando en la consulta del terapeuta por el abandono de su padre.

La terapia me ayudó a situar los sentimientos donde tenían que estar: en el abandono de mi padre, y no en pensar que no estaba hecho para esta relación o para ser padre.

No digo que ya no me sienta aburrido, o incluso resentido en ocasiones, pero sé que ese resentimiento tiene que ver con mi pasado. Sé que no es por Toby.

Ahora entiendo toda la atención que le dedico a Toby: es para que se sienta bien no solo ahora, sino también en el futuro. Toni y yo le damos todo nuestro amor, y esperamos que eso signifique que tendrá amor para dar cuando sea mayor, y así se sentirá valioso. No tengo relación con mi padre. Sé que Toby está recibiendo de mí lo que yo no recibí de mi padre, que estamos sentando las bases de una gran relación.

Entender el sentido de lo que estoy haciendo ha convertido gran parte de mi insatisfacción en esperanza y gratitud. Además, también me siento más cerca de Toni. Ahora que me muestro más interesado y estoy más presente para Toby, Toni tiene tiempo para pensar en otras cosas.

Mark reparó la ruptura con Toby, su deseo de abandonarle, ahondando en su pasado para entender qué ocurría en el presente. Entonces fue capaz de cambiar su actitud en la relación con su hijo. Fue como si no pudiese liberar su amor hasta que hubo liberado su dolor.

REPARANDO EL PASADO

Hace algún tiempo, una futura madre me preguntó qué le aconsejaría a una primeriza. Le dije que fuese cual fuese la edad de su hijo, este siempre tendería a recordarle, a un nivel fisiológico, las emociones por las que ella pasó cuando tenía una edad similar. Me miró un poco desconcertada.

Aproximadamente un año más tarde, aquella misma madre (ya acompañada de su bebé) me dijo que no había entendido mi respuesta en aquel momento, pero que se había acordado de mis palabras y a medida que se iba metiendo en su nuevo papel, empezaron a cobrar sentido y la ayudaron a conectar con su hijo. No recordarás conscientemente cómo eres de bebé, pero sí te acordarás a otros niveles, y tus hijos te lo irán recordando.

Resulta habitual que un progenitor se aleje de su hijo a una edad muy similar a la que su propio progenitor dejó de estar presente. O que un progenitor desee alejarse emocionalmente cuando su hijo tiene la misma edad en la que él se sentía solo. Mark es un clásico ejemplo de alguien que no quería afrontar los sentimientos que su hijo le estaba despertando.

Es posible que desees huir de esos sentimientos, así como de tus hijos, pero en ese caso estarás legando lo que te hicieron a ti. Aunque también legarás muchas cosas buenas (todo el amor que recibiste), lo que no quieres transmitir es tu miedo heredado, el odio, la soledad o el resentimiento. Habrá ocasiones en las que sentirás emociones desagradables hacia tus hijos o en aquello que les concierne, del mismo modo que las tendrás de vez en cuando hacia tu pareja, hacia tu padre o tu madre, hacia tu amigo o hacia ti mismo. Si lo admites, será menos probable que los castigues sin pensar a causa del sentimiento que te hayan despertado.

Si descubres, como le ocurrió a Mark, que estás resentido con tu vida familiar porque te sientes desplazado, podría deberse a que te desplazaron en tu infancia y a que uno de tus progenitores, o los dos, no te tenían en cuenta. En ocasiones, ese resentimiento puede sentirse como aburrimiento o como una sensación de desconexión con los hijos.

Algunos padres creen que exagero cuando utilizo palabras como «abandono» o «resentimiento». «No estoy resentido con mis hijos —afirman—. A veces quiero que me dejen en paz, pero los quiero.» Para mí, el abandono abarca todo un espectro. En el extremo más grave está el abandono real que implica apartarse físicamente y por completo de la vida del hijo, como hizo el padre de Mark. Pero también creo que abandonar es apartar a un hijo cuando reclama nuestra atención o no escucharle cuando intenta enseñarnos, por ejemplo, el dibujo que acaba de hacer (en ese caso, nuestro hijo está intentando mostrarnos quién es en realidad).

Ese sentimiento de desear apartar a los hijos, de que duerman mucho y jueguen solos antes de que estén listos para todo eso, de manera que no absorban todo tu tiempo, puede surgir cuando evitas sentir y conectar con tus hijos porque despiertan un doloroso recuerdo de tu infancia. Y por eso eres incapaz de entregarte a tus necesidades. Es cierto que podríamos decirnos que apartamos a nuestros hijos porque queremos vivir más otras facetas de nuestras vidas, como el trabajo, los amigos o Netflix, pero aquí somos nosotros los adultos. Sabemos que esa etapa de dependencia es solo eso, una etapa, y que podemos recuperar nuestro trabajo, nuestros amigos y demás intereses cuando esas personitas ya no nos necesiten tanto.

Resulta difícil afrontarlo y dejar de transmitir a otra generación cómo nos trataron a nosotros. Tenemos que percibir cómo nos sentimos y después reflexionar sobre ello en lugar de reaccionar a unos sentimientos que no acabamos de entender. Afrontar nuestros deseos de actuar de maneras poco aceptables (en el caso de Mark, por ejemplo, huir) también puede provocarnos un sentimiento de vergüenza. Cuando esto ocurre, hay una tendencia a ponerse a la defensiva para no sentir vergüenza. Y si caemos en eso, no cambiamos nada y transmitimos nuestra disfunción a otra generación. Sin embargo, la vergüenza no es algo tan grave, se puede superar. Cuando nos damos cuenta de lo que ocurre, podemos transformar nuestra vergüenza en orgullo porque nos hemos dado cuenta de cómo nos sentíamos impulsados a actuar y hemos tomado conciencia de que necesitábamos cambiar.

Lo que realmente importa es que estés cómodo con tus hijos, que les hagas sentir seguros y que perciban que quieres estar con ellos. Las palabras que utilizamos suponen solo una pequeña parte; la mayor parte viene dada por nuestro cariño, nuestro tacto, nuestra buena voluntad y el respeto que les mostramos: respeto hacia sus sentimientos, su persona, sus opiniones y su interpretación del mundo. En otras palabras, tenemos que demostrar el amor que sentimos por ellos cuando están despiertos, no solo cuando parecen angelitos mientras duermen.

Si sientes que necesitas descansar de tus hijos cada hora del día, lo que probablemente necesites es descansar de los sentimientos que te suscitan. Para evitar que esos desencadenantes te controlen, vuelve la vista a tu infancia con compasión. Cuando seas capaz de hacerlo, podrás identificarte con la necesidad y el deseo de tus hijos de estar contigo. Por supuesto, es importante recurrir a una canguro de vez en cuando y disfrutar de alguna actividad de adultos, pero toma conciencia de si la sensación de necesitar un descanso te resulta especialmente intensa y parece estar presente la mayor parte del tiempo. Y entonces atrévete a recordar cómo te sentías cuando tenías la misma edad que tu hijo ahora.

Ejercicio: Volver la vista atrás con compasión

Pregúntate qué comportamiento de tu hijo te provoca la reacción negativa más intensa que tengas. ¿Qué ocurrió en tu infancia cuando mostrabas esa misma conducta?

Ejercicio: Mensaje de tus recuerdos

Cierra los ojos y remóntate a tu recuerdo más antiguo. Puede ser una imagen o un sentimiento, o tal vez sea una historia. ¿Cuál es la emoción predominante en tu recuerdo? ¿Qué relevancia tiene ese recuerdo en la persona que eres ahora? ¿Cómo influye el recuerdo en tu manera de criar a tus hijos? Recuerda: si surge algún sentimiento cuando realices este ejercicio (por ejemplo, el temor a sentirte avergonzado, que podría hacer que ahora te aferres siempre a tener la razón, tal vez a expensas de tu hijo), siéntete orgulloso por haberlo detectado en lugar de sentir que vas a derrumbarte por la vergüenza o de evitarlo poniéndote a la defensiva y continuar con la conducta que mostrabas ante ese sentimiento.

CÓMO NOS HABLAMOS A NOSOTROS MISMOS

Como he señalado al principio de esta sección, los niños hacen lo mismo que hacemos nosotros, no lo que les decimos. Por tanto, si tienes el hábito de golpearte la cabeza, tu hijo estará expuesto a adoptar el mismo hábito potencialmente dañino.

En uno de mis recuerdos más antiguos, mi madre se está mirando en el espejo y sacándose defectos. Cuando hice exactamente lo mismo, años más tarde, delante de mi astuta hermana adolescente, me dijo que no le gustaba que hiciese aquello. La escuché y recordé que a mí tampoco me gustaba que lo hiciese mi madre.

Nuestros patrones de conducta heredados se reflejan muchas veces en cómo nos hablamos a nosotros mismos, sobre todo a través de nuestro crítico interior. Casi todos nosotros tenemos en la cabeza una especie de charla o comentarios continuos a los que estamos tan acostumbrados que ni siquiera nos paramos a descifrar su contenido. Sin embargo, esa voz puede ser un crítico interior muy duro. Es posible que te digas cosas así: «Esto no es para gente como yo», «no puedes fiarte de nadie», «soy un desastre», «nunca seré lo suficientemente bueno, debería dejarlo», «nunca hago nada bien», «estoy muy gorda» o «soy un inútil». Ten cuidado con esa charla interior porque no solo tendrá una poderosa influencia en tu vida, sino que, además, podría influir en la de tu hijo y llevarle a juzgarse a sí mismo y a los demás.

Aparte de enseñar a tu hijo a realizar juicios dañinos, esa voz interior negativa sabe cómo exacerbar el desánimo, acabar con la confianza en uno mismo y lograr que nos sintamos incompetentes en general. Y existe otro buen motivo para que te des cuenta de cómo te hablas a ti mismo: al parecer, transmitimos nuestras voces interiores a nuestros hijos (además de los hábitos detectables a simple vista). Si quieres que tus hijos tengan la capacidad de ser felices, tu autocrítica es una de las cosas que más podría interponerse en ese camino.

Nos convertimos en adultos con base a nuestras experiencias en la infancia (así es fundamentalmente como nos desarrollamos los seres humanos), pero resulta difícil quitárselas de encima. No siempre es fácil detener a esa voz interior crítica, pero lo que sí puedes hacer es detectarla cuando intervenga y darte una palmadita en la espalda por haberte dado cuenta.

Elaine tiene dos hijos y trabaja como ayudante en una galería de arte. Es consciente de su voz interior negativa:

> Normalmente se enfoca en el fracaso. Que no debería intentar algo porque no va a funcionar... Que no lo haré bien... Que me avergonzaré a mí misma. Así que me convenzo para no hacer cosas. Entonces me critico por ser una cobarde y no pasar a la acción. Me digo que no soy constante, que soy superficial y que no siento auténtica pasión por algo, que no soy experta en nada. Ahora, mientras te cuento esto, escucho la voz en mi cabeza diciéndome: «Sí, bueno, todo eso es cierto».
>
> Me siento culpable cuando pienso en la persona de la que podría proceder esa voz, porque quiero mucho a mi madre. Siempre he sabido que ella me quiere, siempre me he sentido muy querida. Sin embargo, mamá es muy aprensiva, nunca se ha sentido bien del todo, tiene mucha negatividad. Nunca acepta cumplidos. Si le dices: «¡Esta lasaña está deliciosa!», te responderá: «No sabe a nada y tiene demasiado queso».
>
> En cierto modo, ella nos transmitió esa insatisfacción a mis hermanas y a mí. Nos obsesionamos con nuestros fracasos y los utilizamos como pruebas de que no somos lo suficientemente buenas y de que ni siquiera deberíamos molestarnos en intentar mejorar. En una ocasión saqué un notable en francés y me sentí como si fuese el fin del mundo.
>
> Mamá intenta ser positiva, pero con un comentario irreflexivo lo estropea todo. En la prueba final de mi vestido de novia salí del probador y mamá frunció los labios, me miró con aire de preocupación y dijo: «Sí, sí, el día de la boda, con las flores, el velo y todo lo demás, quedará bien». Sin darse cuenta, su propia ansiedad y sus inseguridades pueden causar estragos en quienes la rodean.

Además de su devastador crítico interior, Elaine me explicó que su madre también tenía muchas cosas buenas (y no es mi intención demonizarla, en absoluto), pero parece que, como nos ocurre a la mayoría de nosotros, no era consciente de cómo se hablaba a sí misma, y en especial de cómo podía transmitir su crítica interior a sus hijas.

Cuando te des cuenta de cómo te hablas a ti mismo, tendrás más opciones para decidir qué actitud adoptar ante esa voz. Así aprendió Elaine a lidiar con su crítica interior:

> Estoy decidida a no transmitírsela a mis hijos. No quiero que tengan ese miedo al fracaso. Es muy desmoralizante.
>
> Antes me peleaba con lo que decía la voz, y siempre perdía (además, me robaba mucha energía y atención). Hace poco descubrí que lo mejor es no hacerle caso. La trato casi como haría con un colega difícil en el trabajo; le digo que tiene derecho a expresar su opinión.
>
> Intento hacer aquello que mi crítica interior me dice que no puedo hacer. Me obligo a ignorar mis miedos para no desmotivar a mis hijos, para demostrarles que fracasar no es tan malo. He vuelto a pintar a pesar de la voz que me dice que lo deje. En lugar de juzgar lo que pinto, estoy aprendiendo a percibir qué es lo que me hace disfrutar de la pintura y qué partes de cada obra me gustan más. Un efecto secundario inesperado es que ahora tengo más seguridad, no solo respecto a mis pinturas, sino también respecto a la vida en general.

Si dividimos el contenido de lo que Elaine está haciendo y lo ponemos en forma de proceso, quedaría así:

1. En primer lugar, identifica la voz.
2. No interactúes ni te pelees con ella. Trátala como a una persona difícil de la que puedas librarte; toma nota de lo que ha dicho, pero sin enfrentarte a ella, pensando, por ejemplo: «Tienes derecho a tener tu opinión».
3. Amplía tu zona de confort. Al hacer aquello que tu crítico interior dice que no puedes hacer, ganarás en confianza. Es algo real que puedes recordar cuando te asalten las dudas.

4. Ser consciente de los peligros de transmitir tu crítico interior a tus hijos te aportará un incentivo extra para tomar conciencia.

Ejercicio: Descubre a tu crítico interior

Ten a mano un bolígrafo y un cuaderno, y anota todos los pensamientos autocríticos que tengas a lo largo del día. ¿Identificas esas críticas como las que viste articular a otros en tu pasado?
Piensa en algo que te gustaría conseguir y en los pasos necesarios para alcanzarlo. A continuación, date cuenta de cómo te hablas a ti mismo al respecto. ¿Te estás diciendo algo para no avanzar? ¿Esa voz te recuerda a alguien?

BUENOS PADRES/MALOS PADRES: EL INCONVENIENTE DE LOS JUICIOS

El hecho de que estés leyendo este libro significa que quieres ser el mejor padre o madre posible. Una de las cosas que lo impiden son los juicios, tanto los que haces sobre ti como sobre los demás. Cómo nos juzgamos en nuestro papel de padres y madres es mi pesadilla particular.

Las etiquetas de «buenos padres/malos padres» no nos ayudan porque se van a los extremos. Es imposible estar en perfecta armonía con nuestros hijos en todo momento, e incluso hay algunas buenas intenciones que pueden tener consecuencias negativas. Sin embargo, dado que nadie desea ser etiquetado como «mal padre» o «mala madre», cuando cometemos errores (algo que todos hacemos), fingimos no haberlos cometido porque deseamos evitar esa etiqueta.

Debido en parte a la existencia de esas etiquetas de «buena madre», «mal padre», o viceversa, para evitar la humillación de que nos asignen el papel del malo, nos ponemos a la defensiva cada vez que nos equivocamos. Esto significa que no analizamos o no tenemos en cuenta los momentos en que no sintonizamos con nuestros hijos, o ignoramos sus necesidades emocionales. No sabemos cómo mejorar nuestras relaciones con ellos. También puede significar que nos ocultamos aquello que podríamos hacer mal detrás de lo que hacemos bien. De ese modo podemos identificarnos con una «buena» madre o con un «buen» padre.

El miedo parental a afrontar aquello que podríamos estar haciendo mal tampoco ayuda a nuestros hijos. Los errores (fingir que los sentimientos de nuestros hijos no importan, o lo que quiera que hayamos hecho mal) importan mucho menos cuando cambiamos nuestra conducta y reparamos las rupturas. Sin embargo, no podremos arreglar nada si nos resulta demasiado vergonzoso admitir nuestros errores (y la etiqueta de «malo» intensifica esa vergüenza).

Prescindamos del «bueno» y «malo» como atributos para madres y padres. Nadie es un santo ni un pecador en términos absolutos. Un padre gruñón y honesto (que normalmente se describiría como «malo») puede ser mejor padre que uno frustrado y resentido que se oculta tras una fachada de dulzura empalagosa. Es más, al igual que no deberíamos juzgarnos a nosotros mismos, deberíamos evitar juzgar a nuestros hijos. Resulta muy sencillo guardar algo en una caja, etiquetarlo y olvidarnos, pero no es bueno para nosotros y, sin duda, no es bueno para la persona que está en la caja. No sirve de nada etiquetar a un niño como bueno o malo, ni juzgarlo en ningún aspecto, porque resulta difícil desarrollarse con las limitaciones de una etiqueta: «el callado», «el torpe», «el escandaloso», etcétera.

Los seres humanos cambiamos y crecemos continuamente, sobre todo los más pequeños. Es mucho mejor describir lo que ves y decir lo que valoras en lugar de juzgar. Di: «Me ha gustado cómo te concentrabas para hacer esas sumas» en lugar de «eres muy bueno en matemáticas». «Me impresiona lo mucho que te has esforzado para hacer este dibujo. Me gusta que parezca que la casa está sonriendo. Me hace sentir feliz» en lugar de «es bonito». Elogia el esfuerzo, describe lo que ves y sientes, y anima a tu hijo sin juzgarlo. Describir y encontrar algo específico que valoras resulta mucho más motivador que un juicio indeterminado del tipo «gran trabajo», e infinitamente más útil que la crítica. Si toda una página de redacción se acerca al caos absoluto, pero la letra P está perfecta, lo único que tienes que decir es: «Me gusta lo bien que has escrito esa pe». Con suerte, la próxima vez te gustará otra letra más.

Ejercicio: No más juicios

En lugar de juzgarte por lo que haces, observa y valora lo que haces bien. Nota la diferencia en cómo te hace sentir. Por ejemplo, en lugar de decir o pensar algo del tipo «hago un pan estupendo», prueba con «concentrarme en hacer pan da buenos resultados». En lugar de «el yoga se me da fatal», prueba con «he empezado a hacer yoga y he mejorado desde la semana pasada». Más que las palabras (no prohíbo totalmente el «bueno» y «malo»), se trata de prescindir de los juicios o de emitir conclusiones con delicadeza en vez de con rigidez. De ese modo, el daño para nosotros y para nuestros hijos será menor.

He empezado este libro centrándome más en ti que en tu hijo porque lo que hace que un niño sea el individuo único que es (o que será, si todavía no está con nosotros) es una mezcla inigualable de genes y entorno, y tú eres un elemento muy importante del entorno de tu hijo.

Qué sentimos hacia nosotros mismos y cuánta responsabilidad asumimos por nuestras reacciones con nuestros hijos son aspectos fundamentales de la paternidad. Muchas veces, esos aspectos se pasan por alto porque resulta mucho más sencillo centrarse en los hijos y sus conductas que analizar cómo nos afectan y cómo les afectamos nosotros a ellos. Y lo que da forma a sus rasgos de personalidad y su carácter no es solo cómo reaccionamos ante ellos, sino también qué presencian y sienten nuestros hijos en su entorno.

Espero haberte convencido para que analices cómo reaccionas a los sentimientos que tus hijos desencadenan en ti. Toma conciencia de cómo te hablas a ti mismo. Vigila a tu crítico interior. Y deja de juzgar tanto (a ti mismo, a tu papel como padre o madre y a tus hijos).

SEGUNDA PARTE

El entorno de tus hijos

Hace poco, un terapeuta me explicó acerca de su trabajo con una familia de refugiados. Intentaba empatizar con ellos y entender cómo debía ser no tener un domicilio fijo. Uno de los niños intervino: «Ah, tenemos una casa, solo que todavía no tenemos un sitio donde ponerla».

Ese comentario me conmovió. Resume cómo el amor y el cuidado entre los miembros de una familia pueden ser una red de seguridad, que es algo que todos necesitamos. Así, ¿qué pasos podemos dar para asegurarnos de que las relaciones que caracterizan a lo que entendemos por una familia sean como un refugio? Esto es lo que analizaremos en este capítulo: cómo construir un entorno familiar en el que tus hijos puedan desarrollarse.

LO QUE IMPORTA NO ES LA ESTRUCTURA FAMILIAR, SINO CÓMO NOS LLEVAMOS

Tú y las personas que viven contigo sois el entorno de tus hijos. En gran medida, cómo se sienten tus hijos respecto a sí mismos y cómo interactúan con los demás vendrá dado por la relación contigo y con el pequeño círculo que te rodea, es decir, tu pareja (si la tienes), hermanos, abuelos, canguros y amigos más cercanos.

Es importante tomar conciencia de cómo nos comportamos en esas relaciones. Por ejemplo, ¿damos las gracias a las personas que tenemos cerca o las atacamos con nuestra ira? Esas relaciones familiares influyen en el desarrollo de la personalidad y la salud mental infantil. Los niños son individuos, pero también forman parte de un sistema global. Además de las relaciones familiares cercanas, el entorno del niño incluye el colegio, sus propias amistades y la cultura en general. Conviene examinar ese entorno y hacer todo lo que puedas para convertirlo en el mejor entorno posible para ti y para tu hijo. No tiene que ser perfecto, ya que la perfección no existe.

Lo que importa no es la estructura de la familia, lo cual es una buena noticia si no tienes un núcleo familiar estándar. La organización puede ser tan convencional o tan poco convencional como tú quieras; los progenitores pueden vivir separados o juntos, en una comunidad o ser un trío; pueden ser gais, heterosexuales o bisexuales; no importa. Las investigaciones demuestran que la estructura familiar en sí tiene muy poca influencia en el desarrollo cognitivo o emocional infantil. De hecho, algo más del 25 % de niños se crían en familias monoparentales en Gran Bretaña. Alrededor de la mitad de esos padres o madres (la inmensa mayoría) solteros estaban en una relación en el momento en que nació su hijo. Esos niños no destacan ni son peores si se comparan con los niños criados en un entorno más convencional después de tener en cuenta favores como su situación económica y la educación.

Las personas presentes en la vida de un niño conforman el mundo de ese niño. Puede ser un mundo de calidad y amor, pero también puede ser un campo de batalla. Es mucho más importante de lo que la mayoría de los adultos creen que la vida familiar no se decante demasiado hacia el campo de batalla. Si los niños se angustian, si les preocupa su seguridad, su integridad y su integración, no son libres para sentir curiosidad por el mundo que los rodea. Y no tener curiosidad influye negativamente en su concentración y aprendizaje.

En un estudio se preguntó a un grupo de adolescentes y a sus progenitores si estaban de acuerdo o no con la siguiente afirmación: «El hecho de que los progenitores se lleven bien es uno de los factores más importantes a la hora de criar a hijos felices». El 70 % de los adolescentes se mostró de acuerdo, frente a solo el 33 % de los padres.

Esto podría deberse a que la angustia emocional que sufren los niños cuando las relaciones de sus padres y cuidadores no son funcionales resulta invisible para los adultos. Es posible que sepas lo duro que es, como padre o madre, contemplar el dolor de tu hijo. Y, por tanto, resulta muy duro reconocer que tus propios actos podrían haber contribuido a ese dolor.

Es posible que creas tener una justificación para actuar así, o que te sientas impotente para cambiar tu conducta. Puede que te parezca desalentador, o incluso te supere analizar cómo interactúas con tu pareja y con otros miembros cercanos de tu familia, pero en esta parte del libro espero darte algunas ideas para mejorar, si necesitas hacerlo.

CUANDO LOS PADRES NO ESTÁN JUNTOS

Aunque no vivas con el otro progenitor de tu hijo, lo que importa es que hables de esa persona con respeto, que seas capaz de valorar sus puntos positivos y que no te dediques a hacer siempre hincapié en sus defectos. Sé que esto puede parecer imposible para algunas personas, sobre todo después de una ruptura difícil. Tal vez te resulte más fácil cuando te explique lo importante que es para los niños, ya que se sienten conectados, vinculados a cada uno de vosotros. Si a una mitad de la pareja que les dio la vida se le describe continuamente como una «mala» persona, el niño lo interiorizará y se verá también a sí mismo como una «mala» persona. Un niño también puede sentirse destrozado por la tensión de ser leal a las dos partes.

Así pues, ¿cuál es la mejor manera de negociar una separación? Al niño le irá mucho mejor si los padres colaboran y se comunican bien, y si continúa teniendo un estrecho contacto regular con ambos progenitores. Si puedes gestionarlo así, será menos probable que tu hijo se deprima o se convierta en un niño agresivo. En cuanto a la relación del niño con el progenitor que ya no vive en casa, también va todo mejor si existe una comunicación clara y positiva entre progenitores. Si uno de los progenitores (suele ser el padre, aunque no siempre) se distancia después de la separación, el niño tendrá más probabilidades de sufrir angustia, ira, depresión o baja autoestima. Por eso resulta tan preocupante que en países como el Reino Unido una considerable proporción de hijos de parejas separadas dejen de tener contacto con el padre a los tres años de la ruptura.

Entiendo que no siempre es posible llevarse bien con un ex, como demuestra la historia que compartiré a continuación. Mel es madre de un niño de seis años, Noah. Mantuvo una relación con James, el padre de Noah, durante cinco años. Vivían en países distintos y no se veían como una pareja estable, pero disfrutaban mucho de la compañía del otro cuando se encontraban. La historia de Mel puede parecer extrema, pero podría resultarle útil a cualquiera que haya tenido desacuerdos con un ex acerca de la educación de los hijos.

Cuando Mel se quedó embarazada, James dio por sentado que abortaría. Ella no lo hizo, y él se enfureció e intentó cortar toda relación. Ahora paga una manutención mínima (a la que accedió únicamente después de pasar por el humillante proceso de una prueba de paternidad). No quiere tener nada que ver con Noah.

Cada vez que he hablado con personas en una posición similar a la de James, me han dicho que les gusta su vida tal como está. Se sienten amenazados y asustados ante la posibilidad de que cambie si reconocen la importancia de una persona que depende de ellos.

Sin embargo, un niño (que no es una «cosa», sino una persona en tu vida, aunque dependa de ti durante un par de décadas) es mucho más que un simple catalizador de cambios. Si vieses el hecho de convertirte en padre desde un punto de vista egoísta, un niño es en realidad una fuente de enriquecimiento.

Además, un niño no deja de existir solo porque se le ignore. Por desgracia, algunos hombres (y mujeres) se distancian de sus hijos. Es como si al fingir que no tienen nada que ver con ellos, no existiesen en realidad. Mel supo instintivamente que no debía decirle a Noah que su padre la decepcionó, aunque ella así lo sintiera. Si su hijo le pregunta por su padre, ella recuerda sus buenas cualidades y sus dones, y se los explica a su hijo. Si el padre de Noah quisiera regresar a su vida en el futuro, el hecho de que Mel hable positivamente de James facilitaría ese proceso. A medida que Noah cumple años y hace más preguntas, a Mel le resulta cada vez más difícil. Le preocupa que su hijo se tome el abandono de su padre como algo personal cuando conozca toda la historia, ya que eso podría dañar su autoestima o distorsionar su visión de su propio género, o incluso influir negativamente en su conducta cuando llegue a la edad adulta.

Dado que Mel es consciente de esas dificultades, puede guiar a Noah para sortearlas, pero tampoco así hay garantías de que en algún momento el niño no se tome a la tremenda el hecho de que su padre no esté ahí para él. En ocasiones no existe una receta para hacerlo todo bien. Mel tiene una familia y unos amigos cariñosos e implicados, y siente que, de algún modo, llenan para Noah el vacío dejado por el padre.

He explicado la historia de Mel porque no siempre es fácil mantener una relación fluida y colaborativa con un ex. Y cuando falta uno de los progenitores, lo único que podemos hacer es intentar no dejarle mal ante nuestro hijo (y, de hecho, ante nosotros mismos).

CÓMO LOGRAR QUE EL DOLOR SEA SOPORTABLE

Queremos que nuestros hijos vivan sin dolor y sin preocupaciones. Bajo ningún concepto queremos que sufran porque no tuvimos suerte al elegir a la persona con la que mantuvimos una relación, o porque existen conflictos con nuestros más allegados. Sin embargo, es imposible protegerlos por completo. No hay nadie que se libre de las preocupaciones, los misterios sin resolver, los deseos y las pérdidas.

Puedes lograr que su dolor sea soportable estando a su lado y arropándolos cuando lo sientan. Tienes que estar presente para tus hijos y para las personas más cercanas, con una actitud abierta, aceptando lo que te muestren y lo que sientan. Es muy posible que no puedas acabar con su dolor, pero al acogerlo en lugar de negarlo o apartarlo estarás acompañando a tus hijos. Y ese tipo de compañía en sintonía permite que cualquier cosa resulte más soportable. Desarrollaré esta idea en la sección dedicada a los sentimientos (véase pág. 57).

CUANDO LOS PADRES ESTÁN JUNTOS

Si cuidas de tus hijos junto con tu pareja, el amor, la amabilidad, el cariño y el respeto entre vosotros contribuirán a que vuestros hijos se sientan más seguros. Con todo, y como sabe cualquiera que haya tenido un hijo, eso añade presión a la relación. La espontaneidad podría verse afectada, disminuye el tiempo disponible para pasarlo a solas con tu pareja o con otras personas cercanas, y el tiempo que tienes para ti se reduce o desaparece por completo. Puede cambiar la relación que tú o tu pareja tenéis con el sexo, y hacer que las oportunidades para practicarlo sean menos frecuentes. Se alteran los patrones de sueño, y es probable que tengas que apañártelas durmiendo bastantes menos horas. Cada miembro de una pareja, o de una familia más amplia, podría tener distintas filosofías sobre la crianza, y la dinámica de las relaciones podría cambiar. Tus hábitos laborales también cambian, y si dejas de realizar un trabajo remunerado, también podría alterar tu visión de ti mismo. Ser padre o madre afectará a tu vida social; podría haber menos o ningún contacto con antiguos colegas; parecerá que algunos amigos desaparecen durante un tiempo porque tienes que dedicarte a tu bebé, etcétera.

Y esa no es ni de lejos una lista exhaustiva. Si estás en pareja, la transición de ser dos a convertirse en una familia requiere un tiempo de adaptación. Y justo cuando pienses que ya te has adaptado, volverá a cambiar porque tu hijo o tu familia continúa creciendo. Esos cambios también pueden contribuir al resentimiento que podríais experimentar hacia el otro miembro de la pareja y hacia el niño. Por cierto, es mejor admitir el resentimiento, si existe, aunque solo sea para tus adentros. Si no lo haces, es más probable que justifiques comportamientos con ese sentimiento en lugar de responsabilizarte de él.

La vida nunca es estática. La capacidad de aceptar el cambio, lidiar con él y abrazarlo resulta más útil que resistirse a él. Pensar en cómo puedes actuar de una manera flexible resultará más eficaz que intentar recuperar lo perdido. Esto no significa que de vez en cuando no eches de menos tu vida anterior. Y sí significa que tal vez deberías trabajar para entregarte a esa nueva vida y aceptarla. Recuerda la historia de Mark, en las páginas 23-24: estaba resentido porque su vida había dado un vuelco al pasar de ser una pareja a una familia de tres. Mark aprendió a aceptar ese cambio buscando la fuente de ese resentimiento en su propia infancia, y encontrando significado al cuidado de su hijo en lugar de etiquetarlo como una tarea aburrida. También descubrió que cuando aceptó la unión y la responsabilidad compartida del cuidado de su hijo, su pareja pudo volver a disponer de más tiempo para sí misma en lugar de dedicarse íntegramente a su bebé.

CÓMO DISCUTIR Y CÓMO NO DISCUTIR

La mayoría de las familias discuten, pero es así como se superan los conflictos (o no) y se resuelve (o no) lo que importa. Las diferencias en el seno familiar no tienen que perjudicar una relación y, a su vez, el entorno del niño. Las personas con buenas relaciones y con familias funcionales tienen discrepancias y discuten. Es así. Sin embargo, cuando lo hacen, continúan respetándose y apreciándose, reconocen sus diferencias y se sienten escuchados al expresar sus sentimientos.

Hablemos de los entresijos de las discusiones. En cualquier conflicto existe un contexto. Es aquello de lo que discutís. A ello se suma cómo te sientes y cómo se siente el otro respecto al conflicto. Y también está el proceso, que es lo que haces para resolver el problema.

Para abordar las diferencias es importante saber cómo te sientes respecto al contexto y compartir esos sentimientos. El siguiente paso consiste en saber cómo se siente el otro respecto al contexto y tener en cuenta sus sentimientos. Si los sentimientos se dejan fuera de la ecuación, ambas partes se irán «calentando» cada vez más mientras juegan a lo que yo llamo «tenis de argumentos». Lanzarán razones sobre la red al campo contrario, y cada vez encontrarán más razones con las que golpear al otro. En este estilo de discusión, el objetivo del conflicto consiste en ganar puntos, no en hallar una solución factible. Descubrir las diferencias y abordarlas requiere comprensión y compromiso; no se trata solo de ganar.

Tomemos una típica discusión familiar sobre quién lava los platos. La acción de fregar los platos es el contexto, y también entra en escena cómo se sienten los protagonistas al respecto. Esto es lo que ocurre cuando el proceso se convierte en tenis de argumentos:

SERVIDOR	El problema es que si no lavas los platos, los restos de comida se secan y después cuesta más quitarlos. Hazlo ahora mismo. *15-0*
RESTADOR	Optimizo más mi tiempo si dejo los platos durante el día y después lo hago todo junto. *15 iguales*
SERVIDOR	Es antihigiénico dejar los platos sin lavar. *30-15*
RESTADOR	Las bacterias acumuladas desaparecerán con el lavado. *30 iguales*
SERVIDOR	Los platos sucios atraen a las moscas. *40-30*
RESTADOR	Estamos en invierno. No hay moscas. *Empate*

Y así sucesivamente. Cuando una persona finalmente se queda sin razones y, por tanto, se considera que ha «perdido», deja de sentir amor o cariño hacia su oponente. Y si el «ganador» se siente bien, es a expensas de su pareja.

Otro estilo que se utiliza para abordar las diferencias y el conflicto es lo que yo llamo «¡mira, una ardilla!», o distracción. Se produce cuando en lugar de hablar sobre lo que te molesta a ti o al otro, cambias de tema. Ves que no se han lavado los platos, pero en lugar de abordar ese problema, dices o haces otra cosa. Puede ser una buena solución (tal vez resulte adecuado posponer una conversación), pero no está bien evitar las conversaciones sobre vuestras diferencias. Si se evita cualquier conflicto, lo que ocurre casi siempre es que también se evita la intimidad, ya que, cuando hay demasiados temas que se convierten en tabú, el acto de esquivaros educadamente puede acarrear mucha soledad.

Un tercer estilo de discusión es el del mártir. Se produce cuando al llegar a casa, dices: «No te preocupes por los platos, yo los fregaré». Por desgracia, lo que tiende a ocurrir en situaciones como esta es que el mártir, en lugar de hacer que todos se sientan culpables, acaba resentido y culpa a los demás, o se convierte en un acosador (lo explico a continuación) que lanza insultos contra todos.

El acosador ataca: «Eres un auténtico guarro por no fregar los platos. Tu idea de la higiene es repugnante». Si eres el receptor de ese comentario, te apetece devolver el ataque.

Ninguno de estos cuatro tipos de conflicto contribuye a crear un buen ambiente en el hogar. El conflicto pone en alerta a los niños, amenaza su sensación de seguridad y les resta capacidad para abrirse y mostrarse curiosos ante el mundo. Su energía y su concentración se convierten en una especie de estado de emergencia.

¿Cuál es, entonces, el modo ideal de discutir? Cuando tratéis de resolver alguna diferencia, tratad los temas de uno en uno y pensad de qué trata realmente la discusión. No os guardéis las quejas para verterlas después todas juntas sobre el otro. Empezad explicando cómo os hace sentir el problema, sin atacar ni culpabilizar. Ahora volvamos a los platos...

«Me molesta mucho llegar a casa y ver más platos sucios después de haber lavado los de la mañana. Me sentiría mucho mejor si lavases lo que ensucias durante el día.»

Lo ideal en una discusión no es ganar, sino comprender. Una posible respuesta sería esta: «Lo siento, cariño. No quiero que te sientas mal. Tenía mucho trabajo. Entiendo que no es agradable llegar a casa y encontrarse con esto». Y la posible respuesta: «Sí, tienes muchas cosas que hacer. No importa. ¿Qué tal si tú lavas y yo seco?».

Una buena regla de oro para discutir consiste en utilizar «mensajes yo» en vez de «mensajes tú». Por ejemplo, «me duele que no me respondas cuando estás al teléfono», en vez de «siempre pasas de mí cuando estás al teléfono». A casi nadie le gusta que le definan o le encasillen (sobre todo negativamente). Si optas por describir cómo te hace sentir lo que escuchas o ves, estás hablando de ti mismo, lo cual le resulta mucho más fácil de escuchar a la otra persona.

Por supuesto, no existen garantías de que verbalizar una queja «funcione», sea cual sea el modo de expresarla. Sin embargo, una buena comunicación no tiene nada que ver con la manipulación, sino que se basa en desarrollar buenas relaciones. En cambio, manipular a alguien no contribuye a tener una buena relación.

Expresarse con «mensajes yo» en vez de con «mensajes tú», reconocer tus sentimientos y averiguar y reconocer los sentimientos del otro suelen ser las mejores maneras de gestionar las inevitables diferencias que surgen en las familias. Además, tus hijos se sentirán más seguros, ya que eso reduce cualquier posible resentimiento y favorece la comprensión. Además, será más probable que adopten ese estilo de discusión respetuoso y emocionalmente inteligente porque lo han tenido como ejemplo.

Uno de los motivos por los que surgen los desacuerdos es cuando una persona cree que ha sido atacada a propósito, cuando no es así. El siguiente ejemplo ocurrió en una familia típica (la llamaré la familia Legado).

Jonny, un estudiante de veintidós años, inspecciona la vieja cazadora de cuero de su padre.

—Tienes sesenta años, papá. No vas a volver a ponerte esto nunca más. ¿Me la das?

Keith, profesor, ha tenido un mal día en el trabajo porque no entiende a la generación de su hijo, así que se siente mayor. Y Jonny le ha tocado la fibra. Keith levanta la voz y dice:

—¡Qué! ¿No puedes esperar a que me muera para pasar revista a mis cosas?

Jonny cree que esa respuesta no viene a cuento y se siente atacado.

—Ostras, solo he preguntado. ¿Por qué la tomas siempre conmigo?

—No la tomo contigo, pero no me gusta que me traten como si ya estuviese muerto.

Esta no es una discusión grave, y estoy casi segura de que Keith acabará dándole la cazadora a Jonny y diciéndole:

—Venga, toma.

Y Jonny responderá:

—Ya no la quiero. Necesitarás algo que ponerte en el ataúd.

Y los dos se reirán y declararán una tregua. Sin embargo, si no entienden lo que ocurre, ambos se sentirán un poco heridos y cabrá la posibilidad de que vuelva a ocurrir algo similar.

Veamos qué ocurrió realmente imaginando que hay un mediador sensato con ellos.

—Quiere que me muera —afirma Keith.

—No es verdad. Lo que quiero es su cazadora —replica Jonny.

—Es lo mismo —dice Keith, que se da cuenta de que no es lo mismo.

El mediador interviene:

—No es lo mismo. Pero hoy, Keith, te parece que es lo mismo. Y Jonny no tiene por qué saberlo. Tú, Keith, te has sentido atacado. Como Jonny no se ha dado cuenta de eso, ha sentido que tu represalia no venía a cuento y ha contraatacado.

—En mi caso es verdad —corrobora Jonny.

Keith permanece en silencio, de manera que el mediador le dice:

—El hecho de que te hayas sentido atacado no significa que te hayan atacado.

—¡Me ha llamado sesentón! —replica Keith a la defensiva.

—Sí —responde el mediador—, ha ocultado sus sentimientos detrás de un argumento, un hábito que ha aprendido de todas las «partidas de tenis de argumentos» que ha presenciado desde que nació. En cuanto a ti, parece que te cuesta asumir que tienes sesenta años, y te gusta aferrarte a los símbolos de tu juventud, como esa cazadora de cuero. No hay motivo por el que no puedas hacerlo, y puedes decirlo si es así.

Una nueva versión de la conversación discurriría más o menos así:

—Me encanta tu cazadora de cuero. ¿Me la das?

—Necesito tiempo para pensarlo... Entiendo que la quieres de verdad, pero no estoy listo para deshacerme de ella. Es cierto, es posible que no vuelva a ponérmela, pero necesito tiempo para acostumbrarme a la idea de que tengo la edad que tengo. Mientras tanto, aferrarme a la ropa de mi juventud me consuela.

—Lo siento, al preguntarte te he recordado que tienes sesenta.

—No te preocupes, necesito recordarlo. Me siento un poco viejo porque no entiendo las cosas que dicen algunos de mis alumnos.

—¿Como qué?

—Ya he conseguido entender lo de las redes sociales, pero ¿qué quieren decir cuando me hablan de «deslizar a la izquierda»?

—Mira, te lo enseño...

Ejercicio: Desentrañar una discusión

Piensa en el último enfrentamiento que has tenido con un ser querido. Sin enredarte en quién tenía razón y quién estaba equivocado, desentraña lo ocurrido como he hecho en el ejemplo de Jonny y Keith. Después, como también he hecho en ese ejemplo, adopta una metaperspectiva para ver la situación y desentrañar los sentimientos de los protagonistas. A continuación, interpreta el papel de un mediador sensato y piensa en cómo puedes cambiar el diálogo del desacuerdo y cómo podría haber ido mejor.

Veamos una lista rápida de recapitulación de lo que debes recordar cuando hables de un tema difícil, cuando te estés enfadando o cuando creas que se avecina una discusión:

Reconoce tus sentimientos y ten en cuenta los sentimientos del otro. Esto significa que no debes imponerte como la persona que tiene «razón» o es «lista» y señalar al otro como el «equivocado» o el «estúpido». Nada desgasta más una relación o una familia que el que uno de sus miembros insista en tener la razón. En lugar de pensar en esos términos, piensa en cómo os sentís cada uno de vosotros.

Defínete tú en vez de al otro. Exprésate con «mensajes yo» en vez de con «mensajes tú».

No reacciones, reflexiona. No tienes que reflexionar siempre antes de reaccionar (no defiendo que pierdas la espontaneidad por completo), pero si te sientes molesto o enfadado, creo que lo más conveniente es hacer una pausa y entender el motivo. Si Keith hubiese hecho esto en el ejemplo anterior, se habría dado cuenta de que la rabia que sintió hacia su hijo cuando le pidió la cazadora no tenía nada que ver con Jonny. Acepta tu vulnerabilidad en lugar de temerla. En el ejemplo anterior, Keith también se habría dado cuenta de que le asustaba envejecer y estaba disfrazando ese miedo con rabia en lugar de permitirse ser vulnerable. Sin embargo, solo aceptando nuestra vulnerabilidad, estando abiertos a quienes somos podremos desarrollar relaciones estrechas.

No asumas que conoces la intención de la otra persona. Sin suponer demasiado ni proyectarte en el otro, intenta descifrar qué siente. Si te has equivocado, admítelo. Entender tus sentimientos y los de la persona con la que estás negociando no solo es la piedra angular de las negociaciones, sino que también es la base de las relaciones funcionales y de la crianza empática. Nunca es demasiado tarde para empezar a interactuar de este modo.

He comprobado que cuando los progenitores son capaces de relacionarse así, mejoran muy rápidamente los patrones de relación entre ellos.

FOMENTAR LA BUENA VOLUNTAD

En una pareja o en una familia, tener la capacidad de tomar en consideración los sentimientos de los demás requiere una provisión de buena voluntad. Si crees que se te está acabando, tienes que recargarla.

¿Qué podemos hacer para fomentar la buena voluntad? Al parecer, existen dos maneras principales de conseguirlo: 1) respondiendo a las demandas de conexión o atención, y 2) encontrando consuelo en el otro en lugar de verlo como un adversario. En otras palabras, cooperación y colaboración, pero no competición.

Cuando el psicólogo John Gottman y su colega Robert Levenson establecieron lo que llamaron Laboratorio del Amor en la Universidad de Washington en 1986, uno de sus experimentos consistió en pedir a las parejas que hablasen de su relación: conversar acerca de un desacuerdo que hubiesen tenido, explicar cómo se conocieron y contar un recuerdo positivo que compartiesen.

Mientras las parejas mantenían esas conversaciones, estaban conectadas a un equipo para medir sus niveles de estrés.

Todas las parejas parecían tranquilas por fuera, pero los resultados del test de estrés demostraron algo completamente distinto. La realidad era que solo algunas parejas habían permanecido tranquilas. Otras presentaron un ritmo cardíaco elevado, abundante sudoración y, en general, todos los síntomas de encontrarse en modo lucha o huida.

No obstante, la auténtica revelación llegó seis años más tarde, en la sesión de seguimiento. Todas las parejas estresadas se habían separado o seguían juntas en una relación disfuncional. Gottman denominó «Desastres» a esas parejas. A las que no mostraron estrés durante la entrevista inicial las llamó «Maestros».

A juzgar por los resultados, parecía que los Desastres veían una amenaza en el otro miembro de la pareja, lo consideraban más como un adversario que como un amigo. Gottman estudió a miles de parejas durante un largo período de tiempo y descubrió que cuanto más altos eran los indicadores de estrés, más cerca estaba la pareja de convertirse en Desastre y más probabilidades tenía de separarse o de mantener una relación disfuncional.

¿Qué significan estos hallazgos? Que cuanto más estresado y amenazado te sientas en compañía de tu pareja, más probabilidades habrá de que te comportes con ella de un modo hostil o frío. Cuanto más bases tu relación en quedar por encima del otro, en ganar o perder, en tener la razón, más probabilidades tendrás de sentir hostilidad en lugar de bondad hacia tu pareja. Puede ser un círculo vicioso en la relación. En nuestra cultura son muy habituales las relaciones basadas en la superioridad. Incluso la publicidad parece basar su éxito en hacer que el mercado objetivo se sienta superior a los demás. Solo le supera la táctica de hacer que el consumidor objetivo se sienta sexualmente deseable. Pienso en los anuncios de productos de limpieza con el «papá tonto» o en los que el «premio» por comprar un producto consiste en convertirse en un engreído, como si hubieses demostrado de algún modo que eres superior a tu pareja.

Por el contrario, cuando una pareja se siente tranquila y en paz cuando ambos miembros están juntos, cada uno de ellos tiene más probabilidades de ser amable y cariñoso con el otro. Gottman llevó a cabo otro experimento en el que observó a 130 parejas socializando juntas en una casa de veraneo durante un día. Descubrió que cuando las parejas están juntas, lanzan lo que Gottman denomina «demandas» de conexión. Por ejemplo, si uno de los miembros de la pareja está leyendo y dice «escucha una cosa», y el otro deja el libro y le presta atención, su demanda de conexión se habrá satisfecho. Busca una respuesta, una señal de apoyo o interés.

Responder a una demanda satisface las necesidades emocionales del que la plantea. Gottman descubrió que las parejas que no seguían juntas al cabo de seis años (el tiempo que transcurrió hasta la sesión de seguimiento) presentaban una media de solo tres respuestas de cada diez a esas demandas. Esas pequeñas interacciones cotidianas generan buena voluntad y un trato recíproco. Sin ellas, nuestras relaciones no perduran. Por tanto, esta es la clave para una relación próspera: mostrarse receptivo e interesado. Y lo que sirve para las parejas sirve para todas las relaciones, en especial con nuestros hijos.

Además de responder a las demandas de atención, existen más cosas que puedes hacer para fomentar la buena voluntad (o todo lo contrario). Puedes buscar rasgos que aprecias en tu pareja, en tus familiares y en tus hijos. O puedes analizarlos para buscarles defectos y errores. Puedes optar por expresar tu agradecimiento o tus críticas. Yo sé lo que prefiero escuchar. Puedes elegir ser amable, y la buena noticia es que la amabilidad es contagiosa. Si eres amable de forma unilateral, es probable que tu pareja se contagie y transmita amabilidad. Así lo demuestran las investigaciones.

Inclinar la balanza, si está desequilibrada, y pasar de ser crítico a encontrar cosas que se aprecian no solo resulta decisivo para la relación con tu pareja o tu familia, sino también para la vida en general. Yo procedo de una familia que se inclinaba más hacia la crítica que hacia el aprecio y he tenido que trabajar mucho para cambiarlo. Cuando cometo el error de caer en viejos hábitos, siento que me estoy bañando en una sopa tóxica de críticas.

Ser amable no consiste en ser una víctima o una persona retraída. Ser amable no significa no compartir tus sentimientos cuando te enfadas. Significa explicar cómo te sientes y por qué, pero sin culpar ni insultar al otro.

También es importante saber que aunque tu intención no sea herir o molestar a un miembro de tu familia con tus acciones, eso no significa que no acabes haciéndolo. Cuando alguien se siente mal por algo que hemos dicho o hecho, aunque sea sin querer, es importante escuchar y validar cómo se siente en lugar de ponernos a la defensiva. Debemos recordar que cada uno experimenta las cosas a su manera. Nadie está equivocado porque su experiencia sea distinta a la nuestra. Esas diferencias deben ser respetadas y no provocar discusiones en torno a quién tiene la experiencia «correcta».

Existen muchos consejos rondando por ahí. Algunos te dirán que no te preocupes por las nimiedades que se dan en las familias y las relaciones. Otros aconsejan exactamente lo contrario y recomiendan que gestiones los pequeños conflictos antes de que crezcan. Personalmente, creo que lo que debemos hacer es intentar entender cómo se siente la otra persona, aunque no coincida con lo que sentimos nosotros; ponernos en su lugar y, con suerte, que el otro se ponga también en nuestra piel. A todo el mundo le va bien que le escuchen, que le entiendan y que empaticen con él o ella. Convierte estos actos en una prioridad en tu familia, y esta se convertirá en un buen lugar para acoger a un bebé y un buen entorno para el desarrollo de un niño.

Ejercicio: Percibe las demandas de atención

Trata de afinar tu percepción de cualquier demanda de atención o conexión por parte de los miembros de tu familia y, si es posible, atiéndelas en lugar de huir de ellas. Hazlo en todos los casos, ya venga de tu pareja, de tu madre o de tus hijos. Las relaciones son muy valiosas, y atender las demandas representa uno de los pilares de toda buena relación.

Aunque somos individuos, también formamos parte de un sistema y somos producto de nuestro entorno. Como hemos visto en este capítulo, existen varias cosas que podemos hacer para contribuir a que ese sistema y ese entorno sean lugares seguros para nuestros hijos y su desarrollo como personas.

TERCERA PARTE

SENTIMIENTOS

No hay nada como convertirse en padre o madre para aprender que los seres humanos sienten antes de pensar y que los bebés y los niños se guían más por sus sentimientos. Es importante cómo respondes y reaccionas a los sentimientos de tus hijos porque para los seres humanos (grandes y pequeños, tú y yo) es imprescindible que presten atención a nuestros sentimientos y los entiendan aquellas personas importantes en nuestras vidas.

Un bebé es puro sentimiento (un manojo de sentimientos, si lo prefieres). No siempre entendemos todo lo que siente; en ocasiones tendremos que emplear mucho tiempo a calmarlo, pero dedicándole ese amor sentarás las bases de la futura salud emocional de tu bebé. Si te tomas en serio sus sentimientos en sus primeros años de vida, el bebé aprenderá que, si algo va mal, mejorará (sobre todo si puede compartir sus sentimientos con alguien que le demuestra empatía).

El hecho de responder con sensibilidad a los sentimientos de tu hijo le enseña a mantener una relación sana con lo que siente, sea lo que sea (desde los extremos de la rabia y el dolor hasta la alegría, la tranquilidad, la paz, la felicidad y la generosidad). Esta es la base de una buena salud mental, y por eso tal vez este apartado sea el más importante del libro.

APRENDER A REPRIMIR LOS SENTIMIENTOS

Ignorar o negar los sentimientos de un niño puede resultar nocivo para su futura salud mental. Sé que es posible que vosotros, como padres y madres, ni siquiera seáis conscientes de que lo hacéis, o tal vez lo hacéis porque pensáis que es por su bien. Cuando otras personas, en especial nuestros hijos, se sienten infelices, negar sus sentimientos difíciles es en ocasiones nuestra opción por defecto. Nos parece que es lo correcto. Puede parecernos que lo que debemos hacer es intentar restar importancia, aconsejar, distraer o incluso regañarles por tener esos sentimientos. No queremos que la persona que amamos se sienta infeliz, y abrirnos por completo a su infelicidad o su rabia puede parecernos peligroso o perturbador. Incluso podríamos pensar que fomentamos esos sentimientos de algún modo. Sin embargo, esos sentimientos no desaparecen por rechazarlos. Simplemente, se esconden, se enconan y dan problemas más adelante. Piensa en esto: ¿Cuándo necesitas gritar más alto? Cuando no te escuchan. Hay que prestar atención a los sentimientos.

No quiero que te sientas mal por tus posibles reacciones a los sentimientos de tu hijo en el pasado, pero sí quiero hacer hincapié en lo importantísimo que es reconocerlos, tomárselos en serio y validarlos. La causa más común de depresión entre adultos no es lo que les ocurre en el presente, sino que en su infancia, en la relación con sus padres, no aprendieron a consolarse. Si en lugar de recibir comprensión y consuelo, al niño se le decía que no debía sentir, o lloraba hasta quedarse dormido, o le dejaban solo con su rabia, su capacidad de tolerar emociones desagradables o dolorosas será cada vez menor a medida que se acumulen las faltas de conexión emocional. Su capacidad de tolerarlas disminuye. Es como si hubiese una cantidad limitada de espacio para guardar las emociones difíciles antes de que se llene demasiado y no tengan adónde ir. Cuando nuestros padres nos consuelan una y otra vez, sean cuales sean nuestros sentimientos, tenemos más probabilidades de sentirnos más optimistas acerca de esos sentimientos, lo que nos convierte en personas menos susceptibles a la depresión o la ansiedad en el futuro.

No hay ningún método garantizado para evitar los problemas de salud mental, pero sin duda ayuda que nos inculquen la creencia de que seguimos siendo válidos con independencia de la emoción que experimentemos, y que esa emoción pasará por muy mal que nos sintamos.

Recuérdalo: todos los padres y madres cometen errores, y rectificar importa más que los errores en sí. Por tanto, si creías que la mejor solución para que tu hijo se sienta mejor consiste en fingir que no te has enterado de que está enfadado o se siente infeliz, no te preocupes. Puedes cambiar ese patrón de respuesta a los sentimientos de tu hijo para que sienta que le tienes presente y le escuchas. Es probable que te sientas extraño cuando empieces a actuar de ese modo nuevo, pero puede convertirse fácilmente en tu respuesta habitual. En primer lugar, piensa cómo has reaccionado hasta ahora a los sentimientos de tu hijo. Existen tres maneras principales de reaccionar, y la tuya puede ser similar a la que adoptas ante tus propios sentimientos. Es posible que fluctúes entre las tres en función de la emoción o situación.

Represión

Si eres del tipo «represor», tu inclinación natural te lleva a negar los sentimientos intensos y a decir «shhh» cuando surgen, o «no montes un drama, no pasa nada», o «sé valiente».

Si quitas importancia a los sentimientos de un niño, es muy posible que después se abstenga de compartirlos contigo, tanto si consideras que son insignificantes como si no.

Reacción exagerada

En el extremo contrario, es posible que sientas tanta lástima por el niño que te pongas tan histérico como él y llores con él, como si su dolor fuese tuyo y no suyo. Este es un error muy común (por ejemplo, los primeros días que dejas a tu hijo en la guardería, antes de que los dos os acostumbréis a la nueva rutina).

Si te apropias así de los sentimientos del niño, también estarás provocando que pierda el deseo de compartirlos contigo. Puede pensar que son demasiado para ti, o sentirse invadido.

Contención

Si eres del tipo «contenedor», posees la capacidad de reconocer y validar todos tus sentimientos. Y si eres capaz de hacerlo contigo mismo, te resultará natural hacerlo con tu hijo. Puedes tomarte en serio un sentimiento sin reaccionar de manera exagerada, con mesura y optimismo. Dirías algo del tipo: «Cariño, estás triste. ¿Te apetece un abrazo? Ven. Aquí estamos, voy a abrazarte hasta que te sientas mejor».

Si un niño sabe que recibirá atención y consuelo sin ser juzgado, será más probable que te explique qué le ocurre.

Esto es lo que necesitan los niños, que los padres sean «contenedores» de sus emociones. Esto significa que estás a su lado y sabes y aceptas lo que sienten, pero sus sentimientos no te superan. Es una de las cosas que los psicoterapeutas hacen por sus clientes.

Ser un contenedor significa presenciar la rabia en un niño, entender por qué está enfadado y, tal vez, verbalizar ese sentimiento frente al niño; buscar maneras aceptables de que exprese su rabia y no castigarlo o agobiarse por esta. Lo mismo ocurre con el resto de emociones.

Todos tenemos emociones con las que nos sentimos más cómodos debido a nuestras propias experiencias en la infancia. En ello influyen las asociaciones con cada emoción que establecían los demás, y nosotros mismos, durante nuestro desarrollo. Si creciste en una familia que se relaciona habitualmente a través del conflicto, es posible que te hayas acostumbrado a las voces más altas de lo normal, o incluso a los gritos (incluso podrías asociarlos con el amor). Por el contrario, si procedes de una familia que huye de toda confrontación, es posible que te sientas muy incómodo ante el sentimiento de rabia. Si te sentías manipulado en tu infancia, podrías sentir desconfianza o incomodidad ante el cariño y el amor porque esperas que vayan acompañados de dolor.

Ejercicio: ¿En qué medida te sientes cómodo con tus emociones?

Este ejercicio es una buena forma de empezar a observar tus reacciones habituales a las emociones, tanto en ti como en tu hijo. De una en una, piensa en el miedo, el amor, la rabia, el entusiasmo, la culpabilidad, la tristeza y la alegría. ¿Con qué emociones te sientes más cómodo? ¿Con cuáles te sientes menos cómodo? ¿Cuáles te cuesta menos afrontar en ti? ¿Y qué ocurre cuando tú eres el blanco de esas emociones. O cuando las percibes en otras personas?

Necesitamos las emociones, incluso las incómodas. Piensa que esas sensaciones inoportunas son como las luces de emergencia de un salpicadero. Tu reacción a la luz que te avisa de que no te queda gasolina no debería ser retirar la bombilla para que no se encienda, sino dar al coche lo que necesita para funcionar. Lo mismo ocurre con los sentimientos. En general, deberíamos evitar desviar la atención de los sentimientos o acallarlos; deberíamos prestarles atención y utilizarlos para resolver lo que tengamos que resolver y tomar conciencia de lo que deseamos. Y, si procede, ir a por ello.

LA IMPORTANCIA DE RECONOCER LOS SENTIMIENTOS

Los sentimientos están presentes en todo lo que hacemos y en cada decisión que tomamos. Cómo gestionemos nuestros sentimientos influirá en cómo aprenderá nuestro hijo a gestionar los suyos. Los sentimientos y el instinto están estrechamente relacionados, y si negamos los sentimientos de un niño, corremos el riesgo de insensibilizar su instinto. Y el instinto de un niño le da mayor seguridad. Por ejemplo, en el excelente libro *Cómo hablar para que sus hijos le escuchen y escuchar para que sus hijos le hablen*, las autoras explican la historia de una niña que acude a la piscina local con sus amigas, pero regresa a casa enseguida. «¿Por qué has vuelto tan pronto, y sola?», le pregunta la madre. La niña le explica que en la piscina había un niño mayor que quería jugar a que era un perrito y le lamía los pies. A sus amigas les hizo gracia, pero a ella le pareció asqueroso. Creo que es bastante probable que sus amigas hubiesen aprendido a no reaccionar ante determinadas situaciones con los comentarios de sus progenitores del tipo «no seas tonta, no montes un drama» en lugar de animarlas a tomarse en serio sus sentimientos. En ese caso, la seguridad de la niña se habría visto afectada negativamente. Resulta muy sencillo ignorar los recelos de un niño (por ejemplo, la reticencia a probar un nuevo alimento), pero si le decimos que no sea tonto en lugar de escucharle, corre el peligro de pensar que es tonto por sentir lo que siente, cuando no es así.

«Por Dios, ya es lo suficientemente difícil hacer todo lo que tengo que hacer para mantener a mi hijo a salvo, alimentado y limpio —podrías pensar—. Y ahora, por si fuese poco, ¿también tengo que atender a sus sentimientos?» Aunque odio con todas mis fuerzas los «consejos» y los «trucos útiles», si existe un gran truco es este: no entres en una guerra con lo que siente un niño. Tu hijo de ocho años podría decir: «No quiero ir al colegio». Es muy fácil que de tu boca salga un «vas a ir, y punto» cuando tienes prisa y debes cumplir con tus propios compromisos. Sin embargo, si le contestas con un «ahora mismo odias el colegio, ¿verdad?», eso le resulta mucho más fácil de escuchar a tu hijo. Abre el diálogo en lugar de darle puerta.

Y negamos los sentimientos de los niños con mucha facilidad. Por ejemplo, siempre tenemos prisa, de modo que agarramos a nuestro hijo pequeño para intentar ponerle el abrigo, pero no se deja. Entonces le pedimos que se lo ponga solo, pero en ese momento ya ha decidido que no quiere. Por tanto, habría sido mejor respetarle desde el principio y reconocer sus sentimientos. Eso significa no agarrarle, sino advertirle que es hora de ponerse el abrigo, y después observar, escuchar y reflexionar sobre lo que siente. Si se niega a ponerse el abrigo, podrías decirle: «No te gusta tener calor, por eso no quieres ponerte el abrigo. Vale, te lo pondremos cuando estemos fuera y empieces a tener frío». Y si siempre tienes prisa por las mañanas, levántate un poco antes a fin de disponer del tiempo necesario para respetar el ritmo más lento de tu hijo y para reconocer sus sentimientos. Así habrá menos posibilidades de que la vida sea una batalla.

Una madre, Kate, me explicó que cuando su hijo, Pierre, tenía entre uno y dos años, lloraba varias veces al día por algo que le molestaba.

> Normalmente era algo que a mí me parecía una tontería; por ejemplo, porque llovía o por una pequeña caída, o por decirle que estaba prohibido nadar con los pingüinos en el zoo. Yo intentaba ser comprensiva porque sabía que lo que a mí me parecía una nimiedad podía ser una catástrofe para un niño de esa edad. Sin embargo, cuando Pierre tenía ya cuatro años, seguía ocurriendo lo mismo. Empecé a pensar que Pierre nunca sería capaz de desarrollar la más mínima resiliencia, y que tal vez estaba siendo demasiado blanda. Y que a lo mejor debería empezar a decirle que montaba un drama por nada. Lo que me impidió hacerlo fue acordarme de lo mal que me sentía cuando mis padres me reñían por ser tonta o me decían que tenía que madurar.
>
> Ahora Pierre tiene seis años, y me he dado cuenta de que la mayoría de los días transcurren sin que suelte una lágrima. Lo que antes le provocaba un llanto incontrolado, ahora lo afronta. «No importa, mami, podemos solucionarlo», me dice. O «dame un abrazo, que me duele la rodilla. Se pasará en un minuto». El cambio se ha producido de manera gradual e imperceptible. Estoy muy contenta de haber aceptado sus sentimientos y de haberlo consolado siempre.

Aunque en su momento le parecía que le consumía muchísimo tiempo, Kate eligió el camino más apropiado. Cuando reñimos a nuestros hijos por sentirse mal, les estamos dando dos motivos para llorar: el motivo por el que estaban tristes y, además, que ahora se sienten mal porque sus padres están enfadados y ellos siguen tristes. Sigue la filosofía de consolar y aliviar esas lágrimas, de sentir con alguien en lugar de lidiar con alguien. Si te tomas en serio los sentimientos de un niño y le calmas cuando lo necesita, poco a poco aprenderá a interiorizar ese consuelo y finalmente será capaz de encontrarlo por sí solo.

Si en tu infancia te recriminaban tener sentimientos inapropiados, resulta muy fácil que repitas ese patrón con tus hijos. Recordar cuando te hacían sentirte mal por estar triste, como hizo Kate, podría ayudarte a no cometer ese error. Sentirse triste forma parte de la vida. Sin embargo, si todavía llevas dentro (ya de adulto) que te regañaban por sentirte triste, es posible que te descubras disculpándote por llorar a causa de algo terrible.

Puede resultar difícil aceptar los sentimientos de tu hijo en lugar de reñirle por expresarlos si, como Kate, tus padres negaban tus sentimientos. Puede darte la impresión de que es como lanzarse a lo desconocido, y es cierto, es así: estás rompiendo los eslabones de tu cadena emocional ancestral. Recuerda, sin embargo, que estarás sentando las bases de la salud mental de tu hijo. Por cierto, si alguna vez metes la pata y reaccionas por defecto o por exceso, sobre todo si lo corriges, no echarás a perder para siempre a tu hijo.

Llegar a sentirte cómodo con tus propias emociones, por muy intensas que sean, es la clave para ser capaz de contener las de tu hijo y consolarle. Si ignoras tus propios sentimientos tachándolos de insignificantes, no serás capaz de ser un contenedor adecuado para las emociones de tu hijo. Si te pones histérico, eres incapaz incluso de contener tus propios sentimientos (y, por descontado, los de tu hijo).

Es posible que tengas que practicar el modo de gestionar tus propias emociones, sin reprimirlas ni ponerte histérico, sino reconociendo cómo te sientes y buscando maneras de consolarte o de aceptar ayuda de quienes te rodean para calmarte por ti mismo. Una manera de conseguirlo consiste en definir tu sentimiento en vez de definirte a ti mismo. Puedes hacer lo mismo con tu hijo. Así, cambia el «estoy triste» o «estás triste» por un «me siento triste» o «parece que te sientes triste». Si usas así el lenguaje, estarás definiendo el sentimiento en vez de identificarte con él. Este pequeño cambio puede suponer una gran diferencia.

También resulta importante desarrollar el hábito de hablar de sentimientos, tanto de los tuyos como de los de tu hijo. A medida que los niños maduran, la parte lógica del cerebro va cobrando protagonismo. No es que se conviertan en personas exclusivamente lógicas (los seres humanos siempre seremos emocionales), pero pueden aprender a utilizar imágenes, dibujos y el lenguaje para expresar sus sentimientos y entenderlos. De ese modo, sus sentimientos empiezan a trabajar a su favor y ellos dejan de estar a merced de sus sentimientos. Cuando tu hijo los exprese, te ayudará a ponerlos en orden y a darles sentido si los formulas con palabras o con la ayuda de imágenes.

Resulta fácil decir: «Pareces contento con eso». En cambio, cuesta más reconocer los sentimientos difíciles, o aquellos que desearías que tus hijos no experimentasen. Si un niño llora porque no le dejas tomar helado antes de comer, reconocer los sentimientos difíciles no significa que le des el helado, o que dejes de trabajar para que no tengas que volver a recurrir a una niñera, o que te rindas ante lo que quiera que sea que le hace infeliz. Significa, simplemente, que te tomas en serio sus sentimientos, que los tienes en cuenta a la hora de tomar decisiones y que ayudas a calmarlos, que no los niegas ni juegas al despiste, que no huyes o te distancias de ellos, sino que los reconoces y los comprendes. Al principio puede parecer arriesgado reconocer sentimientos que preferirías que no tuviesen (como el odio hacia los hermanos o a las visitas a la abuela), pero si tu hijo siente que le tienen en cuenta y le entienden, tendrá un motivo menos para protestar y llorar.

En *The Orchid and the Dandelion*, publicado en enero de 2019, el doctor Tom Boyce explica cómo sus colegas y él mismo estaban recopilando datos para analizar cómo el estrés al inicio de la vida escolar afectaba al sistema inmunitario de los niños cuando se produjo el terremoto en California en 1989. Al principio, los investigadores se preocuparon mucho ante la idea de que aquella fuente adicional de estrés afectase a su estudio, pero decidieron sacarle provecho investigando el efecto del terremoto en el sistema inmunitario infantil. Todos los niños recibieron un paquete de ceras y papel, y se les pidió que «dibujasen el terremoto». Algunos dibujaron imágenes alegres del desastre; otros mostraron más angustia en sus dibujos e ilustraron los aspectos difíciles del terremoto. ¿Qué grupo de niños esperarías que se mostrase más saludable después del terremoto? Los niños que dibujaron imágenes felices y optimistas del desastre padecían bastantes más enfermedades respiratorias que los que habían plasmado miedo, incendios, fatalidades y catástrofe. Para el doctor Boyce, estos resultados implicaban que el rasgo humano que se remonta al principio de los tiempos, el de la expresión a través de la narración de historias, de la creación de obras de arte, es un modo de asumir las cosas que nos asustan: cuanto más nos expresamos acerca de esas cosas, menos miedo acaban dándonos. Expresamos nuestra tristeza, aunque duela, porque cada vez que lo hacemos, esa tristeza disminuye en mayor o menor medida.

En su libro, el doctor Boyce explica que algunos niños son hipersensibles y su entorno les impacta profundamente. A estos niños los denomina «Orquídeas». Otros niños son más resistentes por naturaleza; son los llamados «Dientes de León». No existe un modo infalible de saber si un niño es un Diente de León o una Orquídea, pero al primer grupo también le beneficia que los adultos escuchen sus sentimientos. Resulta esencial que los padres sean sensibles a los sentimientos de los niños Orquídeas, y a todos nosotros (Orquídeas o Dientes de León) nos beneficia que se preste atención a nuestros sentimientos, se validen y se entiendan (aunque nuestras reacciones fuesen distintas en las mismas circunstancias).

El siguiente ejemplo trata sobre un niño Orquídea llamado Lucas. Sus padres, como la mayoría de las familias en la actualidad, necesitaban trabajar. Hoy en día, no muchas familias pueden permitirse el lujo de que uno de los progenitores se quede en casa y esté disponible en todo momento; además, quedarse en casa puede resultar frustrante si eso no encaja con tu personalidad. Un niño prefiere que sus padres sean felices a que se sientan unos mártires deprimidos. Por tanto, no estoy diciendo en absoluto que un progenitor tenga que quedarse en casa, sino que permita que sus hijos tengan sus propios sentimientos acerca de su mundo, de la organización doméstica que adoptéis y que no niegue esos sentimientos. Un niño tendrá más capacidad para ser feliz si se le dejan sentir todos sus sentimientos (no solo los apropiados); además, si la interpretación del doctor Boyce a raíz de su estudio durante el terremoto de 1989 es correcta, el niño gozará de un sistema inmunológico más fuerte si puede expresar cómo se siente y percibe que esos sentimientos son escuchados y comprendidos. Deseamos tan desesperadamente que nuestros hijos sean felices porque los queremos mucho que podemos caer en la trampa de negar sus sentimientos. Espero que el estudio del doctor Boyce y la siguiente historia nos recuerden que esa no es la mejor manera de actuar.

EL PELIGRO DE RECHAZAR LOS SENTIMIENTOS: CASO PRÁCTICO

Annis y John son cariñosos y amables. Están entregados el uno al otro y a su hijo Lucas, de diez años. Ambos poseen sus propias pequeñas empresas y se han esforzado muchísimo para ganarse su reputación y sus carteras de clientes. Se han comprado un piso y están contentos porque esa inversión les dará seguridad de cara al futuro, pero sienten una permanente inseguridad económica.

Lucas empezó a ir a la guardería cuando era pequeño, pero nunca se adaptó. Así, sus padres contrataron a varias niñeras para que le cuidasen. En su situación económica, creían que no tenían más opción que esa. Las niñeras llevaban a Lucas al colegio, le recogían y estaban con él durante las vacaciones escolares. Cuando no estaban las niñeras, los amigos y la abuela de Lucas les echaban una mano. Annis y John se aseguraban de reservarse tiempo los fines de semana para estar en familia, y Lucas parecía bastante contento. Ambos progenitores tenían a Lucas en mente en todo momento, le querían y le cuidaban, y deseaban llegar a casa para verle (aunque lo habitual era que ya estuviese durmiendo). Si Lucas les decía que quería pasar más tiempo con ellos, le prometían que saldrían juntos el fin de semana. Lucas parecía estar bien.

Sí, Lucas parecía estar bien hasta que a los diez años intentó tirarse por la ventana (desde una altura de seis pisos). No llegó a ocurrir porque John había olvidado algo, regresó al piso y consiguió agarrar a su hijo. La niñera estaba fregando los platos en la cocina. Sé que este relato resulta alarmante, y debo hacer hincapié en que no es habitual que un niño en unas circunstancias razonablemente felices como Lucas intente suicidarse.

Los padres de Lucas se tomaron unos días libres para estar con él porque sabían que era una emergencia. No tenían ni idea de que Lucas estuviese tan angustiado. «Creo que solo veíamos lo que queríamos ver», me dijo John. Él no tenía claro si era buena idea utilizar los antidepresivos de los que les había hablado su médico de cabecera. Tenía la intuición de que algo iba mal, y adormecer los sentimientos de Lucas con medicación no le parecía la mejor solución. Llevó al niño a un terapeuta privado. En ocasiones, Lucas entraba solo en la consulta; otras veces, con uno de los progenitores o con los dos. Lucas habló al profesional de los días de vacaciones en los que iba de casas de amigos a la casa de la abuela, y después de regreso a su casa con una niñera. Sentía que era una molestia porque escuchaba a sus padres al teléfono organizando con quién se iba a quedar, y parecía un esfuerzo para ellos. En cierto sentido, sabía que sus padres le querían porque se lo decían, pero a él le costaba sentirse querido. «Algunos días me siento como si fuese una pelota que se van pasando», había dicho Lucas.

También le explicó al terapeuta que le había cogido cariño a una niñera, pero que después se marchó y fue sustituida por otra. Entonces se sentía mal porque empezaba a olvidar a algunas de ellas aunque le cayesen muy bien. Y eso le hacía pensar que ellas también le habrían olvidado.

Lucas no recordaba cuándo empezó a sentirse triste. Ni siquiera sabía que se sentía así. Cuando intentaba explicar a Annis y John cómo se sentía, a ellos les resultaba duro escucharle e intentaban distraerle o levantarle el ánimo, o simplemente le contradecían.

Como padres y madres, deseamos por encima de todo que nuestros hijos sean felices. Así, cuando no lo son, queremos convencerlos (y convencernos) de lo contrario. Es posible que nos sintamos mejor a corto plazo, pero nuestros hijos no se sentirán escuchados, ni vistos, y sí muy solos.

> John: Antes, si Lucas decía o demostraba que no era feliz, le decía algo del tipo «no estés triste; el sábado iremos al zoo», o «te voy a comprar una videoconsola nueva». Durante el trabajo con el terapeuta descubrimos que Lucas interpretaba que así le estaba riñendo. Yo le decía que no era así, pero el terapeuta me paraba amablemente y me pedía que validase las palabras de Lucas.
>
> Era como si reconocer ante Lucas que se pusiese triste cuando regresaba del colegio y yo no estaba en casa le fuese a entristecer todavía más. Era difícil. Sin embargo, debido a aquella terrible llamada de atención, teníamos que introducir cambios e hicimos lo que el terapeuta nos dijo.
>
> Cuando Lucas decía que estaba triste, aprendí a preguntarle cómo se sentía o dónde lo sentía, o si sabía el motivo. Cuando aceptamos sus sentimientos, él se sintió escuchado, no ignorado. Y eso, para mi sorpresa, le ayudó a sentirse mejor.
>
> También aprendimos que no basta con decirle a Lucas que le queremos. Tenemos que demostrarle que es nuestra prioridad. Y lo es, por eso nos esforzamos tanto. Tenemos que demostrarle que le queremos estando con él como es debido, no solo dándole las buenas noches por Skype o llevándole por ahí los fines de semana.
>
> Pedí un préstamo para poder quedarme un mes en casa con Lucas. Salimos, vimos dibujos animados, fuimos al terapeuta. Lucas no hablaba mucho, pero cuando lo hacía, yo le escuchaba. El terapeuta me enseñó a escuchar sin tener que arreglar nada, y yo intenté ponerlo en práctica aquel mes.
>
> Lucas ha vuelto al colegio. Ahora, uno de los dos está siempre en casa alrededor de las seis de la tarde, así Lucas tiene más de dos horas

por delante para ser la prioridad absoluta de uno de nosotros, todos los días. Preparamos la cena juntos, jugamos o vemos la tele. Me gustaría poder decir que nunca miro el teléfono durante esas dos horas. Evito hacerlo.

A Annis le costó mucho más. Se sentía muy mal por no haberse dado cuenta de los terribles sentimientos de Lucas y le asustaba la idea de perderlo o de que se hubiese hecho mucho daño.

El sentimiento de culpa que tienen los padres no nos ayuda (y a nuestros hijos tampoco); reconocer nuestros errores y realizar cambios, sí. A lo largo de todo el libro insistiré en que nadie es perfecto y todos cometemos errores. Y no son los errores los que importan, sino cómo los enmendamos. Las rupturas que provocan problemas en las relaciones con nuestros hijos y su salud mental son un problema solo si no se reparan. También quiero hacer hincapié en que lo que el terapeuta y Lucas descubrieron fue que el problema no era tanto que su padre y su madre estuviesen muchas horas fuera trabajando, sino que él se sentía muy solo en sus sentimientos al respecto. Como los niños que experimentaron el terremoto, no fue el desastre en sí lo que hizo enfermar a algunos de ellos, sino que los niños que fueron capaces de expresar cómo se sentían acerca de aquel episodio demostraron tener un sistema inmunológico más fuerte.

Supongo que el sentimiento de culpa de Annis tendría algo que ver con los roles tradicionales de género, con el hecho de que se sentía más responsable que John de su hijo. Por supuesto, los progenitores son igual de responsables ante sus hijos, pero resulta difícil dejar a un lado las tradiciones que se arrastran desde hace muchas generaciones. Esto no significa que no deberíamos desterrarlas. Hay que conversar sobre esos temas para que los diferentes miembros de la familia no asuman cosas distintas.

Espero que Annis pueda sentirse bien en el futuro porque tanto ella como John se dieron cuenta de lo que habían hecho para contribuir a los sentimientos de Lucas y lo solucionaron. Ambos aprendieron a validar sentimientos y experiencias, y ahora lo hacen estupendamente con Lucas, consigo mismos y mutuamente.

Por suerte, la mayoría de los niños no intentan suicidarse. Sin embargo, no esperes a que aparezcan llamadas de atención (meterse en líos en el colegio, problemas de ira, autolesiones, depresión o ansiedad) para demostrar a tu hijo cada día que le tienes en mente y que te tomas en serio sus sentimientos. Anímale a dibujar cómo se siente o a que lo exprese verbalmente, y después acepta esos sentimientos. Es fundamental demostrarle que lo que siente importa.

Las palabras por sí solas tienen mucha fuerza; los hechos, mucha más. No puedes delegar el amor; una parte de los cuidados sí, pero el amor no. Tampoco puedes posponer la entrega de ese amor: no esperará al fin de semana; los niños lo necesitan todos los días de al menos uno de sus progenitores. Donald Winnicott, psiquiatra y psicoanalista, al observar a unos niños jugando al escondite, comentó que «es un placer esconderse, y un desastre que no te encuentren». Lo mismo ocurre en la vida. Es posible que nos guste tener algún secreto (de adultos y de niños), pero si nadie nos ve y nos encuentra tal como somos, donde estamos y cuando queremos, eso puede ser desastroso.

RUPTURA, REPARACIÓN Y SENTIMIENTOS

Cuando pienses en sentimientos, no pierdas de vista la ruptura y la reparación. Me gustaría poder decir que nunca me he dirigido con dureza a mi hija, o que nunca he puesto mis sentimientos por delante de los suyos. Por supuesto que lo he hecho, como mis padres hicieron antes conmigo. Sin embargo, la diferencia entre cómo me criaron y cómo hemos criado a mi hija es que mis padres nunca admitieron ser injustos o estar equivocados. Incluso cuando ya era adulta, mis padres nunca me pidieron disculpas si me trataban injustamente o si quedaba demostrado que se habían equivocado. Yo sabía que aquello no me gustaba, de modo que tomé la decisión consciente de no repetirlo.

A pesar de mis buenas intenciones, en ocasiones me comportaba de un modo que después lamentaba. En esos momentos, si me daba cuenta en ese instante o más tarde, siempre pedía disculpas a mi hija o cambiaba mi modo de pensar o actuar respecto a algo. El padre de mi hija y yo introducíamos cambios cuando nuestro comportamiento no ayudaba y confesábamos a nuestra hija cuándo metíamos la pata. Yo no sabía cómo le afectaría aquello. Era un experimento: crear un nuevo eslabón en la cadena emocional familiar. No obstante, empecé a descubrirlo muy pronto.

Una tarde, cuando Flo tenía unos cuatro años, se estaba comiendo un trozo de tarta en la cocina y dijo: «Siento haberme quejado tanto en el coche, mami. Tenía hambre. Ahora estoy bien». Estaba pidiendo disculpas. Estaba reflexionando sobre su conducta e intentando reparar una ruptura percibida. Me emocioné mucho. No esperaba que el hecho de responsabilizarme de mi mal comportamiento en lugar de justificarlo o culpar a otro significaría que Flo aprendería a hacer lo mismo.

Pero aprendió, sin duda. Los niños, como el resto de nosotros, tienden a hacer lo que se les hace a ellos. Mostrarse sensible a los sentimientos e introducir la reparación después de la ruptura siempre es mejor que un alejamiento, un campo de batalla y un enfrentamiento en los que uno gana y otro pierde.

Recuerdo otro momento en el que me emocioné. Fue la primera vez que mi hija dijo:

—Estoy a punto de enfadarme.

En lugar de dar rienda suelta a su rabia, lo expresó con palabras. Y yo pude decirle:

—Sí, es un fastidio, ¿verdad?

Y ella aprendió a continuar hablando sobre cómo se sentía en lugar de tener una rabieta.

«SENTIR CON» EN VEZ DE «LIDIAR CON»

Dave, el padre de Nova (de cuatro años), se sentía frustrado porque la niña parecía aferrarse a sus rutinas. Odiaba cómo repetía sus pataletas si no conseguía lo que quería (por ejemplo, si no podía sentarse en su sitio favorito en el coche). Dave discutía con ella o la engatusaba para que fuese más flexible, pero casi siempre acababan muy enfadados.

Dave me preguntó qué podía hacer para enseñar a Nova a ser más flexible, y yo le expliqué la importancia de validar los sentimientos. Así que decidió intentarlo:

> Unos primos de Nova necesitaban que los llevase en coche, y uno de ellos se sentó en el asiento habitual de mi hija sin saberlo. Ella empezó a llorar. En otro momento le habría dicho algo del tipo «no montes un drama, siéntate en otro lado» o habría pedido a su primo que le cambiase el sitio. Sin embargo, lo que hice fue agacharme para ponerme a su nivel y decirle con toda la calma y la dulzura del mundo:
>
> —Te resulta muy duro ver a Max en tu sitio. Realmente quieres sentarte ahí, ¿verdad?
>
> El llanto disminuyó un poco y Nova me miró. Me había puesto en su lugar de verdad, y ella lo vio en mi cara. Le dije que podría sentarse en su sitio la próxima vez, y le pregunté:
>
> —¿Dónde quieres sentarte ahora, al lado de la ventana o en tu sillita, delante?
>
> Para mi sorpresa, cambió la sillita, se ató ella misma el cinturón y empezó a charlar animadamente.

Reñir y engatusar a Nova solo conseguían que ella se obcecase más. Cuando se dio cuenta de que su padre se sentía apenado de verdad por ella, dejó de necesitar aferrarse a su postura. Dave validó los sentimientos de Nova. Cuando vas conduciendo sobre hielo y el coche patina, aunque rectifiques, el vehículo continúa avanzando en la misma dirección; en cambio, si alineas las ruedas con la dirección de la marcha, recuperas el control del coche... y puedes solucionar el patinazo.

Uno de los momentos más difíciles en la práctica de reconocer los sentimientos de tu hijo es cuando tú sientes otra cosa. Por ejemplo, tu hijo de siete años suspira hondo y dice: «Nunca salimos». A ti te apetece contradecirle con un «¡pero si fuimos a Legoland la semana pasada!», o «pero si salimos continuamente». Es posible que te moleste que no se valore el esfuerzo y los gastos que suponen llevar a tu hijo a un parque temático.

Negar los sentimientos de tu hijo puede provocar distanciamiento de esa persona con la que deseas mantener una relación de cariño de por vida, esa persona cuya felicidad te importa de verdad. Es posible que te parezca que cambiar tu reacción va contra el sentido común, pero todos nos sentimos mejor cuando se reconoce nuestra experiencia y no se rebate. Los niños no son una excepción. Toma conciencia de que tu hijo solo te está diciendo cómo se siente, y utiliza ese momento como una oportunidad para conectar con él, para hablar de sus sentimientos en lugar de rechazarlos.

Negar la infelicidad no hace que desaparezca, solo la entierra un poco más. Volvamos al ejemplo.

NIÑO: Nunca salimos.
ADULTO: Pareces aburrido y agobiado.
NIÑO: Sí, llevamos todo el día metidos en casa.
ADULTO: Es cierto, tienes razón. ¿Qué te gustaría hacer?
NIÑO: Me gustaría volver a Legoland.
ADULTO: Fue divertido, ¿verdad?
NIÑO: Sí.

Es probable que el niño se sienta más satisfecho con esta conversación, y hay menos probabilidades de que se convierta en una discusión. Tu hijo no es tonto, sabe que no pueden ir a Legoland cada día, pero necesita que sus padres sepan que quiere estar con ellos y compartir ese sentimiento con ellos. Se trata de consolarlos mientras aprenden la desagradable lección de que las cosas no siempre son como desearían.

Esto es así para todo el mundo, niños y adultos. Cuando nos sentimos mal, no necesitamos que nos arreglen. Queremos que nos acompañen, no que lidien con nosotros. Queremos que la otra persona entienda cómo nos sentimos para no sentirnos a solas con ese sentimiento.

Mi hija, Flo, que ahora ya es adulta, me dijo hace poco:

—Qué vergüenza me da haber suspendido el examen de conducir.

A nadie le gusta que sus hijos se sientan mal, y resulta fácil cometer el error de apresurarse a intentar arreglarlo.

—No tienes que sentirte avergonzada —le dije, tratando desesperadamente de arreglarlo.

—No —respondió Flo—. Solo necesito un abrazo.

Todos nos equivocamos (yo todavía me equivoco), pero si acompañamos a nuestros hijos en ese sentimiento en lugar de intentar apartarlo, ellos sabrán qué necesitan y serán capaces de pedirlo.

No es necesario esperar hasta que el niño sepa hablar para validar sus sentimientos y tomártelos en serio. Para ello, puedes interpretar la situación, cómo crees que se siente tu hijo, y expresar el sentimiento con palabras. Incluso cuando saben hablar, los niños no son capaces de articular un sentimiento como nosotros. Por ese motivo, el niño del ejemplo anterior describe cómo se siente con las palabras «nunca salimos» en lugar de «me siento inquieto, encerrado, y sin saber qué hacer». El adulto expresa con palabras el sentimiento que observa en el niño, este lo identifica y se produce un momento de conexión cuando responde que sí.

MONSTRUOS DEBAJO DE LA CAMA

Cuando son muy pequeños, algunos niños hablan de fantasmas o monstruos que viven debajo de su cama. En lugar de prestar atención a la historia o al motivo que aducen, descifra el sentimiento que están expresando. En lugar de rechazar de entrada la idea de que hay monstruos debajo de la cama, pon nombre al sentimiento que los monstruos parecen representar. Dile: «Pareces asustado. ¿Me explicas un poco más?», o «vamos a inventarnos una historia con esos monstruos. ¿Cómo se llaman?». Si lo haces así, es posible que puedas derrotar a los monstruos. Haz lo que mejor vaya con tu estilo; más que las palabras que utilizamos, lo que importa es permanecer al lado de nuestros hijos hasta que se sientan tranquilos, y no tacharlos de tontos. Por lo que sabes, esos monstruos podrían representar tu impaciencia a la hora de meter a tu hijo en la cama o algo complicado que tu hijo es incapaz de expresar. Incluso cuando resulta imposible dar con el origen de cada sentimiento, eso no significa que el sentimiento no sea real. Hay que validarlo de todos modos.

Y es muy poco probable que logres calmar a tu hijo haciendo que se sienta tonto con un «no seas tonto, sabes que los monstruos no existen».

Lo importante es mantener abiertas las líneas de comunicación. Si menosprecias a tu hijo diciéndole que es una tontería, no solo aprenderá a callarse ante las comunicaciones «tontas», sino también ante otras que tú no considerarías tonterías.

La distinción entre «tonto» y «no tonto» está tan clara para nosotros que podríamos asumir que para los niños también lo está. Sin embargo, nadie puede evitar sentir lo que siente, ni siquiera si los demás sienten otra cosa en la misma situación o si creen que es una tontería.

Como padre o madre, quieres ser una persona con la que tu hijo pueda hablar. Si le dices que es tonto por quejarse cuando la abuela le prepara un buen plato de lentejas, es posible que crea que no puede explicarte que ese raro profesor de piano le pone la mano en el muslo. La diferencia entre estas dos cosas está más que clara para nosotros, pero un niño clasifica ambas con la etiqueta de «asqueroso». Y si tú restas importancia a cosas que para él son asquerosas, tu hijo podría sentir que no merece la pena la humillación de seguir compartiéndolas contigo.

Tal vez pienses que este es un ejemplo extremo, porque las lentejas de la abuela y un profesor de piano tocándole el muslo a un niño son dos cosas muy distintas. Sin embargo, tu hijo no ha vivido tanto como tú, no tiene tu experiencia, no ha leído todo lo que tú has leído, todavía no entiende la sexualidad. Es posible que no haya aprendido a detectar las señales de alarma cuando le toquen indebidamente del mismo modo que se siente alarmado cuando come algo que no le gusta. Para él, las dos cosas representan un ataque a sus sentidos. Decirle a un niño que es tonto, por lo que sea, provocará que cierre la comunicación contigo, y eso podría resultar peligroso.

LA IMPORTANCIA DE ACEPTAR TODOS LOS ESTADOS DE ÁNIMO

Si alguien te preguntase qué quieres para tu hijo, probablemente responderías: «Que sea feliz». No es nada malo querer que nuestros hijos posean la capacidad de ser felices. Sin embargo, ¿no es posible que hayamos otorgado demasiada importancia a la idea de ser «feliz», a la imagen perfecta de tu familia pasándolo bien, retozando en un prado y disfrutando de un maravilloso pícnic entre las flores silvestres?

La felicidad, como todos los sentimientos, viene y va. De hecho, si fueses feliz en todo momento, no te darías cuenta porque no tendrías otros estados emocionales para comparar. Y para que un niño sea feliz es necesario que los padres acepten todos sus estados de ánimo y todos los aspectos de cómo experimenta el mundo. La familia no estará de pícnic la mayor parte del tiempo.

No es posible regañar a nadie, ni siquiera distraerlo, para que sea feliz. Cuanto más aceptes y ames a tu hijo con independencia de su experiencia y cómo se siente al respecto, más capacidad tendrá para ser feliz. Esto vale para ti y para tus hijos. Necesitamos aceptarnos también nosotros, con todos nuestros estados de ánimo.

Recuerdo que cuando tenía doce años, un amigo de mis padres me preguntó si estaba teniendo una infancia feliz. Le respondí así:

—No, la verdad es que no. No me siento especialmente feliz la mayor parte del tiempo.

Mi padre, que me estaba escuchando, se giró enfadado y protestó:

—Qué tontería. Has tenido una infancia idílica, muy feliz. Menuda chorrada.

Y dado que era mi padre (mi querido, aunque temible, padre), pensé que debía estar equivocada. Me sentí confusa, insegura de mis propios sentimientos.

Los padres tienden a asumir que lo que creen que les haría feliz a ellos hará felices a sus hijos, pero no necesariamente es así (como es probable que hayas averiguado). Si tu hijo parece infeliz, podrías sentirte fracasado, y en lugar de sentir ese sentimiento incómodo, podrías hacer como mi padre e intentar reñir a tu hijo para convencerle de que es feliz.

Si hubiese sabido entonces lo que sé ahora, cuando mi padre me contradijo, yo habría podido entender mejor lo que sentía en mi interior, pero en aquel momento mi cerebro se vio envuelto en una niebla espesa y confusa. Es la niebla que me invade cuando siento algo pero alguien a quien respeto me dice que no tengo esa emoción. Y en esa niebla había también vergüenza, porque había algo (nunca tuve claro qué) que había entendido mal.

Mi padre perdió una oportunidad de conectar conmigo, tal vez no en aquel momento, sino después de que su invitado se hubiese marchado. Podría haberme preguntado qué sentía y no tomarse la respuesta, fuese la que fuese, como un ataque personal. Podría haberme ayudado a articularla y podría haber intentado ver el mundo como lo veía yo. No digo que tuviese que cambiar su visión del mundo, pero sí podría haber intentado comprender que mi punto de vista también era un modo válido de ver las cosas y de verme a mí misma.

Si en vez de tratar la tristeza, la rabia y los miedos de tu hijo como aspectos negativos que corregir los tratas como oportunidades para aprender más sobre él y conectar con él, reforzarás vuestro vínculo. A partir de ahí, es más que probable que amplíes su capacidad para ser feliz.

Si llegases a casa y le dijeses a tu pareja que has tenido un día horrible en el trabajo, y él o ella te respondiese: «No creo que haya sido tan malo», probablemente no te sentirías escuchado o comprendido, no sentirías que le importas. Incluso podrías sentirte maltratado. Si este es el tipo de respuesta que recibes habitualmente, podrías acabar por dejar de confiar en tu pareja.

Si, por el contrario, tu pareja te dijese: «Explícame qué ha pasado», y tú lo hicieses, si le explicases lo injusto que ha sido tu jefe y que has tenido que hacerlo todo dos veces debido a su despreocupación, y recibieses un «no me extraña que sientas que has tenido un mal día» por respuesta, empezarías a sentirte un poco mejor.

Si, por otro lado, tu pareja empezase su intervención con algo del tipo «bueno, deberías...» y te diese algún consejo, probablemente te sentirías peor. Si tu pareja te contestase diciendo: «Mira esa ardilla tan mona ahí fuera», es posible que dejases de hablar del trabajo, porque ¿de qué serviría continuar hablando del tema? La ardilla podría ayudarte a olvidar que te sientes infeliz, pero los sentimientos que no se gestionan acaban regresando.

Recuerda esto: cuando tu bebé, o tu hijo pequeño, o tu hijo adulto, o incluso tu pareja te confiese un sentimiento doloroso, aunque te parezca que lo vas a empeorar reconociéndolo, lo cierto es que le estarás ayudando a resolver sus emociones y, por tanto, se sentirá mejor.

Es fácil mostrarse empático con tu hijo cuando ha tenido un mal día en el colegio. Sin embargo, ¿qué ocurre si no te gusta nada lo que te dice? Por ejemplo: «No me cae bien el bebé, quiero que lo devuelvas al hospital». En esos casos resulta todavía más importante escuchar, intentar entender y validar esos sentimientos. «Echas de menos que pasemos tiempos juntos solos tú y yo últimamente, no me extraña que quieras que el bebé se vaya», o «no es justo que todas las visitas se queden embobadas con el bebé y a ti no te hagan caso», o incluso «¿qué sientes ahora que eres hermano?»: ante estas preguntas, acepta la respuesta, sea cual sea. No puedes decirle a un niño que tiene que querer a su hermano. Sabe cómo se siente y necesita un receptor seguro para esos sentimientos.

LA EXIGENCIA DE SER FELIZ

El psicoanalista Adam Phillips afirmó que la exigencia de ser felices socava nuestras vidas. La vida implica dolor y placer, y si intentamos apartar el dolor y ahogarlo en placer, o bien adormecerlo, distraernos o distraer a alguien del dolor, no aprenderemos a aceptarlo y modificarlo.

Las personas suelen tener objetivos en la vida y asumen que lograr esos objetivos les hará «felices». En ocasiones puede ser así, pero lo más frecuente es que nuestras ideas sobre lo que conforma una vida satisfactoria sean erróneas. Podemos dejarnos engañar inconscientemente por imágenes de personas atractivas y sonrientes entre edificios maravillosos, coches relucientes y objetos bonitos. Esas imágenes nos condicionan a asumir, sin expresarlo verbalmente, que eso es lo que queremos. No existen anuncios con personas de aspecto ordinario enfrentándose a sus demonios, aprendiendo a aceptar lo inevitable del dolor y hallando de ese modo su espontaneidad y su alegría.

Esta es una verdad que habría que reconocer universalmente: cuando intentas bloquear un sentimiento «negativo», eliminas también los sentimientos positivos. Como afirma el terapeuta Jerry Hyde, «las emociones no tienen una mesa de mezclas, solo tienen un volumen principal. No puedes silenciar la tristeza y el dolor y aumentar la felicidad y la alegría. Si bajas el volumen de uno, baja el de todos».

Antes de que nuestros hijos se vean expuestos a la cultura del placer a través de lo material, tienen una idea mejor de lo que produce satisfacción, que no es otra cosa que la conexión. Es el sentimiento de que sus padres y sus cuidadores los entienden, y es encontrar sentido y significado en su entorno, con el que se sienten conectados. Para ello, el niño necesita que aceptemos todos sus sentimientos, su rabia, su miedo, su tristeza y sus alegrías. Y no estaremos bien equipados para ello a menos que estemos conectados con nuestros propios sentimientos.

Cuando deseas la felicidad de tu hijo, a pesar de lo que los dioses del consumismo nos han metido en el cerebro, esta no pasa por tener cosas materiales. Tampoco consiste en que sea el más listo, el más rico, el más alto o el más brillante, o cualquier otra cosa. La felicidad depende de la calidad de sus relaciones.

El modo en que aprendemos a relacionarnos con nuestros padres y hermanos nos crea hábitos, un patrón para todas nuestras relaciones posteriores. Si nos acostumbramos a tener razón, a tener que ser el mejor, a tener que poseer cosas materiales, a tener que ocultar cómo nos sentimos realmente, a no aceptar nuestros pensamientos y sentimientos tal como se presentan, esas dinámicas pueden frenar el desarrollo de nuestra aptitud para tener relaciones estrechas y nuestra capacidad para ser felices. En cambio, validar los sentimientos de nuestros hijos refuerza nuestro vínculo con ellos.

Hilary es madre soltera y dirige una peluquería.

Tashi tenía tres años cuando nació Natham, su hermanito. Yo hice lo que me dijeron que hiciese: comprarle un regalo y dárselo en nombre del bebé. Sin embargo, no conseguí engañarla.

—Los bebés no tienen dinero y no pueden salir a comprar —me dijo.

Al principio disfrutaba cuando le decía que ahora era la hermana mayor, y ella lo repetía orgullosa a las visitas. Poco después, sin embargo, la novedad de tener un bebé en casa se acabó y Tashi empezó a tener más rabietas, se negaba a colaborar, comenzó a mojar la cama otra vez. Mientras tanto, con mis buenas intenciones equivocadas, yo le decía que le gustaba ser la hermana mayor. Sin embargo, su comportamiento fue a peor.

Una noche estaba pensando en todo esto, agotada después de meter a Tashi en la cama con mucha dificultad. Recordé que odiaba a mi hermana pequeña cuando nació (y que pensaba que era muy mala persona por odiarla). Después, cuando crecimos, supe que era muy mala persona porque todo el mundo me lo decía cuando me portaba mal con ella. Pero no podía evitarlo. Sentía que era yo o ella. Si soy sincera, mi hermana todavía me irrita sin motivo aparente.

Entendí que intentar obligar a Tashi a querer a Natham no estaba funcionando, como no me había funcionado a mí. Empecé a compadecerme de ella. Decidí que iba a intentar entender sus sentimientos y a verbalizárselos, y lo haría el tiempo que fuese necesario para establecer una conexión porque me sentía muy alejada de ella.

A la mañana siguiente le dije:

—Realmente odias que Natham esté aquí, ¿verdad?

No dijo nada. Yo continué:

—Recuerdo cuando nació tu tía. Yo también la odiaba. Y tal como he hecho yo contigo, todo el mundo me decía que tenía que quererla. Pero no podía. Tashi, siento mucho que esto esté siendo tan difícil para ti.

Aquel día, cuando se portó mal, no la reñí y continué:

—No te gusta cuando tengo que dar de comer al bebé en lugar de jugar contigo. Lo siento, Tashi.

Cada vez que tenía que compartirme, o esperar, o aguantarse, yo describía cómo pensaba que se sentía.

Tashi no cambió el chip de inmediato, pero por la tarde mejoró su comportamiento. Volvíamos a sentirnos más cerca porque yo no estaba luchando contra sus sentimientos, sino acompañándolos. Fue estupendo que volviese a cooperar. Incluso empezó a ayudarme, a buscar los pañales y pasarme las toallitas, y me avisaba cuando Natham se despertaba de la siesta. Aquella noche, Tashi no mojó la cama por primera vez desde el nacimiento de Natham.

Lo que aprendí es que cuando un niño siente algo, por muy inapropiado que sea, por mucho que quiera negarlo, tengo que poner nombre al sentimiento, consultar con el niño que estoy en lo cierto y validar ese sentimiento. El otro día tuvimos que marcharnos del parque y Natham, que ahora tiene tres años, quería pasar una última vez bajo las fuentes cuando yo acababa de secarlo (lo que implicaba que entraría empapado en el coche). Mi madre intentó convencerle de que no querría ir mojado en el coche, pero no coló. La detuve y le dije a Natham:

—Tienes muchas ganas de volver a mojarte, ¿verdad? Siento que estés decepcionado.

Mi madre se quedó asombrada ante lo bien que Natham aceptó mis palabras.

También quisiera comentar que aunque Natham y Tashi se pelean, la mayor parte del tiempo juegan juntos o por separado sin ninguna hostilidad.

Ejercicio: Compadecer al otro

Poner en práctica sentir cómo se siente otra persona te lo pondrá más fácil cuando surja una situación real. Piensa en una persona o un grupo de personas que han llegado a una conclusión distinta a la tuya respecto a algo (pongamos, por ejemplo, que votan a otro partido). En lugar de tacharlas de estúpidas, piensa en sus circunstancias, sus deseos, sus temores. Ponte en su lugar y trata de entender por qué han tomado una decisión distinta a la tuya. Siente lo que sienten.

La empatía es un trabajo más complicado de lo que podría parecer. No se trata de renunciar a tu punto de vista, sino de ver y entender realmente por qué el otro siente lo que siente y, lo más importante, sentirlo junto a él o ella.

DESVIAR LA ATENCIÓN DE LOS SENTIMIENTOS

La distracción es la táctica favorita de los padres para desviar la atención de los niños de una experiencia. La utilizan con frecuencia, pero rara vez resulta adecuada, ya que la distracción es un engaño y, a largo plazo, la manipulación no ayudará a tu hijo a desarrollar su capacidad de ser feliz.

Si miras a un bebé a los ojos, no verás nada más que sinceridad. Creo que nuestros hijos, sea cual sea su edad, no merecen menos de nosotros. La distracción por parte de los padres no solo no es sincera, sino que además es una manipulación. Y también puede ser un insulto a la inteligencia del niño.

¿Qué mensaje transmite la distracción? Imagina que te caes y te haces un buen rasguño en una rodilla. ¿Cómo te sentirías si tu pareja, en lugar de preocuparse o interesarse por el dolor, o por la sangre, o por la vergüenza que sientes, te dijese que mirases esa ardilla de ahí, o te prometiese que podrás jugar a tu videojuego favorito?

No estoy diciendo que no haya lugar para la distracción, pero no como una táctica de manipulación. Si, por ejemplo, tu hijo tiene que someterse a una prueba médica, podría ser una buena idea decirle que lo llevará mejor si en lugar de concentrarse en la inyección se concentra en la sensación de tus dedos acariciando su frente. En este ejemplo, no tratas de engañarle (el niño sabe qué va a ocurrir), sino que le ofreces una distracción a modo de consuelo.

Tus hijos te tratarán igual que tú los trates a ellos. No te gustaría que al pedirles que habléis de sus notas en el colegio, ellos señalasen hacia la ventana y exclamasen: «¡Mira! ¡Una ardilla!».

También es una buena idea decirles a los profesionales de la guardería de tu hijo que prefieres que empaticen con sus sentimientos en lugar de desviar su atención de ellos. Desviar la atención de un niño de un juguete que tiene otro niño para evitar un conflicto no le ayudará a entender la situación ni a aprender a negociar en un enfrentamiento. Evitar los sentimientos difíciles no es la manera de aprender a gestionarlos.

Además, si tu hijo quiere algo que tú no quieres que tenga (las llaves del coche, por ejemplo), tiene que aprender que no puede tenerlo, en lugar de distraerlo por un momento. Tiene que escuchar que no quieres que juegue con las llaves en vez de decirle algo como «oooh, mira este muñeco». Puedes ayudarle con su frustración en lugar de distraerle de ella con palabras del tipo «estás enfadado porque no te dejo las llaves; ya veo que eso te enfada mucho». Si mantienes la calma y sostienes los sentimientos de tu hijo, él aprenderá a sostenerlos. El proceso puede parecer mucho más largo que si te limitas a desviar su atención de las llaves, pero el tiempo invertido ayudará a tu hijo a interiorizar esas habilidades.

Si desvías la atención de tu hijo de lo que siente o de su experiencia una y otra vez, también le estarás restando (sin saberlo) capacidad de concentración. Piénsalo así: si tu hijo se hace daño, o si le hieren sus sentimientos, o si le niegan sus deseos y tú le distraes de lo que siente en lugar de ayudarle a resolverlo, le animarás a no prestar atención a las cuestiones difíciles. Y no quieres que tu hijo se distraiga fácilmente de las tareas difíciles.

Sin embargo, creo que lo peor de la distracción no deseada es que pone obstáculos a una buena relación, abierta y cercana, con tu hijo.

Uno de los motivos por los que podría tentarte la idea de restar importancia a lo que tu hijo está experimentando y desviar su atención o negar sus sentimientos es que ves la situación a través de tus ojos, no de los suyos.

Por ejemplo, si tú, como adulto, no puedes ir a trabajar con tu madre, no es el fin del mundo. Para un niño pequeño, en cambio, podría parecerlo. Es posible que nos sintamos culpables por ser la causa de su angustia, de modo que nos resulta más cómodo negarla.

Así, ¿qué haces si uno de los miembros de la pareja se va a trabajar y vuestro hijo parece desconsolado? Si eres el que se va, hazlo con seguridad. Tu hijo se sentirá mejor si te mantienes tranquilo, firme y optimista. Es importante no escabullirse y tomarse un momento para salir con amabilidad y dejando ver que te importa. Si te inquietas, es posible que dramatices demasiado, y eso no ayudará a tu hijo. Si desdeñas su dolor, no estarás siendo el espejo que tu hijo necesita que seas. Reconoce lo que siente; dale un abrazo y dile algo en un tono calmado (por ejemplo, «no quieres que vaya a trabajar, pero estaré de vuelta a la hora de la merienda»).

Si eres el miembro de la pareja o el cuidador que se queda con el niño, lo que tienes que hacer es situarte en el espacio emocional en el que se encuentra. Esto significa que debes reconocer lo ocurrido: «No querías que mamá se fuese a trabajar. Estás triste», por ejemplo. Si te paras a pensar, resulta totalmente apropiado que te pongas triste cuando alguien que quieres se marcha. Puedes decirle cuándo volverá: «Mamá estará de vuelta a la hora de la merienda». No mientas sobre el tiempo que va a estar fuera. El niño asimilará una idea distorsionada del tiempo o no te creerá la próxima vez.

Debes estar ahí para el niño, mostrarte atento y ser consciente de tu propia incomodidad. Interésate, pero no reacciones de manera exagerada. Mantén la calma y no dejes al niño llorando solo. No le distraigas ni le hagas callar; tampoco niegues sus sentimientos. Escúchale y ofrécele un abrazo si lo quiere. Al cabo de un rato, el niño encontrará una actividad que hacer o tú podrás sugerirle alguna, pero no mientras se encuentra inmerso en su angustia. Piensa en cómo te sentirías si echases de menos a una persona a quien quieres tanto que te parece que no puedes sobrevivir sin ella y llega alguien y quita importancia a tus sentimientos más profundos y sinceros en lugar de respetarlos. Cuando te hayas expresado, cuando te hayas resignado a la situación, estarás más abierto a la actividad que te propongan. Esto es muy distinto a que te manden mirar a Action Man enzarzado en un baile divertido mientras tú estás viviendo un momento de angustia.

Ejercicio: Piensa en la distracción

Piensa en algunas ocasiones en las que te has sentido molesto. ¿Cuánto tiempo necesitaste para verbalizar tus sentimientos, intentar darles sentido y acostumbrarte a ellos antes de estar listo para distraerte viendo una película o leyendo un libro? El hecho de que las cosas que nos molestan a nosotros y a nuestros hijos sean distintas no significa que sus sentimientos sean menos intensos o reales que los nuestros.

Un bebé no puede evitar ser sus sentimientos. Con el tiempo, el niño puede aprender a observar sus sentimientos para así contenerlos, pero no puede aprender solo. Necesita que alguien acepte y acoja todos sus sentimientos mientras crece.

En nuestro enorme deseo de que nuestros hijos sean felices, a veces los apartamos cuando están enfadados o tristes. Sin embargo, para gozar de una buena salud mental, los niños necesitan que se acepten sus sentimientos, y deben aprender maneras aceptables de expresar todos sus sentimientos; lo mismo vale para nosotros, los adultos. Por tanto, es importante aceptar nuestros sentimientos en lugar de negarlos, y resulta esencial aceptar a nuestros hijos con lo que quiera que sientan. Al ayudar a un niño a expresar sus sentimientos con palabras (o imágenes), le ayudamos a procesarlos, así como a encontrar maneras aceptables de comunicar lo que sienten.

CUARTA PARTE

SENTAR UNAS BASES

EMBARAZO

Tal vez te parezca extraño que incluya un capítulo sobre el comienzo de la aventura de ser padres (el embarazo) a estas alturas del libro. Pero aunque tu hijo ya haya nacido (o incluso si ya es adolescente o adulto), este capítulo podría arrojar un poco de luz sobre tu relación y por qué se encuentra en el punto en que se encuentra. Si hay algo en la relación con tu hijo que te parece estancado, las ideas de este capítulo podrían ayudarte a repararlo. Si te falta poco para comenzar la relación con tu hijo, podría guiarte para lograr la relación afectuosa de por vida que todos deseamos.

Con frecuencia veo a padres que creen que pueden tratar a sus hijos como algo que se puede gestionar con eficiencia, como algo que se puede manejar y solventar. En general, se debe a que los padres están ocupados, la vida es un ajetreo constante y así han aprendido de sus padres a tratar con los hijos. Se trata de una ideología anticuada y dominante que te asegura que puedas encajar fácilmente la paternidad en tu ajetreada vida. Sin embargo, casi siempre se paga un precio. Si no tratas a tu hijo como una persona, si lidias con él en lugar de sentir con él, podrías encontrarte con que no se muestre muy comunicativo contigo cuando llegue a la adolescencia o a la edad adulta y tú quieras mantener una conversación.

Es posible que pienses que el siguiente ejemplo sobre una madre de treinta y ocho años y su madre de ochenta y uno no encaja en una sección sobre el embarazo. Sin embargo, si no lo has hecho ya, el embarazo es un buen momento para reflexionar sobre tu relación con tus padres y sobre lo que deseas para tu futura relación con tu hijo. Puedes pensar cómo vas a tratar de construir una relación honesta y abierta, no limitada por los roles.

Establecemos vínculos con nuestros hijos. Natalie, que me explicó la siguiente historia, tiene un vínculo con su madre. Sin embargo, un vínculo puede ser mucho más que una relación filial; puede ser una conexión auténtica, en la que ambas personas se caen bien además de quererse. Eso es lo que la honestidad y la franqueza pueden aportar.

—Si conocieses a mi madre —me dijo Natalie—, pensarías que es una mujer muy agradable, encantadora incluso. Y lo es. Lo que ocurre es que no me siento yo misma cuando estoy con ella. Siento que debería ir a ver a mamá más a menudo, pero hay algo en mí que no quiere. Tengo que obligarme a visitarla.

Obviamente, y tal como Natalie la describía, había algo en la relación que no funcionaba. En una visita posterior, Natalie continuó profundizando en los posibles motivos.

> Hace unos años, decidí asumir lo que para mí era un riesgo con mi madre. Pensé que si era más auténtica con ella, tal vez ella lo sería conmigo. Así que le expliqué lo que sentía, le conté que había tenido episodios de depresión desde mi separación. Mamá simplemente me dijo: «Ah, pues yo tengo una vida muy feliz». Punto.
>
> Estaba claro: me di cuenta de que mis sentimientos «difíciles» eran inaceptables para ella. Creo que incluso niega sus propios sentimientos «difíciles». Así, cuando estoy de bajón, para ella es como una especie de amenaza. He intentado que hablemos de ello, pero esa puerta emocional está totalmente cerrada.

Quiero ser amable con mamá, pero después de treinta y ocho años, nuestra relación está atascada en el distanciamiento, siempre en la fase de la conversación correcta. No parece que podamos avanzar.

Cuando me quedé embarazada de Brigitte, supe que no querría que me visitase por obligación cuando yo fuera mayor. Quiero que desee venir (o no) por decisión propia, y quiero que sienta que puede ser ella misma y compartir conmigo todo lo que quiera. Pensé mucho en ello durante el embarazo. Pensé que si no me sentía yo misma con mi madre, posiblemente ella no se sentía o no se siente ella misma conmigo.

Puede parecer una tontería, pero tomé la decisión de no ser falsa con Brigitte, de ser siempre yo misma. Cuando Brigitte nació y me enfrenté a la contundente sinceridad que solo un bebé te puede dar, supe que era la decisión correcta. Decidí que iba a hacer todo lo posible para compensarla por el cumplido de ser sincera. Por supuesto, el nivel de honestidad tiene que ir acorde con la edad.

Me estoy esforzando para tener una actitud abierta y aceptar todos los estados de ánimo de Brigitte, no solo los momentos de alegría. Y también los míos. Ahora sé lo difícil que puede resultar cuando tienes un bebé que llora mucho y no se calma con facilidad. Cuando eso ocurre, me despierta todo tipo de sentimientos. Me siento inútil, me siento enfadada; en más de una ocasión, a las tres de la madrugada, he acabado llorando con ella.

Pero sé que estoy sintiendo esas cosas, y las acepto, y me esfuerzo para actuar de un modo empático y cariñoso, para tratarla como me gustaría que me tratasen a mí si fuese ese bebé que tengo en los brazos.

He tenido que esforzarme para no sentirme una fracasada cuando soy incapaz de levantarle el ánimo a Brigitte. En ocasiones resulta difícil no intentar arreglar por todos los medios lo que va mal, sobre todo cuando no es algo obvio a primera vista. Lo que hago es intentar estar con ella, a su lado, y entenderla.

No digo que sea fácil y que lo consiga siempre, pero hablo con ella. Cuando estoy con ella, estoy al cien por cien. No quiero ser una madre de manual, sino ser yo misma. Espero que esto ayude a Brigitte a ser capaz de ser siempre ella misma conmigo cuando sea mayor.

Como futuros padres, y ya en nuestro papel de padres, lo mejor que podemos hacer es adoptar la visión a largo plazo. Con esto quiero decir que deberíamos ver a nuestros bebés, niños y adolescentes no como cargas que alimentar, lavar, o arreglar, sino como personas desde el principio, personas con las que vamos a tener una relación de por vida. De ese modo nos aseguraremos de construir unos vínculos sólidos y de amor con ellos.

Cuando te conviertes en padre o madre, empiezas a crear un vínculo con tu bebé, un nexo que se puede ir reforzando año tras año. De hecho, es en el embarazo cuando se sientan las bases de ese vínculo. Cuando tu hijo se independice de ti en el sentido práctico y tenga su propia red social y otras personas que le importan, ese vínculo podrá continuar creciendo si vosotros (padres e hijos) estáis al tanto de vuestras respectivas vidas y preocupaciones.

MAGIA EMPÁTICA

En general, ¿cómo empiezan las relaciones con nuestros hijos? En cuanto anuncias que estás embarazada, recibes un bombardeo de consejos sobre lo que debes comer, lo que no debes beber... y, en general, lo que no debes hacer. Los consejos difieren en función de la cultura y la época, pero el proceso (recibir muchos consejos) es más o menos el mismo.

Que haya tantas normas y tantos consejos que seguir podría darte la impresión de que existe algo así como el embarazo óptimo, lo que podría llevarte a asumir que existen padres perfectos que crían a hijos perfectos.

Creo que esta forma de pensar podría suponer un obstáculo en la relación con nuestros hijos en vez de facilitarla. Creer que el embarazo, el parto y la maternidad/paternidad se pueden optimizar en cierta manera nos hace correr el riesgo de traer al mundo un objeto que perfeccionar en lugar de una persona con la que relacionarnos. En lugar de sucumbir a una perfección controladora e imposible, sería mejor que nos diésemos cuenta de que el embarazo y la maternidad/paternidad no son proyectos. Se trata, como no dejo de repetir, de traer al mundo a una persona con la que vas a tener una relación de empatía y amor de por vida.

Existe un segundo motivo por el que tal vez desees reflexionar sobre cómo reaccionas a todas las reglas y los consejos que recibes sobre el embarazo. Obedecer todas las normas y tomar todas las precauciones que te aconsejan, aunque algunas en realidad no sirvan para nada, puede darte una falsa sensación de control de tu embarazo o de los cromosomas y las enfermedades que transmitimos a nuestros hijos.

Plantéatelo de este modo: existen muchísimas normas sobre el embarazo, y difieren de una cultura a otra. Sin embargo, los padres pueden entrar en pánico si creen que no han seguido al pie de la letra los consejos recibidos. En el Reino Unido, por ejemplo, se aconseja evitar los productos lácteos sin pasteurizar. Si hubieses tomado alguno antes de saber que estabas embarazada, podría entrarte el pánico por haber consumido algo terrible que perjudicaría a tu bebé.

Te advertirán de algunos riesgos, pero no de todos. La realidad es que resulta imposible tener un embarazo completamente seguro. El embarazo es un riesgo por naturaleza. Podrías tener un niño distinto a la mayoría de los niños y que, por tanto, no encajara en esa draconiana categoría de «perfecto»... pero estás creando una persona a la que amar, no una obra de arte.

Algunas culturas, como los kaliai de Papúa Nueva Guinea, creen que para que un embarazo vaya bien la pareja tiene que practicar sexo con la mayor frecuencia posible, y a poder ser también durante el parto. Los kaliai también creen que si una mujer embarazada come zorro volador, un alimento habitual para ellos, el hijo nacerá con una deficiencia mental o temblará como lo hace el zorro volador.

Encontrarás costumbres y tabús de todo tipo por todo el planeta. Los antropólogos lo denominan «magia empática»: los síntomas se relacionan con algo que la madre comió o hizo durante el embarazo o la lactancia. Sean cuales sean las reglas que te digan que sigas, tanto si están científicamente demostradas como si pertenecen a la cultura popular, serán diferentes en función del lugar en el que vivas. Y no dejan de cambiar. No sugiero que no tengas en cuenta los consejos médicos, pero sí que pienses cómo te sientes al respecto.

Es posible que te encante esta investigación de la Universidad de Yale: las mujeres embarazadas que en el último tercio de gestación tomaron cinco o más porciones de chocolate por semana presentaron un riesgo un 40 % inferior de desarrollar preeclampsia. Y, al parecer, existen más motivos para tomar chocolate. En 2004, Katri Räikkönen, de la Universidad de Helsinki, investigó la relación entre la cantidad de chocolate consumida durante el embarazo y la conducta de los bebés. A los seis meses de edad, la conducta de los bebés se clasificó en diversas categorías (entre otras, si tenían miedo, si se calmaban fácilmente o no, o con qué frecuencia sonreían y reían). Los bebés de las mujeres que habían tomado chocolate a diario durante el embarazo se mostraban más activos y sonreían y reían más. También se midieron los niveles de estrés de las madres. Los bebés de las madres estresadas que consumían chocolate de forma regular mostraban menos señales de miedo ante situaciones nuevas que los bebés de mujeres estresadas que no tomaron chocolate.

El problema de cualquier consejo es que si llega demasiado tarde para ti, podrías pensar que has causado algún daño a tu bebé. A mí, el consejo del chocolate me llegó demasiado tarde. No tomo chocolate de forma habitual, pero mi bebé se reía con frecuencia de todos modos. La magia empática, ya quede demostrada por estudios médicos o por la vía tradicional, puede resultar reconfortante si la seguimos y provocarnos pánico si no la seguimos. Como ya he dicho, tenemos menos control sobre el embarazo del que nos gustaría creer.

El estrés extremo (también llamado estrés tóxico) provocado por un trauma, como una amenaza física continuada durante el embarazo, sí que influye negativamente en el desarrollo del feto. Lo mismo ocurre en caso de malnutrición y, por supuesto, todos evitamos esas situaciones si está en nuestras manos. El estrés normal, como el que provoca un trabajo complicado o el hecho de tener que resolver nuestras diferencias con otras personas, no afectará probablemente al feto.

Existe el riesgo de tener un hijo con alguna anomalía o de que el niño no sobreviva. Y es muy probable que no hayas podido hacer gran cosa al respecto: no hay magia que pueda evitarlo, ni dejar de comer zorro volador ni cualquier otra norma que creas que has infringido.

Para mí, la magia empática más útil es pensar que tu experiencia del embarazo influye en el feto, como si el entorno del útero transmitiese al bebé una historia sobre lo que se va a encontrar cuando nazca. Por tanto, si disfrutas de la experiencia, te sientes relajada, comes bien y mantienes una actitud optimista, la historia que le explicarás a tu hijo le animará (y te animará) a quererla continuar después del nacimiento.

Un modo de comenzar esa historia es percibir cómo te sientes ante todos esos consejos que recibes. Cuando proceda, desvía esos sentimientos para alejarlos del miedo y llevarlos hacia el optimismo. A mi parecer, conviene no pensar que algo podría ir mal con nuestro hijo nonato. No creo que sea la manera de sentar las mejores bases para una relación mutuamente satisfactoria con esa nueva persona. Nuestra manera de pensar sobre los demás obedece a unos hábitos, y tu feto es el comienzo de una persona individual.

Concéntrate en lo que puede ir bien, no en las historias terroríficas que escuches. Ah, y lo mismo vale para los relatos de partos difíciles. Mantener un buen estado de ánimo influirá en tu hijo nonato. Mirar en la dirección que quieres seguir en lugar de concentrarte en el lugar al que no quieres ir hará que tu punto de vista sea más positivo y que los cimientos para vuestra relación sean más sólidos. (Además, si ocurriese lo peor, el hecho de haber vivido aterrorizada ante esa perspectiva no te serviría para aliviar el dolor.)

Es necesario adoptar una actitud optimista en todo lo relativo a nuestros hijos. Por su bien, tenemos que creer que se desarrollarán, aprenderán e irán entendiendo las cosas. Sé que me resulta mucho más fácil lograr algo cuando alguien a quien admiro cree en mí, y estoy segura de que no soy un bicho raro por pensar así. Por ejemplo, no podría haber escrito este libro si mi agente literaria no hubiese creído en mí. Del mismo modo, tu hijo necesita que creas en él para avanzar. Y tú puedes adoptar esa actitud optimista ya durante el embarazo.

Antes de conocer a alguien, es posible que sepas algunas cosas de esa persona a través de terceros. Empiezas a formarte una imagen de ella antes incluso de verla por primera vez. Piensa en cómo influye lo que has escuchado en el concepto que tienes de esa persona. Nos gusta pensar que no emitimos juicios hasta conocer a alguien y tener información de primera mano, pero mi experiencia me dice que la mayoría de nosotros no lo hacemos.

En su libro *Origins*, Annie Murphy Paul describe un experimento en el que se pidió a 120 mujeres embarazadas que describiesen los movimientos de sus fetos. Si las mujeres conocían el sexo del bebé, la diferencia en el lenguaje que utilizaban para describir los movimientos que sentían era considerable. Entre las palabras clave que usaron para describir a los fetos de niñas figuraban «suave», «ondulante» y «tranquilo», mientras que en el caso de los niños fueron «enérgico», «fuerte» y «punzante». El lenguaje de las mujeres que no sabían el sexo de su futuro hijo no siguió esos patrones establecidos. Ese es solo un aspecto del que debemos tomar conciencia para no cargar al niño con expectativas de cómo es antes de que esté entre nosotros. Lo que debemos hacer es acostumbrarnos a observar en lugar de juzgar.

Lo que pienses acerca de tu hijo nonato también influirá en vuestro futuro vínculo. Si caes en el hábito de pensar que tu feto es un parásito, un invasor tozudo, una carga o un amigo imaginario, un dios viviente o algo a medio camino entre todo eso, esto podría suponer una diferencia en tu futura relación con tu hijo. También podría influir si sientes aprensión ante la idea de conocer a tu bebé o si, como espero, lo deseas con todas tus fuerzas.

Ejercicio: ¿Qué piensas de tu bebé?

Obsérvate cuando pienses en tu bebé nonato. Percibe cómo piensas sobre él o ella, y cómo podrían influir esos pensamientos en vuestra futura relación. De este modo estarás en mejores condiciones de decidir cómo empiezas a relacionarte con esa persona que todavía no has conocido.

Habla a tu feto en voz alta para reforzar vuestro vínculo. Los fetos pueden oír a partir de las dieciocho semanas de gestación. Tú te escucharás a ti misma y entenderás cómo te relacionas con esa persona, lo que podría ayudarte a tomar conciencia sobre lo que estás aportando a esa relación. Te acostumbrarás a hablar con tu bebé, también cuando ya haya nacido, y a verle como una persona.

¿A QUÉ TRIBU DE PADRES PERTENECES?

Según un libro fundamental publicado hace casi treinta años, pero que continúa siendo tan válido como entonces, existen dos tipos principales de padres y madres: los reguladores y los facilitadores. En *Psychological Processes of Childbearing*, Joan Raphael-Leff explica que los reguladores tienden a centrarse más en los adultos y a guiarse por las rutinas; los facilitadores, por su parte, se centran más en los niños y fluyen con ellos en lugar de intentar hacer que el niño encaje en sus vidas.

Si eres del tipo regulador, prefieres amoldar a tu bebé a una rutina. La filosofía del regulador es que los niños se sienten seguros y tranquilos si ocurre lo mismo cada día a la misma hora. El niño sabe lo que va a ocurrir y no hay sorpresas. Los padres también saben qué debe ocurrir en cada momento, y si cuentan con ayuda para cuidar de los niños, la persona que los cuida también sigue la rutina. La gente se decanta por esta idea si le da tranquilidad que haya orden, que haya una estructura, sabiendo qué va ocurrir y cuándo.

O puede que seas del tipo facilitador. Los facilitadores también creen que la previsibilidad es importante para sus hijos, pero en lugar de que la rutina sea previsible, dan prioridad a ofrecer al bebé una respuesta previsible. Así, el niño acaba sabiendo que sus señales tienen respuesta y que sus necesidades son satisfechas. La idea es que el bebé aprenda que su mundo es seguro, y eso le hace sentir seguro.

No tiene mucho sentido discutir sobre cuál de los dos enfoques es mejor, porque te inclinarás hacia uno u otro en función de tu cultura, por ejemplo, o de cómo te educaron a ti. Y los papeles pueden ir cambiando. Con tu primer hijo es posible que seas un facilitador porque cuando hay un solo bebé al que cuidar puedes seguir su ritmo, pero si tienes otro, podrías necesitar más una rutina para satisfacer las necesidades de todos. Por ejemplo, no puedes dejar al bebé durmiendo si tienes que llevar al colegio a su hermano mayor; tendrás que despertar al bebé y llevarlo con vosotros.

En ocasiones, uno de los progenitores puede ser un facilitador y el otro, un regulador. En ese caso, no resultará de gran ayuda que os echéis en cara mutuamente aquello que respalda vuestra filosofía de crianza preferida. Citar datos, cifras, tablas y estadísticas para apoyar vuestros argumentos os mantendrá inmóviles en vuestros respectivos rincones.

Es probable que creas que tu postura se basa en datos objetivos, en vez de en tus sentimientos, pero tenemos tendencia a buscar aquellos datos que encajan con nuestros sentimientos, y no al revés. Habla con tu pareja en términos de sentimientos, no de datos, e intentad no quedaros enganchados en lo que creéis que está bien o mal. Los sentimientos son sentimientos, nunca son correctos o incorrectos. Tal vez te ayude a enconarte menos en tu postura si admites que te decantas por una posición de facilitador o de regulador porque se adapta mejor a ti en lugar de creer que tu posición es la mejor para vuestro hijo.

Sea cual sea la filosofía que te sientas inclinado a seguir, recuerda que la aceptación, el cariño y la amabilidad es lo más importante cuando se trata de nuestros hijos (y también en la mayoría de las relaciones).

Raphael-Leff observó que las mujeres que se decantan más por el papel de facilitadora tienden a ceder más al revuelo emocional del embarazo. La reguladora, por su parte, tiende a resistirse más. Según Raphael-Leff, la facilitadora se convierte en una persona más introvertida, se maravilla ante el milagro que se desarrolla en su interior, mientras que la reguladora quiere aferrarse a su yo habitual durante el mayor tiempo posible e intenta no «rendirse» a su estado alterado. El embarazo podría llegar a resultarle invasivo. Las madres facilitadoras se sienten más inclinadas a experimentar su feto como un amigo imaginario.

La facilitadora siente que su identidad se ve reforzada por el embarazo, mientras que la reguladora puede sentir que su identidad se encuentra amenazada. Las facilitadoras podrían ver el nacimiento como una transición mutua en su vida y en la de su bebé, pero una reguladora solo verá ese momento como un acontecimiento posiblemente doloroso. Menciono todas estas diferencias para ayudarte a normalizar los sentimientos que puedas estar teniendo. Si la mayoría de tus amigas embarazadas o madres se encuentran en lados opuestos al tuyo del espectro facilitadora/reguladora, podrías sentirte sola.

Existen numerosos argumentos, costumbres, tradiciones, directrices y libros que defienden una u otra postura e intentan convencerte de que una es mejor que la otra. Sin embargo, lo que importa (lo que de verdad importa) es que tanto si eres facilitadora como reguladora, centrada en el adulto o centrada en el niño, seas honesta con tu hijo y contigo misma. Esto significa reconocer tus tendencias naturales y tus sentimientos. Y también significa reconocer que eres así debido a cómo eres por naturaleza y a cómo te sientes.

Ejercicio para embarazadas y futuros padres

Percibe qué sientes ante la experiencia de convertirte en madre o padre.

¿Te diriges abiertamente hacia esa etapa, o te produce ansiedad y desearías salir corriendo?

Percibe cuáles son tus expectativas ante el hecho de convertirte en madre o padre. Piensa en gestionar esas expectativas y percibe cómo están influyendo en tu comportamiento. Por ejemplo, si te asaltan las preocupaciones que empiezan con un «¿y si...?», trata de cambiar a «¿y qué importa si...?». Si te das cuenta de que pensabas que a los niños hay que engañarlos para que se porten bien, pon en tela de juicio ese pensamiento y piensa en términos de relacionarte con los niños en lugar de manipularlos. Piensa que tu cuerpo es tu principal medio de comunicación con tu bebé; visualiza cómo se convierte en algo que a tu hijo le resulta familiar y cómodo, y cómo tu hijo se acomoda a ti. Empieza a hablar con tu bebé, es capaz de oírte. Espera con ilusión el momento de conocerlo.

Si vais a compartir la crianza de vuestro hijo, haced este ejercicio y hablad de lo que ha supuesto para cada uno.

Ejercicio para madres y padres

Si después de leer el ejercicio anterior has pensado que tu actitud durante el embarazo fue «errónea» (por ejemplo, si estuviste muy estresada y sensible, algo que puede ocurrir no solo por las hormonas, sino también porque hay más cosas de las que preocuparse), perdónate de inmediato. Todos queremos dar sentido a nuestro mundo, ya que eso nos da sensación de control, pero intenta darle sentido de manera que no te quedes con el sentimiento de que has provocado una ruptura que ahora es imposible de reparar. Por ejemplo, es posible que te digas que tú o tu pareja os preocupasteis tanto durante el embarazo que habéis provocado, pongamos por caso, los problemas actuales de concentración de tu hijo. Podría no existir ninguna razón ambiental por la que tu hijo es como es. Observarle en el presente resulta más útil para encontrar la mejor manera de ayudarle que pensar que se debe a algo que hiciste cuando estabas embarazada. Subsana ese embarazo estresante reconociendo que hiciste lo que pudiste en aquel momento con la información y los recursos que tenías. Hacerte reproches no va a ayudar a nadie.

Las siguientes páginas tratan sobre el momento de conocer a tu bebé, sobre el nacimiento y sobre cómo podrías sentirte en los primeros minutos, horas, semanas y meses tras dar a luz. Aunque a todas nos gustaría tener un parto tranquilo y un vínculo afectivo instantáneo, aunque nos vendan ese momento como el más grandioso y el más importante de nuestras vidas, no es un cuento de hadas, sino la vida real. Esto significa que las cosas podrían no ir según lo previsto. Diría también que se necesita mucha magia empática para hacernos sentir seguras y para superar el parto y los primeros días con nuestro bebé. Pide ayuda cuando la necesites o la quieras (nadie puede hacer esto completamente sola). En cuanto a los consejos, sigue los que te inspiren confianza, no los que te supongan un salto demasiado grande. Si te dejas guiar por estas pautas, estarás presente en tu vida tal como es y no sentirás que algo va mal solo porque esa vida no esté al nivel de un ideal perfecto.

PREPARANDO TU PLAN PARA EL PARTO

Probablemente hayas pensado en el tipo de parto que crees que se adapta mejor a ti, ya sea con todos los métodos para aliviar el dolor, flotando en una piscina, o algo a medio camino.

Merece la pena investigar un poco. Planifica lo que te parezca mejor, lo menos traumático, y lo que te ofrezca más probabilidades de tener un buen comienzo con tu bebé.

Como habrás oído contar a otras mujeres (estoy segura), el nacimiento de tu bebé podría no ajustarse a tu plan. La epidural que tenías prevista podría no ser posible a última hora y un parto natural podría acabar en una cesárea de emergencia. No obstante, la planificación sí puede acercarte al parto que deseas, siempre y cuando mantengas una actitud flexible respecto a los posibles cambios que sean necesarios. Es un poco como planificar la vida que deseas: lo único que puedes hacer es tomar la dirección en la que quieres ir y ser flexible ante lo que no puedas controlar.

Cuando estaba embarazada, quería un parto tranquilo, natural y armonioso, y elaboré un plan para ello. Sí, me habría gustado mucho que hubiese sido así, pero el nacimiento de mi hija se salió del plan. Su ritmo cardíaco bajó en picado (tenía tres vueltas de cordón alrededor del cuello), de modo que los pulmones tenían que seguir funcionando y fue preciso sacar a mi hija con ventosas rápidamente. No obstante, muchos partos transcurren plácidamente tal como se había planeado.

Se llevaron a mi bebé de inmediato a una sala de neonatología. Tuve una sensación de pérdida: ella y yo no íbamos a tener el contacto piel con piel que consideraba (y considero) tan importante. Pero estábamos vivas. Al final resultó que mi hija no tenía ningún problema, pero se tomaron las precauciones necesarias porque podría haber tenido alguno. En cuanto pude mantenerme en pie, busqué la sala y encontré a mi hija. A pesar de sus intentos, el personal no consiguió que me marchase. He contado esta historia muchas veces, y necesitaba hacerlo porque el parto me resultó traumático. Ahora, más de veinticinco años después, puedo contarla sin emocionarme... pero me llevó un tiempo.

HABLAR SOBRE LA EXPERIENCIA DEL PARTO

Cuando tenemos el bebé en brazos al final del embarazo y del parto, sentimos que deberíamos estar agradecidas por muy traumática que haya sido la experiencia del alumbramiento. Sin embargo, creo que además de estar agradecidas, es importante hablar sobre la experiencia, con la frecuencia que necesites, para recuperar cierta sensación de equilibrio. Este podría ser parte del motivo por el que oyes más historias alarmantes que relatos de partos sin problemas cuando estás embarazada: la gente necesita hablar más de esos partos.

Ser madre primeriza puede resultar abrumador en sí mismo, por no hablar de superar las experiencias que hayas vivido durante el parto. Aunque se trate de una experiencia hermosa y maravillosa, también puede ser un acontecimiento trascendental y, por tanto, necesitas hablar de ello.

Algunas madres se sienten culpables o decepcionadas por su experiencia durante el parto. Recuerda, no obstante, que la perfección no existe. La vida consiste en retomar el camino cada vez que da un giro no deseado. Lo que importa no es lo que sale mal, sino cómo lograr que todo vuelva a encauzarse bien. Y tú retomas tu camino mientras aprendes a conocer a tu bebé y a desarrollar el vínculo que os une.

No sé si la separación tras el nacimiento de mi hija aumentó mi ansiedad como madre primeriza o si hizo que mi bebé estuviese más irritable en aquellos primeros meses. Tal vez hubiese sido así aunque no hubiésemos pasado por el disgusto de una separación inmediatamente después del parto. Pero sé que en aquellos primeros meses tuve la sensación de que me resultaba muy difícil calmar a mi hija, y que eso me ponía nerviosa. Me parecía que había nacido angustiada. Cuando fui aprendiendo, poco a poco, a consolarla, yo también me fui calmando. Así, si el parto fue traumático para ella (como lo fue para mí), con el tiempo aquella ruptura se reparó para las dos.

GATEAR HASTA EL PECHO

Con nuestros hijos siempre vamos con prisas. Tenemos prisa por ponernos de parto, por acelerarlo, por dar el pecho al bebé, por dormir toda la noche, por el destete, por que se sienten, por que se mantengan de pie, caminen y hablen, por que sean independientes, tengan viviendas cada vez mejores y ahorren para la jubilación. Pero si nos contenemos para observar lo que pueden hacer nuestros bebés, aprenderemos a no andar con prisas y nuestros hijos nos enseñarán a vivir más en el presente.

Existe un increíble ejemplo de esto que se produce justo después del nacimiento. Los bebés poseen un mecanismo para buscar el pecho y son capaces de encontrarlo con menos ayuda de lo que podrías pensar. Es lo que se conoce como «gatear hasta el pecho». Widström y sus colegas del Instituto Karolinska de Suecia investigaron este fenómeno y descubrieron que cuando se coloca a un recién nacido sobre el abdomen de su madre inmediatamente después del nacimiento, el bebé es capaz de encontrar el pecho de la madre por sí solo. Durante unos quince minutos, aproximadamente, no ocurre gran cosa; después, el bebé utiliza las piernas para impulsarse y alterna esos momentos de actividad con otros de descanso.

Al cabo de unos treinta y cinco minutos, el bebé se lleva una mano a la boca; a continuación, el reflejo de agarre le permite llegar al pezón y estimularlo. A los cuarenta y cinco minutos comienzan los movimientos de succión y búsqueda. Y a los cincuenta y cinco minutos, el bebé encuentra el pezón y empieza a mamar. Estos resultados se repitieron en estudios posteriores. Al parecer, si la madre tiene líquido amniótico en el pecho, el bebé es capaz de encontrar el camino con mayor facilidad.

No es de extrañar que los bebés nazcan con ese impulso instintivo de buscar el pezón, porque es lo habitual en otros mamíferos. Como otros animales, los bebés nacen con diversos reflejos naturales que facilitan su supervivencia en el mundo. Uno de los más obvios es la capacidad de llorar para comunicar que necesitan compañía o que se les cambie el pañal, que se los tome en brazos y que se los alimente.

Otro estudio demostró que los bebés que se colocan sobre el cuerpo de su madre para que tengan un contacto piel con piel lloran mucho menos que los que se dejan en una cuna junto a su madre. Al cabo de veinticinco minutos, los bebés que tuvieron contacto piel con piel lloraban una media de solo sesenta segundos, mientras que los que estaban en una cuna lloraban de media más de dieciocho minutos. Entre cincuenta y cinco y sesenta minutos más tarde, los bebés a los que se permitió gatear hasta el pecho, manteniendo un contacto piel con piel continuo, no lloraban; por su parte, el grupo de control lloró durante más de dieciséis minutos. Tras un período comprendido entre ochenta y cinco y noventa minutos, los bebés que tuvieron contacto piel con piel lloraron de media solo diez segundos frente a los más de doce minutos del grupo al que se puso en la cuna.

Es como si nuestros bebés pudiesen hacer todo eso de forma tal natural como cualquier mamífero, pero nosotros nos hayamos empeñado demasiado en interferir en el proceso. Existen otros factores que pueden interferir, como los analgésicos o el parto por cesárea. A muchos, muchísimos bebés (incluidos tú y yo, probablemente), se les ha negado este comienzo natural en la vida... y algunos de nosotros resultamos ser, en conjunto, personas equilibradas, plenamente funcionales y cariñosas que pueden formar vínculos y amistades maravillosas de por vida.

Lo que nos demuestran las investigaciones y la práctica de gatear hasta el pecho es que está bien observar a nuestros bebés y aprender qué son capaces de hacer y qué necesitan. Si los observamos, podremos dejarnos guiar para adoptar un ritmo de dar y recibir más natural en lugar de limitarnos a hacer cosas para ellos. Permitir a tu bebé que siga su instinto y gatee para mamar o cualquier otra acción natural (mirarte fijamente, llorar para reclamar tu atención) es respetarle y confiar en él, además de ayudarle desde el principio a que sepa que no es un objeto al que simplemente se le hacen cosas, sino una persona con voluntad propia. Una persona que mantiene una relación contigo.

EL VÍNCULO INICIAL

Durante el embarazo, tu cuerpo le ha contado a tu hijo tu historia y la historia de tu entorno a través de lo que sentías, lo que comías, los sonidos que te rodeaban y los que salían de tu cuerpo. Cuando tu bebé ya ha salido de tu cuerpo, esa historia continúa.

Muchos padres y madres sienten una conexión y una explosión de amor inmediatas hacia su recién nacido, como le ocurrió a Emma.

Me preocupaba no establecer un vínculo afectivo con mi bebé, John, ya que nunca me había interesado especialmente mi conexión con otra gente. Sin embargo, en cuanto me lo pusieron sobre mi pecho supe que era fantástico y que le quería con todas mis fuerzas. Mi parto duró diez horas. Caminé mucho y utilicé un taburete de parto que me fue bien. Me dolía mucho, pero dado que las contracciones iban y venían, podía descansar entre cada episodio. Creo que saber lo que me esperaba me ayudó mucho. Hacia el final me pusieron un poco de analgésico en forma de óxido nitroso. Después del nacimiento de John sentí pena por las otras madres, ¡porque sus bebés no eran tan guapos como el mío! Fue una experiencia tan única y especial que no me di cuenta de que la mayoría de las madres pensaban y sentían lo mismo que yo. ¡No sabía que las demás madres también idealizaban a sus bebés y sentían lástima por mí!

Probablemente, una reacción como la de Emma se debe a una subida de oxitocina, la «hormona del amor». Algunos fármacos administrados durante el parto, o el hecho de quedar impactada o traumatizada por el parto, podrían interferir en la liberación de oxitocina. Eso significa que no se produciría esa oleada de amor que Emma describe.

Esta fue la experiencia de Mia:

Con mi bebé, Lucca, me provocaron el parto. Fue extremadamente doloroso, el peor dolor que he sentido en mi vida. No me pudieron poner la epidural porque el anestesista fue incapaz de introducir la aguja.

Cuando nació Lucca, no sentí nada más que un estado de shock. Mi madre estaba conmigo y le pedí que lo cogiese porque yo no estaba lista, no sé por qué. Después se lo llevaron a la sala de neonatología durante un día.

Aquellas dos primeras semanas me costó incluso creer que fuera mi hijo. Pensé muy en serio en pedir una prueba de ADN porque estaba segura de que me habían cambiado a mi hijo en la sala de neonatología. En cualquier caso, gracias a Dios que estaba mi madre. Ella me prestaba atención, escuchaba mis preocupaciones sin perder la calma, y no discutía conmigo acerca de lo que sentía. Y me dijo que no iba a sentirme así siempre. Mamá se quedó un mes con nosotros. Me decía cosas como «oh, Lucca tiene tus ojos», o «se parece mucho a ti cuando eras bebé». Y poco a poco empecé a establecer un vínculo con él.

Hasta que Lucca cumplió los seis meses, aproximadamente, no sentí que nuestro vínculo estuviese establecido. Estábamos en la piscina, en una clase de natación para bebés. Yo le sujetaba y él golpeaba el agua con un puño. Me miró y se rio... y nos reímos juntos.

No puedo negar que aquellos primeros meses fueron duros. Sentía que estaba «actuando como si» tuviésemos un vínculo y esto me impulsaba a seguir adelante, pero también me desanimaba.

No creas que eres un bicho raro o «la única» que se siente como tú después del parto. Lo que necesitas es alguien que te escuche y que acepte esos sentimientos para que tú también puedas aceptarlos. Tienes que aceptar dónde te encuentras en lugar de reprocharte que no estás donde crees que deberías estar. Eso fue fundamental en el progreso de Mia a la hora de crear un vínculo con Lucca. La madre de Mia no discutió con ella ni le dijo que estaba mal sentirse como se sentía. Simplemente, reconoció sus sentimientos.

Ejercicio: ¿Cómo se siente tu bebé?

Túmbate en el suelo. Imagina cómo es sentirse solo, hambriento, sediento, incómodo en esa posición, aunque no tienes palabras ni para pensar en ello ni para transmitirlo. Imagina cómo es no ser más que un cuerpo y sentimientos, sin poder sentarte, ni darte la vuelta, ni sentirte parte de algo. Lo único que puedes hacer es tumbarte ahí y ser tus sentimientos. Ahora imagina qué se siente si te rescatan, te recogen, te hacen sentir comodidad, te abrazan y te sientes parte de otra persona, aunque sigues sin tener palabras, ni pasado, ni futuro, solo cuerpo y sentimientos.

Puede resultar difícil procurar tiempo, respeto y una reacción cariñosa a un niño cuando no te queda energía. Puede ser porque estés agotada en un momento dado, o porque sientas que tus padres no te dieron todas esas cosas. Para cuidar de un hijo necesitamos que nos hayan cuidado como hijos. Dicho esto, es probable que te sorprendas al descubrir cuántas reservas tienes y cuánto tiempo puedes seguir adelante. Sin embargo, esa situación no se puede mantener indefinidamente: si te sientes agotada, busca apoyo.

Ese apoyo puede consistir en recibir una ayuda práctica que te permita liberarte de tareas y así disponer de más tiempo para tu hijo... o para dormir. O podría tratarse de alguien que te escuche y sienta contigo mientras te dedicas a dar lo que crees que no recibiste o que no tienes que dar. No tiene por qué ser un terapeuta el que te escuche, te preste atención y no te juzgue por los sentimientos que te genere ser madre o padre. Los amigos y la familia también pueden cumplir esa función si son capaces de aceptar e identificarse con la ambigüedad normal que lleva asociada la función de ser madre o padre. Tenemos que recordar que no son nuestros sentimientos o lo que imaginamos lo que puede dañar a nuestros hijos, sino cómo actuamos con ellos. Piensa en el ejemplo de Mark (véanse las págs. 123-124). El hecho de que desease salir huyendo no influyó negativamente en su hijo porque en realidad no salió huyendo.

Esta es la historia de Charlotte:

> Tenía pensamientos muy alarmantes sobre hacer daño a mi bebé, Rosanne. Cuando no dejaba de despertarme por las noches con sus llantos, pensaba en lanzarla por los aires o zarandearla. Aquellos pensamientos me molestaban más que sus llantos. Me sentía muy avergonzada por tenerlos y pensaba que si se lo contaba a alguien, me quitarían a Rosanne. Entonces me torturaba pensando que a lo mejor deberían quitármela. La única ocasión que tuve pensamientos parecidos fue en mi adolescencia, cuando quería matar a mis padres. Aquellos pensamientos no eran tan invasivos como los que tenía acerca de mi bebé. Realmente

pensaba que podía perder la cabeza y hacerle daño. Cuando ya no pude soportarlo más, me armé de valor y hablé con mi hermana. Me dijo que todo el mundo se siente así en alguna ocasión y que lo que ella hace es observarse a sí misma mientras tiene esos pensamientos, como cuando escuchamos a una persona molesta a la que no pensamos permitir que nos influya de ninguna manera. El simple hecho de que mi hermana me aceptase como una persona normal y que no pensase que me estaba volviendo loca me ayudó mucho. Creo que los pensamientos sobre hacer daño a mi hija empezaron a perder fuerza después de mi confesión. Y sé que puedo volver a hablar con mi hermana si regresan. Ojalá hubiese hablado de ello antes.

Si sentimos que, como madres y padres, no podemos hablar de pensamientos, sentimientos o fantasías poco ortodoxas, estos podrían cobrar fuerza y nos costaría más manejarlos. Es importante poder hablar de ello, disponer de un lugar para expresar los sentimientos de un modo catártico, para no reaccionar a expensas de nuestros hijos.

El tipo de apoyo que necesitas es que alguien te escuche de verdad, que te entienda y que acepte todos tus sentimientos sin sentirse abrumado por ellos; una persona que actúe como una especie de apacible «contenedor» de esos sentimientos. Su tranquilidad se debe a que sabe que aquello por lo que estás pasando, tu ansiedad o tu pesimismo, pasará. Su amable optimismo puede ayudarte a superarlo. Este es el tipo de ayuda que Mia, en la sección anterior, obtuvo de su madre y que Charlotte recibió de su hermana.

Necesitas este tipo de apoyo porque, a su vez, el bebé necesita que seas capaz de aceptar todos sus sentimientos sin que lleguen a superarte. Tu labor consiste en ofrecerle este tipo de relación de apoyo a tu hijo. Y resulta difícil brindar ese tipo de atención a alguien a menos que tú también la recibas en cierta medida. Es posible que tengas que explicar a tus más allegados con todo lujo de detalles que ese es el tipo de ayuda que necesitas.

También podrías necesitar ayuda práctica. Algunas de las personas que te rodean podrían tener la perspicacia suficiente para darse cuenta de eso y ofrecerte ayuda, pero si no es el caso, pídela. Además, no solo las madres necesitan apoyo emocional; los padres también. Los humanos no estamos hechos para vivir en soledad, sin hablar con nadie y fuertes como una roca: somos animales gregarios, miembros de una tribu. Recurrimos a la tribu en busca de ayuda. Hoy resulta mucho más difícil mantener a una familia de lo que era hace una generación porque comprar o alquilar una casa cuesta muchísimo más. Creo que mientras esperamos que los políticos solucionen esa injusticia, tal vez la generación anterior podría ayudar económicamente, pero también emocionalmente, a los nuevos padres.

Necesitamos un tipo de ayuda que nos permita mejorar el vínculo con nuestros hijos, no apartarlos de nosotros. La historia de Sheena es un ejemplo de cómo puede llegar a ocurrir eso y cómo retomar el buen camino. Sheena, estilista a tiempo parcial, ya tenía dos hijos y estaba embarazada de gemelos.

Cuando Sheena estaba en su octavo mes de embarazo, le dijeron que uno de los gemelos no se estaba desarrollando como debería y que era necesario provocarle el parto. El parto fue traumático y peligroso tanto para Sheena como para los bebés. Uno de los gemelos, Charlie, nació bien, pero el otro, Ted, necesitó mucha ayuda y una incubadora. Sheena permaneció en el hospital con el pobre Ted, y Charlie se fue a casa. Durante cuatro semanas, Sheena ayudó y cuidó de Ted hasta que se recuperó lo suficiente para dejar el hospital. La pareja de Sheena, Judd, era un músico de éxito que trabajaba muchas horas y pasaba mucho tiempo fuera de casa, de gira. No se tomó más tiempo libre (o pensó que no podía) para implicarse más en su familia en aquel momento. Posiblemente, también tenía miedo de no ser capaz de controlar sus emociones, mortificado por la idea de que había estado a punto de perder a su mujer y a uno de hijos en el parto. En mi opinión, la creencia tan extendida de que los hombres tienen que ser «fuertes» resulta más dañina que beneficiosa.

Cuando volvió a casa, a Sheena le costó hacerse a la idea de que era madre de gemelos. Conservó a la enfermera de la unidad de neonatología que habían contratado para cuidar de Charlie. Desde el punto de vista racional, sabía que Charlie era suyo, pero en realidad no lo sentía como suyo: para ella, Charlie era de la niñera y Ted era suyo. Ese pensamiento le resultaba tan incómodo que quería olvidarlo y creer que todo iba bien.

Sheena se autoengañaba demostrando a todo el mundo lo bien que estaba. Salía mucho, sobre todo a bailar, hasta altas horas de la madrugada. Sus sentimientos continuaban atormentándola, bombardeándola con todos esos impactos: el impacto de tener gemelos, el impacto de un parto muy difícil, el impacto de estar a punto de perder a Ted y, lo peor de todo, el sentimiento de que Charlie no era suyo. Cuando sentía uno de esos impactos, en lugar de analizarlo, recurría a alguna canguro y se evadía de esos pensamientos saliendo por ahí.

Cuando Charlie lloraba, a Sheena nunca le apetecía consolarlo. Si la niñera no estaba, pedía ayuda a alguno de sus otros hijos, a Judd, a su madre, a la asistenta... «Cualquiera menos yo», diría más tarde. Su manera de consolar a Charlie consistía en intentar distraerle en lugar de aliviar su angustia (un recurso no muy distinto al que ella utilizaba para distraerse y no sentirse agobiada por sus propios sentimientos).

Sheena fue incapaz de aceptar emocionalmente a Charlie como su hijo hasta que el niño tuvo cuatro años. «Creo que estuve en shock durante más de tres años, pero solo me di cuenta cuando empecé a salir de ahí», afirma.

¿Qué efectos tuvo todo esto en Charlie? Ahora los gemelos tienen diez años. Los otros hijos de Sheena, incluido Ted, son niños despreocupados, pero Charlie es un niño inquieto y muy dependiente. Parece que sienta que no puede dar por sentada ninguna relación y que para ser querido debe esforzarse mucho. Sheena afirma que Charlie haría cualquier cosa por Ted, aunque no puede decir lo mismo de Ted. En ocasiones, los amigos y los hermanos de Charlie experimentan su deseo de agradar como una dependencia y les resulta molesto. Eso agrava su problema, y entonces se esfuerza todavía más por hacer las cosas bien. Esa inseguridad en las relaciones tiene algo que ver, con toda probabilidad, con la separación de su madre a los pocos minutos de nacer y con la falta de un vínculo afectivo tras el regreso de su madre. Sheena afirma que Charlie se muestra más relajado únicamente cuando pasan tiempo juntos los dos solos (tarea nada fácil cuando se tiene un trabajo y cuatro hijos).

Una vez por semana, no obstante, Sheena y Charlie van juntos a una clase de arte. Sheena cree que les está ayudando. Cuando no hay clase, en vacaciones, Sheena se asegura de disponer de sus dos horas semanales, siempre el mismo día y a la misma hora, para crear algo juntos, ellos dos solos.

Le pregunté a Sheena qué podría haberle ayudado a hacer las cosas de otra manera desde el principio. Ella creía que si el parto hubiese sido menos traumático, el impacto no habría sido tan grande (para ella es uno de los motivos por los que cayó en la negación de ser madre de gemelos). Sin embargo, Sheena piensa que la principal causa de ruptura fue no estar con Charlie aquellas primeras cuatro semanas después del parto. Cuando Sheena volvió a casa, «Charle no olía a mi bebé, pero Ted sí», explica. También piensa que si hubiese tenido asesoramiento en aquel momento, habría sido capaz de afrontar lo ocurrido y expresar el impacto que le había provocado. Aunque Charlie llorase y desease la atención de Sheena, ella también necesitaba que la entendiesen y le prestasen atención. Al ser incapaz de compadecerse por ella misma, se vio mermada su capacidad de sentir compasión por los demás, en especial por Charlie. Y al no sentir compasión por él le resultaba más fácil huir de sus sentimientos y alejarse de él, dejándole al cuidado de la niñera.

Ahora Sheena ama y adora a Charlie, y disfruta muchísimo del tiempo que pasan juntos a solas. Al pasar todo el tiempo que puede con él, está reparando la ruptura que se produjo al principio. Cuando criamos a nuestros hijos, lo hacemos lo mejor que podemos y, como no dejaré de repetir, para tener buenas relaciones con nuestros hijos no cuentan tanto las rupturas como lo que hacemos para repararlas.

Ahora que el vínculo de Sheena y Charlie se está consolidando, Charlie se siente cada vez más seguro en sus relaciones. A medida que su sensación de anhelo se vaya suavizando, su alegría irá en aumento. Porque la buena noticia es que aunque nunca volvamos a ser las esponjas que éramos de bebés, no somos de piedra. Nuestra personalidad se forma en relación con los demás y podemos amoldarla también durante el resto de nuestras vidas. Si Sheena no hubiese solucionado la ruptura con Charlie, es posible que en sus futuros vínculos amorosos se repitiese el patrón de inseguridad, y el amor para él habría sido algo más próximo al dolor del anhelo que a una unión positiva.

Es posible que Charlie necesite más ayuda en el futuro para trabajar su confianza en las relaciones y experimentarlas con menos angustia. Podría necesitar que sus padres le cuenten la historia de sus primeros años para que entienda por qué se siente como se siente. Le ayudará saber que se siente así no por un defecto suyo, y en absoluto porque sea menos digno de ser amado que cualquiera, sino porque cuando somos bebés, resultamos muy influenciables.

La pareja de Sheena, Judd, no se dio cuenta de que ella no había establecido un vínculo con Charlie. Y tampoco intentó establecerlo él. Creo que si hubiese asumido el papel de cuidador principal de Charlie desde su nacimiento en lugar de recurrir a la niñera para satisfacer todas las necesidades del niño, Charlie se habría sentido más seguro en sus relaciones. Estoy completamente a favor de la ayuda extra, pero los niños necesitan un vínculo primario con sus padres.

No cuento esta historia para criticar a Sheena y Judd. Él hizo lo que habían hecho los hombres de su familia, y lo que los hombres siempre han hecho en el pasado: dejar el cuidado de los bebés en manos de las madres y contratar a alguien para que eche una mano. Resulta difícil acabar con esos patrones culturales porque están muy arraigados y es preciso tomar conciencia de ellos para ponerlos en tela de juicio.

Probablemente, Sheena aprendió el patrón de enfrentarse a sus sentimientos difíciles buscando distracciones, en lugar de resolverlos, porque era así como sus primeros cuidadores habían tratado de consolarla. Del mismo modo que su marido creía que la crianza no es cosa de hombres, resulta sencillo creer que un modo de actuar es «natural» cuando en realidad es el resultado del adoctrinamiento. Y esos adoctrinamientos pueden interponerse en las relaciones con nuestros hijos. No se trata de ser un «mal» padre o un «buen» padre; todo el mundo hace lo que puede. Sin embargo, si somos capaces de tomar conciencia del mayor número posible de efectos y creencias de nuestra cultura y nuestra educación, podremos subsanar y reparar conductas que permitan actuar en delante de un modo más funcional.

La mayoría de los padres y las madres necesitan ayuda con sus hijos, ya venga de la mano de familiares o canguros, para ir a trabajar o incluso para darse una ducha. No obstante, las personas más importantes en la vida de un niño deberían ser sus padres; y recuerda que cuando utilizo la palabra «padres», me refiero a quienes tienen la responsabilidad principal del niño (así, «padres» pueden ser padres de acogida, padres adoptivos, padrastros, tutores, etcétera) no a quienes asumen temporalmente esa responsabilidad. Todo el mundo necesita un vínculo primario en el que apoyarse. Las canguros se van, y eso podría romper el vínculo primario (lo que tendría efectos más adelante). Los niños necesitan sentir que son una prioridad para sus padres, sobre todo en sus primeros años. Necesitan sentir que son personas con las que relacionarse, no tareas que delegar.

Ejercicio: ¿Qué tipo de apoyo necesitas?

Escribe tu nombre o dibuja un símbolo que te represente en el centro de una hoja de papel. Alrededor escribe o dibuja tu red de apoyo. Piensa en quién te apoyará de manera espontánea y a quién tendrás que pedírselo. Por ejemplo, tu madre podría presentarse y hacer las preguntas adecuadas, escuchar y ofrecerse a pagarte el alquiler durante un año; tu hermana podría prepararte las comidas sin ponerte problemas; tu pareja podría hacerte compañía, ayudar con las tareas de la casa y mantener la familia a flote desde el punto de vista económico. Otros tipos de ayuda podrían requerir cierta organización: por ejemplo, crear o unirse a un grupo de padres en una posición similar a la tuya, o buscar apoyo profesional si lo necesitas. Dibuja tu diagrama con líneas sólidas para los apoyos espontáneos y con líneas de puntos para los apoyos que tengas que organizar. Piensa en los tipos de apoyos que podrías necesitar (emocional y práctico). Busca los posibles huecos en tu diagrama y toma las medidas necesarias para llenarlos.

Los progenitores pueden necesitar apoyo no solo después del nacimiento de un bebé, sino en cualquier momento mientras sus hijos son dependientes. Por tanto, puedes repetir este ejercicio cada dos años para asegurarte de recibir la ayuda que necesitas y establecer así la mejor relación posible con tus hijos.

LA TEORÍA DEL APEGO

¿Qué se siente al ser un bebé?

Tú tienes una enorme ventaja sobre tu bebé; tienes cierta idea de lo que puedes esperar del hecho de ser madre o padre. Puede que hayas visto a tus padres cuidando de tus hermanos más pequeños, o a otros padres con sus hijos, puede que recuerdes cómo te sentías de pequeño, puede que hayas leído blogs y libros sobre crianza, pero lo más importante es que tú también fuiste un bebé. Tu experiencia está enterrada en tu memoria inconsciente, pero sigue ahí.

Por otro lado, un bebé no tiene ni idea de cómo es ser madre o padre. Ni siquiera ha sido un bebé antes. Todo lo que un bebé experimenta es una primera experiencia. Resulta casi imposible imaginar cómo es eso, pero trata de tenerlo siempre en mente. La primera experiencia de cualquier cosa deja la impresión más profunda. En la actualidad, los adultos tenemos menos oportunidades de experimentar primeras impresiones. Cuando conocemos a alguien, podemos tener una impresión de esa persona, pero no cambiará mucho nuestra filosofía de la gente en general, consolidada mucho tiempo atrás.

Si te vas de vacaciones a un lugar desconocido y las personas que te encuentras son encantadoras y el clima es justo como deseabas, ese lugar te despertará asociaciones positivas y pensarás en él con cariño. Del mismo modo, la vida será más sencilla para un bebé si su primera impresión del mundo es la de un lugar seguro y afable del que pueda sentirse parte. Sean cuales sean las desgracias que le ocurran en la vida, el golpe será menor y se recuperará con más facilidad si siempre ha sentido que es importante para alguien, que encaja y que le quieren. Y obtendrá esa seguridad de sus primeros cuidadores (tú), o bien recibirá un mensaje distinto.

Imagina que te encuentras de repente en un desierto. No tienes comida, ni refugio, ni nada para beber y, lo peor de todo, estás completamente solo. ¿Cómo te sentirías al cabo de una hora? ¿De dos? ¿Y si más tarde vieses a alguien a lo lejos? Te volverías loco tratando de llamar su atención. Gritarías y agitarías los brazos. Estarías desesperado. Tal vez un bebé se sienta un poco así.

Los bebés salen al mundo exterior desde el útero, un entorno sincronizado por naturaleza con sus necesidades. Al nacer, el bebé debe indicarnos cuáles son sus necesidades. Está en nuestras manos interpretar las señales corporales del bebé para dilucidar qué necesita. Cada vez que logra comunicar algo y nosotros conseguimos responder adecuadamente, es como si la persona del desierto lograse captar la atención de los demás y la rescataran.

Si estar solo en el desierto fue tu primera experiencia en la vida, formarás tu visión del mundo y tu personalidad en función de la respuesta de los demás ante tu presencia: si esa respuesta fue armoniosa o desigual; si tuviste que gritar durante mucho tiempo hasta que te atendieron; si tus necesidades fueron entendidas y satisfechas rápidamente, etcétera. Y, probablemente, más que cualquier otra cosa, el tiempo que te dejaron solo, sin compañía, cuando la deseabas, te provocará un sentimiento, un estado de ánimo en lo más profundo de tu ser, que podría convertirse en una manera de ser equivocada durante mucho tiempo, hasta que otras experiencias cambien esos sentimientos.

Los bebés llegan al mundo programados para formar vínculos con los demás. Que la gente tenga unos vínculos fáciles, cercanos y afectuosos, o dependientes, inseguros y complicados, o que le cueste mucho establecer vínculos, o que se engañe diciéndose que están mejor solos, depende de sus relaciones de bebés (según la teoría del apego). Los cuatro estilos principales de formación de vínculos son los siguientes: estilo de apego seguro, estilo de apego inseguro/ambivalente, estilo de apego evasivo y estilo de apego despectivo. Lo que quieres para tu bebé es fomentar un estilo de apego «seguro». Y para ello conviene pensar primero en el estilo de apego que tuviste tú con tus cuidadores. Si no disfrutaste de un vínculo seguro, tendrás que ser más reflexivo, consciente y prudente a la hora de relacionarte con tu bebé para formar un vínculo en el que la conexión y las reacciones empáticas te salgan de forma natural.

Estilo de apego seguro

Si de bebé se satisficieron tus necesidades de cercanía y sustento, es probable que crecieses con el sentimiento de que las personas son buenas en general. Esto significa que confías en los demás, te llevas bien con la gente, te sientes optimista en general y conectas fácilmente con otras personas. Todo esto te ayuda a tener una vida agradable. Pensar que eres una buena persona y que los demás también lo son optimiza tu suerte en la vida. Es como si al verte en medio del desierto, siempre hubiese alguien para recogerte, no tuvieses que esforzarte mucho para lograr su atención, estuviese disponible para ti, dejases de estar solo en seguida y no te sintieses en soledad.

Ese es el tipo de vida que buscamos. En ocasiones, los padres se preocupan porque cuando los bebés cumplen varios meses, de repente se vuelven dependientes. Resulta muy habitual que tu bebé te quiera solo a ti y que se niegue a ir con otras personas. Se debe a que su apego es seguro (algo positivo), pero todavía no ha desarrollado lo que los psicoterapeutas denominan «permanencia del objeto». Se trata de la capacidad de sentir que alguien o algo existe aunque no lo vea. Si satisfaces las necesidades de tu bebé de manera constante, desarrollará la permanencia del objeto tarde o temprano, y esa fase pasará. No me gusta hablar de una edad media porque en algunos ocurre antes y en otros tarda un poco más.

Estilo de apego inseguro/ambivalente

Si de pequeño se satisfacían tus necesidades de manera irregular; si llorabas mucho hasta recibir atención y en ocasiones ni siquiera así la recibías, es probable que tu visión del mundo sea que no te van a tener en cuenta, que no te van a dar importancia, y que tendrás que hacer mucho ruido para que se fijen en ti. Serás incapaz de pensar que tienes la compañía asegurada. Probablemente, no te considerarás una persona positiva ni pensarás que los demás son buenos y dignos de confianza. Es como si tuvieses que hacer un gran esfuerzo en el desierto para que los demás te prestasen atención, y aun así te dejarían allí, no te llevarían con ellos. Aunque las primeras experiencias tienden a formar nuestra personalidad, es posible desarrollar un estilo de apego seguro si una experiencia positiva se produce con mayor frecuencia y sustituye a los primeros patrones de relación.

Estilo de apego evasivo

Si te dejaban llorar durante mucho tiempo y la mayoría de las veces nadie respondía a tu llanto, acababas rindiéndote. Tu sistema interior de creencias y tu mantra serán: «No me van a prestar atención, así que ¿de qué sirve llorar?». No crees que puedas influir en otras personas, no esperas que te entiendan y creces considerándote un alma solitaria. En el desierto, cuando te encuentras con el resto de personas, dejas de hacerles señales para llamar su atención porque piensas que no sirve de nada (y, probablemente, ellas piensan que no las necesitas porque no agitas los brazos ni lloras). La desventaja de este estilo es que en etapas posteriores de tu vida no dejarás que los demás se acerquen a ti. Como ocurre con el estilo de apego inseguro, es posible trabajar para cambiar un estilo de apego con mucha práctica y esfuerzo.

Estilo de apego despectivo

Imagina que estás en ese desierto y que los demás no se paran, o si lo hacen, en lugar de ver tus necesidades, esperan que tú satisfagas las suyas, o abusan de ti, no te apoyan e incluso te infligen un daño físico. Imagina el efecto que eso tendría en tu sistema de creencias y cómo aprenderías a relacionarte con los demás. Probablemente, verías a los demás como una fuente de dolor y desarrollarías poca o ninguna empatía y una conciencia moral inestable.

Ejercicio: ¿Cuál es tu estilo de apego?

¿Eres capaz de determinar qué tipo de estilo de apego desarrollaste en relación con tus cuidadores? ¿Puedes rastrear cómo se transmitieron esos patrones de apego a través de las generaciones de tu familia hasta llegar a ti? Si crees que tu estilo de apego es inseguro, evasivo o despectivo, ¿qué cambiarás en la relación con tu bebé respecto a lo que tú viviste? Si te sientes seguro en tu estilo de apego, ¿de dónde crees que procede esa sensación de seguridad? ¿Cómo la reproducirás con tu bebé?

LLANTO COERCITIVO

Probablemente, interpretas los llantos de tu bebé como un reclamo. Eso se debe a que el llanto de los bebés es lo que llamamos un llanto «coercitivo». Las personas (y, de hecho, todos los mamíferos) estamos programas biológicamente para responder a un llanto coercitivo, que es esencial para la supervivencia de la especie. El llanto es una alarma, como la cebra de una manada que ve un león y se lo comunica al resto para que reaccionen de inmediato. No puedes evitar atenderlo.

En general, las emociones de un bebé no son sutiles. Cuando está angustiado, parece desesperado. Y eso se debe a que está realmente desesperado. Te ayudará saber que los deseos y las necesidades son lo mismo para un bebé. Tu bebé no puede sobrevivir sin ti.

Si intentas no prestar atención a un llanto coercitivo, tendrás que bloquear ciertas partes de ti para hacerlo, tendrás que ir contra natura. Además, pondrás en peligro el desarrollo de tu bebé porque la compañía y la intimidad es fundamental para los bebés y para vuestro vínculo. Su cerebro no se desarrolla de manera aislada, sino en relación con el resto de cerebros de su entorno. Nuestro cerebro se desarrolla en relación con aquellos que le rodean hasta el día de nuestra muerte, pero en esos primeros días, meses y años se forman la mayoría de las conexiones. Por tanto, los bebés necesitan que estemos con ellos, disponibles para relacionarnos con ellos.

Si de pequeño no recibías respuesta a esos llantos de manera inmediata y natural, rendirte a ese proceso de escuchar y responder al llanto coercitivo te removerá sentimientos. Repito mucho esta advertencia, pero si al convertirte en madre o padre, tus sentimientos van de la inquietud a la desesperación, busca ayuda. Necesitas que alguien contenga esos sentimientos para evitar que te superen y para que tú a su vez puedas contener los sentimientos de tu bebé.

Cuando los bebés no se sienten arropados y consolados en su angustia, lo que parece ocurrir es que disocian, se distancian de la situación. Puede que dejen de llorar, pero como demuestran los estudios con bebés a los que se deja solos para enseñarles a dormir sin compañía, sus niveles de cortisol se mantienen tan altos como cuando estaban llorando. Disociarse de la angustia es un mecanismo de defensa de los mamíferos, un reflejo, pero el inconveniente es que las personas pueden experimentar recuerdos recurrentes de esos sentimientos de los que se distanciaban. Disociarse de un recuerdo deja a la persona sin control sobre ese recuerdo cuando reaparece, y puede llegar a perseguirla como surgido de la nada.

Si estás experimentando sentimientos difíciles como madre o padre, quizá te preguntes por qué. Y la razón es que tener un bebé puede desencadenar los sentimientos de los que te disociaste de pequeño, lo que podría resultar incómodo, desconcertante, molesto y extraño. Los desencadenantes pueden ser sutiles, pero te afectarán de todos modos.

Si enseñas a tu bebé a no llorar ignorando sus llantos, estarás provocando que se disocie de sus sentimientos. Aunque pueda parecer que está bien, lo que puede ocurrir es que esos sentimientos afloren a la superficie más tarde durante la infancia o la edad adulta. No creo que merezca la pena correr el riesgo, sobre todo porque responder a un llanto coercitivo no entraña ningún riesgo.

Si dejabas llorar a tu bebé durante mucho tiempo porque pensabas que era lo mejor para él y para ti, lo que acabo de escribir podría asustarte o preocuparte. No servirá de nada que te mortifiques (o que me lo reproches). Lo que puedes hacer para reparar la situación es empezar a tomarte en serio los estados de ánimo de tu hijo, no tacharlos de insignificantes o estúpidos, y estar cerca de tu hijo cuando quiera tenerte cerca. Incluso puedes explicarle lo que has hecho, por qué lo has hecho y que no es culpa suya. Si le asaltan sentimientos difíciles que parecen salidos de la nada y que no entiende, explicárselos puede ayudarle a entender por qué se siente así. Que se tomen en serio tus sentimientos resulta sanador, sea cual sea la edad del niño (o del adulto). Y si la persona que te toma en serio es tu padre o tu madre, y no se muestra a la defensiva ni te culpa de nada, entonces esa es una potente medicina.

No podemos sincronizarnos con nuestro bebé con la perfección con la que la naturaleza sincroniza el útero. Inevitablemente, se producirán malos entendidos y rupturas. Lo que podemos hacer es intentar responder y reaccionar de un modo adecuado, en la medida de nuestras posibilidades, para facilitar que nuestro hijo desarrolle su sensación de seguridad y hacer que la transición del útero al mundo exterior sea lo más tranquila posible. Los llantos que escuchas son llantos coercitivos de la naturaleza. La soledad es un sentimiento que, como el malestar, la sed o el hambre, debe ser atendido para que el individuo se mantenga sano.

DIFERENTES HORMONAS, DIFERENTES PERSONAS

Durante el embarazo y tras el parto puede parecerte que todo lo que sentías antes se ha multiplicado por diez. Victoria está embarazada de nueve meses de su segundo hijo: «Estaba viendo la carrera de patinaje sobre hielo de los Juegos Olímpicos de invierno y la participante a la que apoyaba se cayó y quedó fuera de la carrera. Rompí a llorar. Y yo no soy así. Normalmente no soy tan sensible».

Bueno, es posible que no fueses así, Victoria, pero ahora sí lo eres. Si sientes las cosas con más intensidad de la habitual, no pienses que tienes un problema. No es que te estés volviendo loca. Y aunque tus sentimientos puedan parecer exagerados, no significa que no importen o que lo que te parezca que tiene una gran carga emocional no sea significativo para ti. Por ejemplo, disgustarse por ver a una deportista esforzándose al máximo para acabar estrellándose podría ser una metáfora de tu propia ansiedad. Así, llorar por ella te brinda una liberación muy necesaria. Y cuando ves que la deportista se levanta y se prepara para la siguiente carrera, ese es un buen modelo para ti.

Las hormonas, o lo que quiera que desencadene ese aumento de la sensibilidad, hacen que parezca que los sentimientos surgen de la nada, pero en realidad no son más que una expresión exagerada de lo que ya sientes. Y tener unos sentimientos en buena armonía te ayudará a ser más sensible a tus propias necesidades y a las de tu bebé.

LA SOLEDAD

El bebé podría no ser el único afectado por la soledad. Aunque hayas tenido nueve meses para hacerte a la idea, convertirte en madre o padre sucede de la noche a la mañana. Y mientras tu vida anterior se desdibuja en un segundo plano y tu nueva vida todavía está pendiente de establecerse, la soledad se convierte en un peligro real. A menos que estés en el seno de una gran familia o de otro grupo geográfica y emocionalmente cercano a ti, lo habitual es sentirse solo en esa nueva situación.

Juli tiene treinta y dos años y es madre de una niña. Johann, el padre, la dejó cuando la pequeña tenía dos meses. Juli me contó: «Yo no firmé para hacer esto sola, pero en cuanto llegó Sophie, él se marchó». Se quedó en shock, le entró el pánico... y se sintió sola. La soledad es un sentimiento que aflige a muchos padres (aunque sus parejas no los dejen). Lo que hizo que Juli se sintiese todavía más sola fue que sus padres parecían incapaces de ver, o admitir, que estaba a punto de caer en la desesperación.

Antes se relacionaba la soledad con la falta de habilidades sociales o con ser un poco raro, de modo que todavía acarrea ese estigma y cierta vergüenza. Sin embargo, no debería ser así: la soledad afecta a todo el mundo. Se siente con tanta intensidad porque nos alerta sobre lo que debemos hacer: buscar compañía. Los humanos no somos seres aislados, sino animales gregarios. Sentimos hambre cuando necesitamos comer, sentimos dolor físico cuando tenemos que apartarnos del fuego, y nos sentimos solos cuando necesitamos estar con otras personas y sentirnos atendidos y aceptados. La soledad es un sentimiento necesario, igual que la sed y el hambre. Si la desdeñas, corres peligro, ya que puede ser una importante causa de deterioro de la salud mental y física.

Cuando estamos solos, nos damos cuenta de lo negativo que es para nosotros. Entonces, ¿por qué no nos unimos a un grupo o hacemos más amigos? Por desgracia, no es tan fácil. Juli estaba agotada, y ocuparse de su soledad le parecía otra tarea para la que no tenía energía. Sin embargo, existe otra razón por la que resulta tan difícil abordar la soledad. Los sentimientos de soledad desencadenan un estado de hipervigilancia frente a la amenaza social y al rechazo, nos convierten en personas hipersensibles a un posible rechazo o a la indiferencia. Y cuando esperamos una posible amenaza social, podemos llegar a comportarnos de maneras que incrementen la probabilidad de que nos rechacen. Aunque nos sintamos al límite, tememos volver a situarnos en el punto de mira por si nos desprecian... y, por tanto, nos alejamos todavía más de los demás. Así es como pensar que nos van a rechazar puede convertirse en una profecía autocumplida.

La confianza de Juli cayó en picado cuando su pareja la dejó y ella empezó a pensar que era una «inútil». La idea de unirse a un grupo de apoyo para madres y padres o de asistir a las sesiones de canto para madres y bebés que había visto anunciadas le provocaba el deseo de acurrucarse en casa y no salir nunca más. Los humanos no somos los únicos que nos sentimos así: cualquier criatura social separada de su grupo se mostrará recelosa de volver a ese mismo grupo o de introducirse en uno nuevo por temor a ser rechazada, de modo que se encontrará aún más aislada. Las investigaciones demuestran que las ratas, e incluso las moscas de la fruta, no vuelven al núcleo de su grupo después de ser separadas de él, sino que se quedan en la periferia. Nosotros tenemos una ventaja frente a las ratas y las moscas de la fruta: podemos utilizar el razonamiento para no hacer caso de nuestros instintos y conseguir lo que necesitamos. No obstante, resulta difícil y nos inventamos todo tipo de excusas para no hacerlo. Es normal sentir que no vas a encajar en un grupo nuevo e inventar razones para ello; las más comunes son pensar que eres inferior («todos sabrán lo que hacen y yo no») o superior («no quiero formar parte de un grupo de madres/padres que solo hablan de destete y pañales»). Puede parecer sorprendente que Juli, que unos meses atrás era una competente profesional en el ámbito de los recursos humanos, no se viese capaz de unirse a un grupo. Pero no lo es. Las personas que están aisladas tienen más probabilidades de rechazar la idea de interactuar con los demás, pensando que son mejores o peores que los demás, lo cual les da una excusa para no intentarlo. Estos dos patrones de pensamiento («soy demasiado bueno» y «no soy lo suficientemente bueno») conducen a una espiral de renuncia e intensifican la sensación de aislamiento social.

Para Juli supuso un gran paso admitir la soledad y convencerse de unirse a un grupo para combatirla.

Me he unido a un grupo de apoyo a la lactancia materna que encontré en Facebook, y todo ha cambiado. Nos reunimos un par de tardes por semana en nuestras casas. Me hace bien que otras madres escuchen mi experiencia, y me siento útil cuando puedo ofrecerles mi apoyo. El grupo también está online, lo cual es muy importante cuando necesitas apoyo en plena noche (¡muchas de nosotras estamos despiertas de todos modos!). Ahora veo que había caído en la costumbre de decirme a mí misma que era una inútil. Compartir esta y otras preocupaciones con otros padres no ha hecho que desaparezcan, pero sí que me resulten más manejables.

Ejercicio para afrontar la soledad

Prepárate para identificar la soledad. No la niegues ni te juzgues negativamente por sentirla.

Entiende lo que te hace la soledad: recuerda que, como miembro de una especie social, resulta peligroso sentirse aislado.

Aprende a identificar ese estado de hipervigilancia para poder superarlo; no seas una mosca de la fruta. Con mucha frecuencia, los padres primerizos no desean unirse a grupos porque se sienten demasiado inteligentes o demasiado incompetentes; vigila esos sentimientos de superioridad o inferioridad. Son solo excusas para aferrarte a la desconfianza que puede generar la soledad.

Contacta y permite que te contacten. Consulta qué grupos de padres y bebés tienes cerca, comprueba si puedes conectar con otros padres de tu zona por internet, pide a tus amigos que te visiten, y visítalos.

LA DEPRESIÓN POSPARTO

La soledad también puede ser un factor de la depresión posparto, aunque la depresión tras dar a luz o tras adquirir responsabilidades paternas tiene diversas causas. Entre los síntomas de la depresión posparto figuran: irritabilidad, tristeza profunda y desesperación, sentimiento de inutilidad, ansiedad, insomnio, cada pequeña tarea parece un esfuerzo enorme, deseo de ocultarse de los demás, pensamientos de autolesión y, en casos extremos, psicosis. La depresión posparto afecta a entre el 10 y 15 % de las madres cada año. Varios estudios sugieren que el 10 % de los padres también padece este trastorno psicológico.

Esta es la experiencia de Paula con la depresión posparto:

> Ricky gritaba cuando no lo cogía en brazos, pero también cuando lo cogía. Cuando se lo pasaba a mi pareja, ella parecía saber lo que tenía que hacer (no como yo). Empecé a sentir que no sabía lo que hacía. Me aterrorizaba hacer daño a Ricky mientras le cambiaba el pañal. Me sentía tan avergonzada de mis sentimientos que a todo el que me preguntaba, incluso la enfermera que nos visitaba en casa, le respondía que estaba «bien».
>
> Sin embargo, estaba segura de que Ricky tenía algún problema y por eso lloraba tanto. Le llevé al médico, pero no encontró nada raro. Me sentí aún peor, porque también me daba vergüenza de haberle llevado.
>
> Empecé a pensar que mi bebé estaría mejor sin mí. Ni siquiera podía amamantarle porque me dolían muchísimo los pezones; era como si me los atravesasen con alfileres. El hecho de darle el biberón me hacía sentir todavía más fracasada.
>
> La situación alcanzó un punto crítico cuando Ricky tenía doce semanas. Me vine completamente abajo, y mi pareja y mi hermano se dieron cuenta de que no estaba bien. Dejaron de aceptar mi respuesta de que estaba «bien». Tuve que confesar que quería morirme, o al menos salir corriendo. Nunca me había sentido tan mal, tan desolada, tan deprimida. Era mucho más intenso que el hecho de haber sido madre. Me cubría una densa nube de tristeza.
>
> Para mi pareja fue duro porque tuvo que ocuparse del bebé casi en exclusiva. A ella también le estaba costando adaptarse, aunque no se encontraba en el mismo lugar oscuro que yo, y no creo que tuviese tiempo para mis sentimientos además de ocuparse de todo lo demás. Me

obligó a acudir a terapia, cosa que me molestó en aquel momento porque me parecía que me estaba apartando. Pensaba que ella y el bebé eran la pareja, y que a mí me estaban dejando al margen.

Cuando recuerdo esa época, me parece increíble que pensase en quitarme la vida. Pensaba que todos estarían mejor sin mí. Pensaba llegar hasta el final, pero antes me decidí a probar la terapia.

La terapeuta me pidió que pensase en mi infancia. Como no me acordaba, pregunté a mi familia. Mi prima me contó que cuando tenía tres meses, mis padres me dejaron al cuidado de una tía y una niñera, y estuvieron fuera del país un mes. Les pregunté por qué lo habían hecho. Mi padre me explicó que habían empezado a hartarse de todo lo relacionado con el cuidado del bebé y que necesitaban una pausa. Mi madre me dijo que se molestó mucho cuando regresaron porque no la reconocí. Y lo dijo con un tono como si siguiera enfadada conmigo.

Me sentí triste porque no había sido suficiente para ella cuando era un bebé, y sentí rabia porque me hubiese dejado. Y me di cuenta del motivo por el que Ricky me parecía un extraño: yo me había sentido como una extraña para mi propia madre. Entendí por qué sentía que mi pareja y Ricky eran la pareja y yo me quedaba excluida: porque de bebé me habían excluido. Y empecé a pensar: «No me extraña que me sintiese incapaz de hacerlo; mis padres también fueron incapaces».

Aquella conexión me ayudó en cierta manera. Empecé a mejorar poco a poco, sin darme cuenta. Cuando Ricky tenía ocho meses, me di cuenta de que yo era su madre y, por tanto, tenía que estar para él. Llegué a una especie de aceptación de que yo era para él y él era para mí. Pude conectar más con Ricky y sus sentimientos cuando lloraba en lugar de tomármelo como un castigo contra mí.

Después de un año de terapia semanal, no volví a ser la de antes, y aprendí a aceptar a mi nuevo yo. Poco a poco fui conociendo a aquella nueva versión de mí, e incluso llegó a gustarme. Y, por cierto, mi hijo es ahora un amable y encantador chico de veintidós años.

Puede ser de ayuda encontrar una historia que dé sentido a tus sentimientos, como le ocurrió a Paula. Incluso saber que existe una historia que podría explicar por qué te sientes así, aunque desconozcas su contenido, podría ser suficiente.

Cuanto más hablemos sobre los impulsos y las reacciones que tenemos en relación con nuestro bebé, las entendamos y las aceptemos, más capacidad tendremos de reflexionar y percibir al bebé como un bebé en vez de como un objeto sobre el que proyectamos, sin darnos cuenta, un monstruo o un fantasma de nuestro pasado. Y cuanto más hablemos, más sentiremos que no somos monstruos por pensar que podríamos hacer daño al bebé o por fantasear con huir de él o de nuestra vida. Recuérdalo: una fantasía no es dañina si no pasa de ser una fantasía. Hablar de fantasías y sentimientos puede ayudarnos a colocarlos en su lugar originario, es decir, pensar en ellos en el contexto en el que nos criaron a nosotros. Eso nos ayuda a minimizarlos.

Creo que todos necesitamos hablar con alguien que no nos juzgue, alguien con quien podamos ser nosotros mismos de verdad y sin tener que pedir disculpas. Al fin y al cabo, así es como necesita que estés tu bebé. Esa persona (o personas) puede ser otra madre que te entienda. O si deseas hablar con un terapeuta o con tu médico, no dudes en hacerlo porque pienses que tu estado no justifica la visita, o que estás tan mal que se quedará impactado y horrorizado. Tener un bebé es algo muy importante tanto en lo físico como en lo emocional. Las hormonas exacerban tus emociones, y si tus sentimientos te llevan a evitar la interacción con tu bebé o tu familia, conviene que busques apoyo y ayuda profesional.

Esta es la experiencia de Gretchen con la depresión posparto:

> Fui la primera de mi grupo de amigos en ser madre. Echaba de menos mi vida anterior. Echaba de menos trabajar y ver a otra gente. En el trabajo era una triunfadora. Como madre sentía que lo hacía mal todo el tiempo. Hacía todo lo correcto, como participar en grupos de madres con bebés, pero cuando estaba allí me comparaba con las otras madres y me sentía nula.
>
> Cuando mi bebé lloraba, me resultaba muy molesto y no me nacía consolarle. Salir de casa era tan estresante que pensaba que acabaría dejándo-

me al bebé olvidado en una tienda, así que casi nunca salía. No respondía al timbre. Incluso vestirme me superaba algunos días. No dormía demasiado. En el parto utilizaron fórceps, y me resultó muy invasivo. Cuando conseguía dormirme, me despertaba y revivía la pesadilla del parto.

Me vestía justo antes de que mi novio llegase a casa. Le decía que todo iba de maravilla. Pensaba que si le confesaba a él o a alguien lo inútil que me sentía, me juzgarían. Él notó que estaba nerviosa, temblorosa, y no dejaba de preguntarme qué me pasaba. Yo le decía que era la falta de sueño y que estaba bien. Pero no estaba nada bien.

Me obligué a asistir a otro grupo de madres y bebés, lista para fingir que estaba bien y para tener algo que contar a mi novio. Una de las mujeres del grupo, Suzi, confesó que le estaba costando mucho y explicó lo mal que se sentía. Las demás empezaron a darle consejos, y me di cuenta de que Suzi se sentía cada vez peor. Reuní fuerzas y dije: «Yo también». Y conté mi historia. Suzi y yo nos hicimos amigas. Suzi se enteró de la existencia de un grupo para mujeres con depresión (las dos pensábamos que era eso lo que nos ocurría). El grupo tenía una guardería. Lo único que hacíamos las mamás eran trabajos manuales (como si fuéramos niñas, pegando piezas de tela sobre papel para crear *collages*), pero era lo mejor para Suzi y para mí. Mientras pegábamos y cosíamos piezas, íbamos hablando entre nosotras. Explicábamos las cosas tal como eran. Creo que darme cuenta de que no era un bicho raro y de que otras madres estaban pasando por lo mismo fue lo que hizo que la depresión empezase a cambiar.

Tres años más tarde, tengo una gran relación con mi hijo. No parece que nuestros difíciles inicios nos hayan perjudicado demasiado. Ahora tengo otro hijo, una niña de un año. Las diferencias en esta ocasión son que ahora no estoy aislada y no creo que sea una fracasada si las cosas no son perfectas. No es que piense que esos son los motivos de mi depresión tras el nacimiento de mi hijo, creo que fue una cuestión hormonal.

Recuérdalo: tu experiencia y tus sentimientos tras la llegada de un bebé a tu vida no están bien ni mal. Por muy extraños e inusuales que te parezcan, no te los guardes. Busca a personas en tu misma situación para hablar, como hizo Gretchen, y no dudes en buscar ayuda profesional. No pienses que no estás lo suficientemente mal, o que estás demasiado mal para eso. No solo te debes a ti misma sentirte presente y bien: también se lo debes a tu hijo.

Ejercicio: La cara oculta de la maternidad/paternidad

El siguiente ejercicio es lo que se denomina una visualización guiada. Voy a pedirte que imagines una escena. La idea es que la explores a conciencia para intentar entender qué ocurre en lo más profundo de tu ser.

Imagina tres habitaciones. La primera es una sala de recepción con dos puertas que llevan a la segunda y la tercera habitación. Concibe esta casa de tres habitaciones como si fuera una metáfora de ti como madre o padre. Imagina que vas a la sala de recepción. Aquí recibes a las visitas. Aquí muestras tu cara pública.

En la segunda habitación es donde te sientes más insegura, y tal vez más enfadada, arrepentida, avergonzada, frustrada, triste o insatisfecha. Esta habitación alberga la dificultad y la vulnerabilidad de ser padres. Entra en esta habitación y atrévete a sentir lo que encierra. Echa un vistazo a tu alrededor y observa qué ves sin juzgarte. Mientras permaneces en esta habitación y experimentas qué se siente al estar en ella, observa tu respiración. Si estás conteniendo la respiración o respirando de forma muy superficial, vuelve a respirar con normalidad. Echa un último vistazo a la habitación de la dificultad y regresa a la sala de recepción, al espacio público. Percibe lo que sientes al cerrar la puerta de la habitación de la dificultad sabiendo que la dificultad continúa allí.

Es el momento de abrir la puerta de la tercera habitación. Aquí es donde te sientes más positiva. En esta habitación todo va bien, te sientes orgullosa de ti misma como madre y sientes la alegría que experimentas cuando estás con tu hijo (y, posiblemente, más orgullo del que mostrarías en la sala de recepción). Echa un vistazo a la habitación positiva y observa qué contiene. Sigue mirando y percibiendo lo que sientes en esa habitación. Bien.

Ahora regresa a la sala de recepción y reflexiona sobre lo que hay detrás de las dos puertas cerradas. Recuerda: todos tenemos esas habitaciones, además de la cara pública como madres o padres cuando los demás nos ven con nuestros hijos. Y todos tenemos nuestras propias sensaciones con respecto a nuestro rol como madres y padres, cosas por las que nos sentimos muy bien y cosas por las que no nos sentimos tan bien. Lo importante es no comparar nuestra habitación privada de sentimientos difíciles con la cara pública de la maternidad/paternidad de los demás.

Recuerda que todos necesitamos a alguien dispuesto a hablar de esas dos habitaciones. Alguien capaz de escucharnos cuando nos sentimos inundados de amor, y de aceptarnos y aceptar los sentimientos más ambiguos que nos provoca el ser madres o padres.

QUINTA PARTE

CONDICIONES PARA UNA BUENA SALUD MENTAL

Es fantástico que nuestra sociedad hable por fin de la salud mental de los niños y de los recursos para potenciarla. Sin embargo, resulta triste que la salud mental infantil se encuentre en un punto crítico. En esta sección hablaré mucho de las primeras semanas y los primeros meses y años de vida, ya que son muy importantes para infundir una sensación de seguridad en nuestros hijos. Sin embargo, nunca es demasiado tarde (no me cansaré de repetirlo) para dar los pasos necesarios e intentar reparar cualquier ruptura que pudiera haberse producido en los primeros años si tu hijo ya es más mayor.

No existen garantías de que una infancia terrible y llena de privaciones provoque problemas de salud mental más tarde, o de que una infancia ideal proteja de perder la cabeza. Dicho esto, hay cosas que podemos hacer para reducir al mínimo la posibilidad de que nuestros hijos tengan posibles problemas de salud mental. Por ellos y por nosotros mismos, deberíamos emprender un camino que ofrezca las mayores posibilidades de fomentar la salud física y mental; se lo debemos y nos lo debemos.

EL VÍNCULO

Uno de los indicadores más importantes de una buena salud mental es un vínculo sólido entre padres e hijos.

Los humanos somos animales gregarios. Vivimos en tribus desde hace siglos. Estamos programados para establecer vínculos; así es como sobrevivimos como especie. El vínculo más primario es el que se produce entre un niño y sus padres, entre padres e hijos. Tendrás un vínculo con tu hijo y tu hijo está programado para establecer un vínculo contigo. Sin embargo, ¿cómo puedes hacer que ese vínculo sea lo más satisfactorio posible para ambos, que nos permita ser capaces de tener salud y ser felices? Ya he hablado de lo importante que es estar al lado del bebé, haciéndole compañía, mientras experimenta sus sentimientos y sus estados de ánimo, para que no se sienta solo. También he hablado de lo importante que es para un bebé estar físicamente cerca de sus padres. Además de la proximidad física, ¿de qué otro modo podemos acercamos emocionalmente a un bebé o a un niño pequeño? Al fin y al cabo, no podemos utilizar las palabras con ellos. Lo que crea el vínculo y la relación es el dar y recibir. Me refiero a la influencia mutua. Puede parecer obvio: yo influyo en ti, tú influyes en mí y los dos creamos una relación única, diferente a cualquiera de las relaciones que tenemos con otras personas. Y esto es lo que ocurrirá, probablemente, de manera inconsciente (o ya ha ocurrido) entre tú y tu bebé. Empiezo con los lactantes porque ahí es donde comienza la relación entre padres e hijos, pero lo que voy a decir acerca del toma y daca de la comunicación, de la conveniencia del diálogo como una danza colaborativa, sirve para cualquier relación.

EL TOMA Y DACA DE LA COMUNICACIÓN

Al principio, cuando tu bebé emite un sonido, se está comunicando contigo. Los sonidos de los bebés, sus gestos, sus llantos coercitivos y el modo en que inician los juegos por turnos son precursores de la conversación. Tu hijo busca tu reciprocidad.

Si le mandas callar, le estás transmitiendo que su comunicación no es bienvenida. Con el tiempo y con muchos «shhh», tu bebé podría sentir que su presencia no es bienvenida. No me gusta hacer callar así a los niños. No estoy en contra del chupete si se utiliza acompañado de atención y caricias para calmar a un bebé, pero no me gusta que se utilice como «tapón» para silenciar el toma y daca esencial de la comunicación.

Antes de que nuestros hijos aprendan a expresar sus sentimientos, nosotros aprendemos a interpretar sus señales mediante la observación. Da igual si tienen horas de vida o varios años: tendrán su propia visión del mundo. Creo que los padres más felices son aquellos que se mantienen abiertos y dispuestos a aprender de sus hijos, a continuar expandiendo sus puntos de vista incorporando los de sus hijos. Un niño que se siente respetado como persona y que siente que se respetan sus puntos de vista aprende a respetar a los demás por naturaleza. Dará por sentado que existe más de una manera de ver y experimentar las cosas.

Si tenéis un bebé y sentís deseos de mirar fijamente a vuestro hijo y mantener «conversaciones» con gestos y expresiones faciales, eso es exactamente lo que tenéis que hacer. Ese «juego» es lo que se convierte en el toma y daca del diálogo. Y ayuda a reforzar vuestro vínculo, a la vez que desarrolla vuestra relación. Más tarde, cuando se van introduciendo las palabras, olvidamos la comunicación cuerpo a cuerpo con nuestros hijos, pero sigue estando ahí. Continúa siendo importante observar a los niños, además de oírlos, para escucharlos con toda nuestra atención y dejar que influyan en nosotros. De hecho, esa dinámica es importante también para las relaciones entre adultos.

En un diálogo, tanto si se compone de miradas y gestos como si incluye sonidos o palabras, ambas partes se influyen mutuamente. Cuando hablo de «gestos», me refiero a todos los movimientos corporales, algunos intencionados y otros más del tipo comunicación cuerpo a cuerpo, en la que percibimos los estados de ánimo y las intenciones del otro. No se trata de que uno sea el maestro y el que da, y el otro el que reciba y absorba todo. No se trata únicamente de un cuerpo influyendo en otro, sino de dos cuerpos que se influyen entre sí. Así es como se desarrolla una relación satisfactoria. El impacto mutuo es fundamental en todas nuestras relaciones, incluidas las que se establecen entre padres e hijos. Vamos siempre con prisas, y en ocasiones las relaciones se convierten en lo que llamo «hacer y que te hagan» (una parte es dominante y la otra sumisa, en lugar de haber dos partes iguales en el intercambio de información). Se pierde el ritmo constante de toma y daca por turnos. Esto ocurre cuando no dejamos espacio para que el otro responda. Si se convierte en un hábito, la relación puede perder el rumbo.

Pensemos en un profesor con su clase. Los profesores que involucran a sus alumnos son los que analizan su clase y ajustan sus enseñanzas a esa clase. No temen aprender de sus alumnos. Averiguan lo que sus alumnos ya saben, mantienen su interés haciendo que participen con ideas y se aseguran de que lo han entendido todo antes de pasar a otra cosa. Una clase con esta dinámica es un lugar de intercambio tranquilo. Por otro lado, cuando un profesor se limita a dar información a los alumnos, estos podrían acabar sintiéndose resentidos e inquietos, y no aprenderían gran cosa.

Las relaciones que más frustración nos producen y que más insatisfactorias nos resultan son aquellas en las que no ejercemos ninguna influencia. No importa lo que digamos y hagamos: la persona o la organización no nos presta atención (aunque seamos objeto de sus actos) y podríamos empezar a sentirnos inútiles, aislados o rebeldes. Por tanto, es importante que te permitas que tus hijos tengan un efecto en ti: déjalos que te influyan. Estarás dando ejemplo de cómo recibir la influencia de los demás, algo importante para que tus hijos se permitan, a su vez, dejarse influir por ti.

CÓMO EMPIEZA EL DIÁLOGO

Muy al principio, un ejemplo de diálogo puede ser respirar juntos. La respiración de los bebés es automática. No obstante, con el tiempo aprenden que la respiración también se puede controlar voluntariamente y que pueden regularla. Son capaces de sincronizar su respiración con la del adulto que les sujeta en brazos o con el que están en contacto. La sincronización de la respiración puede formar parte del desarrollo del vínculo. Para mí, tumbarme junto a mi bebé y sincronizar mi respiración con la suya, y percibir cuándo ella la sincronizaba con la mía, era muy gratificante y conmovedor. Tal vez por eso les cantamos a los niños, o cantamos junto a ellos, ya sean canciones infantiles o temas pop: cantar juntos es respirar y jugar juntos.

Ejercicio de respiración

Con tu pareja o con un amigo, colocaos el uno frente al otro y seguid la respiración del otro por turnos. Observa cómo te sientes cuando sigues su respiración y cuando el otro sigue la tuya. Continúa con el ejercicio hasta que te relajes. Seguid así al menos hasta que percibas cómo te sientes al realizar este ejercicio.

POR TURNOS

Otro tipo de interacción que puedes practicar con un bebé puede ser jugar a miraros y apartar después la vista, iniciando el juego por turnos. Este tipo de juego es único porque lo inventáis juntos. Durante el juego, el bebé puede apartar la vista con una expresión de perplejidad y, en lugar de volver a mirarte, mantener la vista apartada. Tú esperarás a que el bebé realice el siguiente paso. Y entonces el bebé vuelve a mirarte con una expresión curiosa y sonriente. Con una voz amable y aguda, puedes decir: «¡Eh, hola de nuevo, has vuelto!». A continuación, el bebé repetirá el proceso muchas veces hasta que se sienta satisfecho.

Cuando la madres y su bebé de cuatro meses muestran patrones a la hora de turnarse para dar y recibir, mirar, escuchar y responder, los investigadores prevén que, cuando el bebé cumpla un año, la madre y su bebé tendrán un vínculo y un apego seguro. Si pensamos en la metáfora del desierto, ese es el bebé que se siente rescatado y bien recibido. Dará por hecho que sus necesidades (incluidas las relacionales) se satisfarán la mayoría de las veces.

Por supuesto, como sucede en todos los ámbitos humanos, el vínculo puede torcerse. Como madre o padre, puedes interrumpir e interferir en el proceso natural si no observas, no escuchas o no ves el mundo desde el punto de vista del niño. Así, si un progenitor «se pierde» demasiadas señales de su bebé, o si le exige demasiado, resulta poco probable que el bebé aprenda a sentirse seguro en esa relación principal (hasta que el padre o la madre cambie su patrón de relación y pase a observar y responder).

Es posible que este tipo de reciprocidad sincronizada te resulte agotadora y exigente en vez de natural y espontánea. No es culpa tuya. Podría deberse a tu propia experiencia como bebé, o es posible que no conectes con otras personas de forma natural, o que te cueste mucho.

CUANDO EL DIÁLOGO RESULTA DIFÍCIL: DIAFOBIA

Personalmente, la reciprocidad no me resultaba nada fácil. Tuve que trabajarla. Tal vez fuese porque el hecho de que me escuchasen y me tuviesen en cuenta no era algo cotidiano para mí de pequeña. Es posible que tengas la norma o la creencia inconsciente de que una persona (el adulto) siempre debería ser la que hace y la otra (el niño), el que recibe la acción. En ese caso, la reciprocidad se estanca.

¿Permites que tu hijo te influya con facilidad y naturalidad mientras os adaptáis el uno al otro, y te resulta natural, automático y sencillo escuchar y responder a tu hijo? No todo el mundo cuenta con esa respuesta natural; algunos de nosotros debemos trabajar para recuperarla. Tal vez notes cierta resistencia a dejar que tu hijo (ya sea un bebé, un niño pequeño o incluso un adulto) te influya. Es lo que se conoce como diafobia, el temor al diálogo real, a dejarnos influir por los demás, a ser quien recibe sus acciones.

Tenemos la tendencia a hacer lo que nos hicieron cuando éramos bebés y niños. Y puede parecernos que nuestra capacidad innata para reaccionar se ha apagado. Es posible que en tu infancia recibieses buenos cuidados en el sentido práctico, pero que no experimentases la reciprocidad. Si tus sentimientos no se tomaban en serio; si te consideraban más una «cosa» que una persona; si te veían únicamente como «el bebé», «el niño» o uno de «los niños», y no como un individuo; si no te permitían influir en tus adultos, es posible que padezcas cierta diafobia.

Para los bebés y los niños, que otra persona responda a sus acciones es una necesidad, no un deseo. Si no respondemos a los llantos, las miradas o los juegos por turnos de los niños; si no desempeñamos nuestro papel en el toma y daca que nos ofrecen, existe el riesgo de inculcarles estilos de apego y rasgos de personalidad inseguros o evasivos. Les resultará mucho más difícil establecer relaciones funcionales.

No obstante, si crees que podrías padecer diafobia, no te mortifiques, ni te culpes, ni sientas vergüenza. Ahora que sabes lo que haces para interrumpir el toma y daca, puedes introducir los cambios que te permitan conectar con tu hijo. Enorgullécete de haberlo detectado y afrontado. En ocasiones resulta más sencillo detectar la diafobia en los demás que en uno mismo. Trata de percibir las ocasiones en las que evitas el contacto del toma y daca con tu bebé o tu hijo pequeño, adolescente o adulto. Observa si tiendes a dirigirte a él en lugar de hablar con él. Aprende a ceder a ese instinto y brinda a tu hijo el tipo de atención recíproca que necesita.

Es posible que sientas punzadas de pesar mientras lees esto: «Es demasiado tarde, ya he sido diafóbico con mi hijo». Olvídate de eso. Tienes un vínculo con tu hijo, y siempre puedes trabajar para mejorarlo. Puedes empezar escuchando, puedes comenzar a ver el mundo desde su punto de vista además del tuyo, puedes permitirle que sea distinto a ti y dejarte influir por él. Incluso para los hijos adultos, significa mucho que sus padres los vean como a iguales y acepten lo que les enseñan y les dicen. Por supuesto, puedes reparar la ruptura antes de que sean adultos. Si te das cuenta de que has estado evitando a tu hijo, puedes dejar de hacerlo. No digo que tengas que renunciar por completo a tus puntos de vista, a tus opiniones, y quedarte con los de tu hijo. En absoluto. Lo que digo es que su manera de ver el mundo es tan válida como la tuya.

Veamos el caso de John, de cuarenta y dos años.

> Hace poco, mi pareja me preguntó: «¿Por qué no soportas que te digan nada?». Eso me sorprendió mucho. Me quedé pensando y me di cuenta de que me da mucha vergüenza no saber algo. También me dijo que mi lema podría ser «ya lo sé». Al parecer, lo utilizo para adornar todas mis frases, tanto si lo sé como si no.
>
> Poco después visité a mi padre. Se estaba haciendo un lío con la medicación, de modo que le preparé un gráfico: qué tenía que tomar y cuándo. Y él me dijo con sarcasmo: «Te crees que llevo ochenta y seis años en este mundo sin saber leer las etiquetas de estos botes de pastillas, ¿verdad?». Me di cuenta de que él también odiaba que le dijesen cosas que tal vez no supiera.
>
> Para ser sincero, me doy cuenta de que la actitud de «qué me vas a decir tú a mí» que ha tenido mi padre durante toda su vida siempre me ha dolido (y me sigue doliendo). Una respuesta más adecuada por su parte habría sido algo como «gracias por hacer esto, me estaba haciendo un lío», pero no soportaba que le dijesen lo que tenía que hacer, y menos su hijo. Aunque tenga más de cuarenta, para él sigo siendo un niño.
>
> Y entonces me di cuenta de que nunca escucho a mi propio hijo, ya que no considero que pueda decirme algo que yo no sepa. Entendí que él también estaba desarrollando el hábito del «ya lo sé» por mi culpa.
>
> Mi pareja me ha ido ayudando a ser más abierto, a escuchar más y a no sentirme avergonzado cuando no sé algo. Ahora permito a mi hijo

que me enseñe cosas, y no de una manera condescendiente. Nuestra relación está mejorando mucho. Antes no le dejaba espacio para eso. Era como si pensase que la comunicación tenía que ir en un solo sentido, de mí hacia él, del maestro al alumno, pero ahora estoy aprendiendo a dejarle espacio para que me muestre quién es. Y estoy aprendiendo a descubrir quién es mi hijo en lugar de dar por hecho que lo sé.

Yo era el estereotipo del hombre clásico, el que no quería pedir indicaciones porque no soportaba que me dijesen algo que no sabía. Ahora pregunto continuamente a todo el mundo y me permito sentir esa vergüenza de no saber las cosas. Pero no reacciono a la vergüenza, ya no permito que aplaste mi curiosidad o que me impida escuchar a mi hijo como hacía antes. Y no me está destruyendo, sino todo lo contrario. En el breve espacio de tiempo que llevo siendo consciente de esto, ya me siento mucho más cercano a él.

En ocasiones, parece que introducir un cambio (como decidir no ceder a la diafobia, que es lo que John decidió hacer, aunque no supiese que se trataba de eso) tendrá consecuencias terribles. Pero resulta que ese pequeño cambio de conducta aporta muchos beneficios.

Ejercicio: Observa tus patrones de conducta

Si casi siempre que tu hijo requiere atención tú piensas en algo más urgente, como alguna tarea doméstica o hacer una llamada, y lo utilizas como excusa para ti mismo y para apartar a tu hijo, lo más probable es que se trate de una manifestación de tu diafobia. Observa en qué ocasiones haces eso. Párate, supera el impulso de apartar a tu hijo, involúcrate e inclúyelo en lo que tengas que hacer.

Ejercicio: ¿Soportas que te digan cosas?

¿Cómo te sienta que te digan algo que ya sabes? ¿Cómo te sienta que te digan algo que crees que deberías saber, pero no sabes? Trata de no responder estas preguntas con lo que crees que deberías decir y responde con sinceridad. ¿Qué sentimientos te despierta este ejercicio? ¿Puedes rastrear sus orígenes hasta tu infancia?

No es necesario que mantengas un constante patrón de acción y reacción cara a cara con tu hijo las veinticuatro horas de los siete días de la semana. Lo que demuestran las investigaciones es que cuando estás con tu hijo y no haces caso de sus demandas de atención, eso le resulta angustioso. En un experimento se pidió a las madres que se sentasen cara a cara frente a su bebé, pero que no gesticulasen ni le imitasen, es decir, que no mostrasen ninguna reacción emocional. Después de solo tres minutos, los bebés empezaron a reaccionar con angustia. Manifestaron ansiedad, pena y tristeza, sentimientos que se prolongaron durante varios minutos. Sería como dejar que el bebé baile solo.

Los niños necesitan reciprocidad por parte de sus cuidadores; de lo contrario, aprenden a sentirse indefensos, a pensar que sus acciones no tienen efecto. Si un bebé pudiese expresar su experiencia con palabras, sería algo así: «Si no te genero ningún efecto, no existo». Es el motivo por el que algunos niños parecen rendirse. Si no respondemos a suficientes señales de nuestros hijos, les estamos enseñando sin querer a rendirse.

LA IMPORTANCIA DE OBSERVAR CON ATENCIÓN

Con mucha frecuencia, cuando creemos estar escuchando, lo único que hacemos es esperar a que se produzca un vacío para tener la oportunidad de intervenir. Invertimos nuestra energía en elaborar nuestra respuesta o nuestra réplica en lugar de tratar de entender qué intenta comunicar la otra persona. Dejar de hacer esto y permitir que el otro influya en nosotros puede parecer aterrador. No parece aterrador si verbalizamos ese miedo, pero sí lo parece cuando tenemos el miedo tácito de que si realmente escuchamos y nos dejamos influir desapareceremos. Y no, no desapareceremos, sino todo lo contrario: creceremos. Esta es la historia de Jodie y Jo.

En nuestras primeras semanas juntas, a menudo me sentía agotada por la dependencia de mi bebé, Jo. Quería abrirme a ella, responder a sus llantos, pero me costaba mucho. Era como si ceder a sus exigencias implicase perderme a mí misma, que Jo tomaría el control.

Lo que me ayudó a abrirme más a Jo en lugar de tratar de defenderme de sus exigencias fue observarla. Cuando estaba con ella, prestándole atención, me reclamaba menos. Poco a poco fui cogiéndole el truco a adelantarme a sus llantos aprendiendo a interpretar sus señales antes de que se angustiase.

Empecé a hablarle a Jo sin parar mientras hacía cualquier tarea en casa, y le dejaba espacios para que me «respondiese». Cuando no tenía nada que hacer, en lugar de mirar el teléfono o coger un libro, dedicaba mi atención a Jo.

Me di cuenta de que resultaba más gratificante si en vez de enseñarle cosas yo siempre, miraba lo que ella miraba, si le permitía mostrarme lo que le gustaba. Señalaba algo y yo se lo acercaba o se lo daba, y lo mirábamos juntas. Jo me enseñó a pararme y observar, porque yo lo había olvidado. No es que me entusiasmase examinar una hoja o una mariquita, o ver Bob Esponja, pero observar cómo se concentraba en algo me llenaba; podría llamarse asombro, o simplemente amor.

A medida que Jo fue creciendo y empezó a hablar, me di cuenta de que mi relación con ella siempre era mejor cuando la escuchaba. En ocasiones me olvidaba y le hablaba o la interrumpía. Entonces se mostraba menos receptiva y me daba cuenta de que yo había vuelto a caer en un viejo patrón de comunicación que no nos funcionaba a ninguna de las dos.

Dejar espacio a Jo me ha suavizado, me ha convertido en una persona más cariñosa (no solo con ella, sino también con los demás y con todo en general). Jo ya casi es adulta, y creo que yo soy más adulta que antes porque he expandido muchísimo mi visión observándola, escuchándola, viendo las cosas desde su punto de vista. Hablar de cómo me influye Jo ahora me llena de amor. Un amor que tal vez era incapaz de sentir antes de ser madre. Siento que Jo me ha hecho crecer.

La experiencia de Jodie trata sobre su relación con su bebé, sobre una nueva forma de estar con ella y de reaccionar que aprendió relacionándose con su hija. Al escuchar de verdad en lugar de limitarse a pensar su respuesta o en lo que quería contar, Jodie descubrió una profunda relación de amor y cariño con Jo.

Todos podemos hacer lo mismo: con nuestros bebés, nuestros hijos pequeños, nuestros hijos adultos y, de hecho, con cualquiera.

QUÉ OCURRE CUANDO ERES ADICTO AL MÓVIL

Si estás físicamente cerca de tu hijo, pero te pierdes sus señales porque estás, por ejemplo, con el teléfono o con el ordenador, se molestará. Piensa en cómo te sientes cuando sales con un amigo y se pasa gran parte del tiempo mirando el teléfono. Molesta, ¿verdad? Dado que tú ya tienes tu personalidad formada (más o menos), eso no va a hacerte ningún daño, aunque no resulte beneficioso para la relación. Tu hijo, en cambio, se encuentra en pleno proceso de desarrollo de su personalidad y está forjando unos hábitos en su relación contigo.

Sabemos que los alcohólicos y los toxicómanos no son los mejores padres porque su prioridad siempre es la sustancia a la que son adictos. Así, sus hijos se ven privados de gran parte de la atención que necesitan. Yo diría que los adictos al teléfono no van muy a la zaga. Recomiendo que no juegues o compruebes el correo en tu teléfono delante de un niño pequeño durante mucho tiempo. No solo le estarás privando de un contacto, sino que también crearás un espacio vacío en el interior de tu hijo. Y no es que quiera ponerme dramática, pero ese es el tipo de vacío que hace que la gente se convierta en adicta más adelante, cuando trata de llenarlo con sustancias adictivas o actividades compulsivas para ocultar el sentimiento de desconexión (de vacío) que los persigue.

También te arriesgas a que tu hijo desarrolle adicción a las pantallas y sustituya así el contacto. Puede resultar más fácil obtener una sensación instantánea de conexión con una pantalla que a través del contacto significativo con otra persona, pero no es un sustituto viable.

Es posible que te sientas vinculado a tu teléfono debido a tu necesidad de contacto. Pues bien: tu hijo tiene la misma necesidad de contacto, pero más intensa porque necesita el contacto contigo para activar su cerebro. Las personas aisladas no se desarrollan de manera normal. La gente necesita a la gente.

Todas las personas a cargo de tu bebé o de tu hijo pequeño tienen que saber esto sobre las pantallas, ya sea una niñera, una canguro, una amiga o un pariente. Si tú o cualquiera de ellos os pasáis el tiempo mirando una pantalla, tu hijo también deseará una pantalla que mirar. Si mientras lees esto has caído en la cuenta, de repente, de que acostumbras a ignorar a tu hijo, no pienses que has arruinado su vida para siempre. No es así. Simplemente, párate y dedícale el espacio que necesita; de ese modo podrás reparar vuestra relación.

NACEMOS CON UNA CAPACIDAD INNATA PARA EL DIÁLOGO

En el experimento sobre la respuesta maternal se observó también lo difícil que era para muchas madres mantener un rostro inexpresivo mientras miraban a sus bebés. Esto demuestra lo poderosas que son las señales de los niños, cómo estamos programados para reaccionar. Solo tenemos que dejar que ocurra.

Nacemos con esa capacidad innata para el diálogo, para interactuar, para comunicarnos por turnos. Es un proceso que comienza al nacer y no acaba nunca. Es posible que empiece antes; tal vez el proceso del parto sea también un toma y daca, una contracción seguida de un descanso.

Durante el diálogo, la acción de una persona provoca una respuesta en la otra. En esa alternancia, el padre o la madre y el bebé se topan con sus ritmos distintos. A continuación sintonizan y aprenden uno del otro. Juntos, niños y padres desarrollan patrones de relación únicos. Un bebé puede desarrollar un patrón con uno de sus progenitores y a su vez un patrón distinto con el otro progenitor, y lo mismo sucede entre el bebé y sus hermanos, etcétera. Cada relación presenta un patrón distinto.

Esos patrones no los dirige el adulto, sino que son creados conjuntamente por el bebé y su interlocutor. Tampoco son fijos: cambian en función de los estados de ánimo y de la contribución de cada participante. En ocasiones, los participantes se entienden; otras veces, no. En este caso es necesario introducir algunos reajustes.

Descubrirás qué quiere tu hijo observándole, probando, reparando fallos anteriores e intentándolo una y otra vez hasta conseguirlo. Es posible que aprendas a interpretar una determinada mirada como un «estoy listo para más sonrisas», y descubrirás que en otros momentos una mirada similar significa «aliméntame». Es muy normal no entender qué quiere transmitir un bebé con sus llantos o sus gestos, no pasa nada, pero aun así puedes responder a tu manera. No importa tanto el significado como el patrón de alternancia. Yo me sentía inepta como madre primeriza cuando otras madres más experimentadas me decían que pronto aprendería a interpretar los llantos de mi hija, que uno significaba que tenía sed y el otro, que tenía calor. Para mí, los llantos no eran un lenguaje inadecuado, sino que eran sonidos, comunicaciones de otro tipo que requerían mi atención, mi observación y mi dedicación, no un diccionario inexistente. Me resultó más fácil una vez establecidos los patrones de observación y alternancia.

El bebé aprende a comunicarse y a conectar estando con su familia, y los miembros de esa familia aprenden estando con el bebé, ya que cada uno desarrolla su propio sistema de comunicación. Podría compararse al modo en que los mejores monologuistas observan al público y adaptan su espectáculo para dar lo mejor de sí. No existen dos públicos ni dos bebés iguales. Al cabo de unos meses, el bebé y el adulto se conocen mejor y han aprendido a estar con el otro de maneras que les resultan más gratificantes. La observación y la alternancia desempeñan un papel fundamental en ese proceso, aunque en su mayor parte se produzcan de manera inconsciente.

Esta es la historia de Simon:

> Observando a mi hijo, Ned, me di cuenta de que se comunicaba desde el mismo momento en que nació. No siempre entendía qué quería transmitirme, pero aprendí observándole. Aprendí a interpretar las señales que me requerían hacer algo de inmediato y las que no eran tan urgentes.
>
> Ned acaba de cumplir dos años y dice bastantes palabras y utiliza frases cortas, pero no siempre sabe qué necesita. Así que todavía tenemos que observarle para descubrirlo.
>
> El fin de semana pasado estábamos en un restaurante con otra familia con niños más mayores. Ned se lo estaba pasando en grande charlando y jugando con ellos. Entonces observé cómo se le ponían los ojos vidriosos y dejaba de mirar a los otros niños. Nosotros habíamos aprendido que eso era lo que Ned hace cuando tiene suficiente y necesita un momento de tranquilidad. Si no nos damos cuenta, lo que ocurre a continuación es que Ned se pone a llorar e incluso puede llegar a una rabieta en toda regla.
>
> En aquella ocasión me di cuenta, de modo que me levanté y pregunté a Ned si quería salir a dar un paseo. Él asintió. Le saqué de la trona y del restaurante. Nos sentamos en el césped y se apoyó en mí durante uno o dos minutos. Después empezó a coger margaritas y a dármelas. Comenzamos un juego conocido para nosotros que consiste en que yo cuento todo lo que me va dando: una margarita, dos margaritas, tres margaritas... Después, Ned las coge todas y empieza a dármelas otra vez.
>
> Ned volvía a estar tranquilo y participativo, y ya no tenía aquella mirada de desconexión. Cuando acabó con las margaritas, empezó a observar a su alrededor en busca de algo que le llamase la atención, y yo le pregunté: «¿Volvemos dentro y acabamos de comer?». Ned asintió, me tomó de la mano y me condujo hasta la mesa.

Lo que me sorprende es que no me costó nada dejar a un grupo de amigos porque me siento muy conectado con Ned. Me ha enseñado a comunicarme más a nivel corporal, observándole y aprendiendo cuáles son sus desencadenantes y sus necesidades.

Según algunas filosofías sobre el cuidado infantil, se considera positivo que un bebé ejerza poco impacto en sus padres, es decir, que no sea «exigente», que sea «fácil» o «bueno». Sin embargo, manipular a un bebé para que ejerza el mínimo efecto en ti resulta deshumanizador. Tienes que permitir que tu bebé tenga un efecto en ti. Si no lo haces, tu hijo tendrá que sobreadaptarse para sentir que encaja, y al hacerlo, perderá la conciencia de sí mismo y parte de su humanidad (como podría habernos ocurrido a nosotros cuando éramos pequeños). Puede que los bebés no utilicen palabras, pero podemos aprender a entenderlos mediante la observación.

Si practicamos esa capacidad de observación, entenderemos y nos relacionaremos mejor con nuestros hijos, sea cual sea su edad.

LOS BEBÉS Y LOS NIÑOS TAMBIÉN SON PERSONAS

Como adultos, sabemos que para respetar a cualquier persona con la que entremos en contacto debemos mostrarnos considerados con ella. Sin embargo, en ocasiones olvidamos que los bebés también son personas. Intenta pensar que tu hijo es un socio en la empresa del querer.

Por eso es importante adoptar el hábito de explicar a tu hijo lo que va a ocurrir y después hacer una pausa antes de que ocurra. Por ejemplo, supongamos que tu bebé va en el carrito y tú vas a sacarlo para sentarlo en la sillita del coche. Di: «Voy a pasarte a la sillita del coche», y haz una pausa para que el niño lo procese. A continuación, explícale lo que ocurre sobre la marcha: «Ahora voy a desabrocharte. Voy a sacarte del carrito y a ponerte en la sillita del coche». Es posible que te sientas incómodo porque tu hijo todavía no domina las palabras, pero el lenguaje se aprende escuchándolo. Más importante que las palabras es el toma y daca entre tú y tu hijo, la alternancia.

Con el tiempo, cuando se acostumbre a esa dinámica, cuando el toma y daca del diálogo se asiente y tú dejes espacios para las respuestas, tu hijo estirará los brazos para facilitarte la tarea. Haz lo mismo durante los cambios de pañal y cuando lo vistas. Implícale en todas las actividades que puedas, pero sobre todo en aquellas que le conciernen.

Las personas nos desarrollamos en relación con otras personas. Cuanto más abiertos estemos a los demás y más sensibles seamos a las sutilezas de las miradas y los gestos, la agitación o la tranquilidad, mejor podremos combatir la tristeza y la desesperación de nuestros bebés y, por tanto, de nosotros mismos. Podemos aprender a relajarnos y observar a nuestros hijos, respetar sus actividades individuales y sus comunicaciones, y aprender de ellos. De ese modo logramos que la maternidad o paternidad, que puede parecer eterna y aburrida, como sabes, en los primeros meses y años, lo parezca menos. Porque cobra sentido.

La atención positiva hacia tu hijo nunca cae en saco roto. Creo que a veces nos equivocamos al pensar que son los grandes gestos los que importan: una salida a un parque temático, el gran regalo de Navidad, la fiesta de cumpleaños... Esas cosas están bien, pero son las interacciones cotidianas las que cuentan. Mediante la prueba y el error por ambas partes, las pequeñeces de esas interacciones cotidianas pasarán a resultar muy gratificantes para los dos y brindarán a tu pequeño humano la capacidad de ser feliz.

Ejercicio: Cómo dialogar mejor

Para que el diálogo resulte aún mejor, piensa en cómo escuchas y observas cuando escuchas de verdad (a tu bebé, a otro niño o a un adulto). Te darás cuenta de que lo que ocurre es que percibes los movimientos, el tono, los gestos y las expresiones de tu interlocutor; te concentras en lo que dice y tomas conciencia de los sentimientos que te despierta el otro.

Así, ¿qué puede interponerse en tu manera de escuchar y observar? Por lo general, uno de los impedimentos es que estás preparando tu respuesta mentalmente antes de tiempo, o que tu mente se dispersa. Por supuesto, esas cosas siempre ocurrirán en cierta medida, pero lo que puedes hacer es percibir cuándo has dejado de prestar atención a tu interlocutor, al niño o el bebé, y volver a centrar tu atención. Con la práctica llegarás a ser un buen receptor y un interlocutor en toda regla en ese diálogo.

CÓMO ENSEÑAMOS A NUESTROS HIJOS A SER PESADOS... Y CÓMO ROMPER ESE CICLO

Mientras investigaba para un programa de televisión sobre el surrealismo en el que participé, aprendí que cuando Salvador Dalí estaba en el colegio, se lanzó sin pensárselo contra una columna de mármol y se hizo mucho daño. Cuando le preguntaron por qué lo había hecho, respondió que porque nadie le prestaba atención.

Si los bebés y los niños no reciben lo que necesitan al principio de sus vidas, si se sienten invisibles, si no pueden confiar en que les prestarán atención, podrían quedarse atrapados en la etapa de tratar de llamar la atención. Y es entonces cuando nos resultan pesados (a nosotros, sus padres, y a los demás).

Dicho de otra manera: no puedes «malcriar» a un bebé si respondes demasiado a sus señales. El tiempo invertido al principio sirve para que el niño se acostumbre a que se satisfaga su necesidad de conexión. Lo interiorizan, saben que pueden confiar en ello y que no tienen que buscarlo continuamente. Si no recibe suficiente atención, el niño puede acabar sintiendo que solo existe cuando ejerce un impacto conductual o emocional directo en quienes le rodean.

Si el niño recibe suficiente atención, se siente seguro, no tiene que preocuparse de las relaciones ni obsesionarse con ellas, ni sentir que debe dar un espectáculo (atravesar unos aros o lanzarse contra columnas) para estar seguro de esas relaciones. Si no respondes a la mayoría de las demandas de atención de un niño, las expresará con más ruido o, a medida que vaya creciendo, con la desobediencia. La atención negativa de los padres es mejor que la ausencia de atención, ya que al menos el niño sabe que sus padres le tienen en mente. Siente el impulso de alborotar, cosa que lo aísla todavía más.

Cuando un niño se pone pesado, resulta más difícil tratar con él y prestarle atención. Y es una lástima, porque necesita incluso más atención para reparar la ruptura que le ha llevado hasta ahí.

¿Y si la relación con tu hijo fuese como si los dos estuvieseis atrapados en una especie de batalla en la que toda la atención parece ser negativa y tú sientes que tu hijo te molesta? En primer lugar, posiblemente buscarías a alguien, al margen de tu hijo y de tu casa, para liberar la tensión que has ido acumulando. Podrías hablar con alguien que no te juzgue, o podrías buscar una sala insonorizada, dar unos buenos puñetazos a un cojín y gritar con todas tus fuerzas.

Para revertir vuestra relación y lo que habéis hecho, puedes poner en práctica lo que el psicólogo Oliver James denomina «bombardeo de amor». Según James, para resetear el termostato emocional de tu hijo (y, añado, probablemente también el tuyo), tenéis que pasar tiempo juntos. No «tiempo de calidad» en el que salís por ahí, sino tiempo de «bombardeo de amor». Es un tiempo con un inicio y un final definidos en el que tu hijo lleva el mando (dentro del sentido común). Es el niño el que decide qué vais a hacer y dónde lo haréis.

El bombardeo de amor es cosa de dos. Practícalo cuando estéis solos en casa o, si puedes permitírtelo, en un hotel. Durante todo ese tiempo (veinticuatro horas o un fin de semana), tu hijo decide qué hacéis (siempre y cuando sea seguro y legal) y qué coméis. Y también durante todo ese tiempo tú le expresas con frecuencia tu aprecio y tu amor sinceros a tu hijo.

Puede parecer que el hecho de dejar que tu hijo lleve la voz cantante y tú le colmes de amor por ello va a agravar su mal comportamiento, pero no es así. Imagina que sientes que las personas cuyo amor, buena opinión y atención son tu fuente de conexión y lo único que te importa no te ven, no te escuchan, o te tratan mal (y no importa si es una percepción errónea: si lo sientes, es que lo vives así). Imagina que el único modo de asegurarte su atención es convertirte en un fastidio. Si te brindasen ese amor y esa consideración, no tendrías que portarte mal para captar su atención. El ejercicio del bombardeo de amor aporta al niño una dosis concentrada de esa atención. Además, interrumpe vuestros patrones de conducta coercitivos y os resetea a los dos para entrar en un ritmo y un patrón de intercambio.

Durante mi carrera como psicoterapeuta he conocido a adultos que se quedan atrapados en la fase de reclamar atención continuamente. Otros experimentan vergüenza o sienten que no existen. Si no respondes a la mayoría de las señales de tu hijo, podrías estar entrenándole para que sea un manipulador como esos adultos. La otra consecuencia es que acabará renunciando a las relaciones y se convertirá en una persona con la que será muy difícil conectar. Tienes que brindar a tu hijo la atención que necesita, sin evasivas ni atajos.

Y eso no consiste en decirle continuamente que ha hecho un «buen trabajo» o que es «el mejor», lo cual no es necesariamente una buena idea. No se trata de juzgarle. Lo que necesita es un intercambio normal, el toma y daca del diálogo con o sin palabras. Cuanta más atención de este tipo dediques a tu hijo, menos esfuerzos tendréis que hacer después para poneros al día.

Piénsalo de este modo: en un tren van un padre y su hijo. Un niño sentado en un tren, quieto, durante un largo viaje, se aburrirá tarde o temprano. El padre puede jugar con él, dibujar con él, leerle, jugar con él a algo... o pasarse el viaje diciéndole que se esté callado y quieto. A los dos os resultará más agradable jugar o leer (compartir ese tiempo) que estar riñéndole continuamente o soportando un alboroto desagradable para ambos y para el resto de pasajeros. También suele ocurrir que si le dedicas tiempo al principio de un período prolongado, como un viaje en tren, tu hijo podría llegar a concentrarse por completo en una actividad que hayáis empezado juntos y tú dispondrás de un poco de tiempo para leer tu libro o relajarte haciendo lo que te apetezca.

No te preocupes si tu hijo pasa por una fase en la que solo te quiere a ti o a tu pareja. De hecho, es una buena señal. Significa que ha desarrollado un vínculo muy fuerte y que es capaz de establecer vínculos sólidos, lo que resulta beneficioso para su capacidad de ser feliz.

Es normal que un niño prefiera a sus padres y a sus parientes más cercanos que a otros cuidadores. Cuanto más seguro se sienta de su vínculo con vosotros, con mayor facilidad se separará para formar vínculos sólidos con otras personas... pero solo cuanto esté listo. No tengas prisa. El aferrarse a ti, su necesidad de ti y su amor por ti pueden resultar agobiantes en ocasiones, pero disfrútalo: son señales de que ha desarrollado un fuerte apego hacia ti. Cuanto más seguro esté de ese apego, menos necesitará reafirmarlo.

Recuerdo que una madre me dijo: «Mi hijo me adora y me necesita muchísimo. ¡Nunca he tenido un hombre tan entregado!». Ese niño, como muchos otros, acabó aprendiendo a dar tan por segura la relación con su madre que ahora le encanta ir a casa de otros niños a jugar y a quedarse a dormir. La clave para fomentar un espíritu independiente consiste, paradójicamente, en permitir que tu hijo se separe de ti cuando esté listo y lo desee, no apartándolo.

No es que tenga nada de malo ese niño más sensible que necesita tenerte cerca. Tampoco tiene nada de malo un niño que quiera pasar tiempo solo. Todos somos distintos y tenemos necesidades distintas. Todos pasamos por etapas en el desarrollo, pero lo hacemos a nuestro propio ritmo. No voy a darte una edad concreta para la primera sonrisa, o para cuándo empieza un bebé a mantenerse sentado, o a recordar una canción, porque el hecho de que nos desarrollemos en diferentes etapas y a ritmos distintos no significa que unos sean menos meritorios que otros. El modo de superar la etapa en la que se encuentre el niño consiste en satisfacer sus necesidades relacionales en esa etapa para que pueda avanzar y no se quede estancado en ella. No puedes precipitarla ni ignorarla, porque entonces el niño podría quedarse atrapado ahí. Cuanta más energía positiva inviertas en tu hijo al principio, menos energía tendrás que dedicarle más adelante.

ENCONTRAR SENTIDO AL CUIDADO DE LOS HIJOS

Algunos padres tienen dificultades en los primeros años porque les resultan aburridos o poco estimulantes. Es cierto que en esos años hay mucho trabajo manual y que los estímulos intelectuales o sociales que recibes cuando estás con bebés y con niños son distintos a los que estabas acostumbrado a recibir en el trabajo y en tu vida antes de convertirte en madre o padre. Una manera de superar esas dificultades consiste en mostrar interés y curiosidad por tu bebé, observar en qué pone atención, para tratar de averiguar qué intenta hacer, en lugar de pensar que estar con tu bebé es aburrido (o que tu bebé es algo a lo que «tienes que hacer» cosas). Si te quedas atascado en la trampa de sentir que tu bebé es poco más que una obligación a la que debes alimentar, limpiar y entretener, estarás limitando el sentido que podrías darle al hecho de cuidar de tu hijo. El sentido que yo le di fue que mis cuidados, mi respeto y mi atención eran una inversión en mi hija y en nuestra relación. Si echo la vista atrás, a aquellos primeros meses y años, desde esta distancia me parece que todo sucedió muy rápido. Resulta más útil darle un sentido así al cuidado de los hijos que observar el caos en el que se ha convertido tu casa y pensar que no tienes nada que demostrar, ningún resultado de tu trabajo diario. Los resultados llegarán, pero no al final de cada jornada (como en otros tipos de trabajos). Cuando adoptamos el hábito de escuchar y permitir que nuestros hijos tengan un efecto en nosotros, la crianza resulta gratificante. Cuando contribuyes a que tu hijo se sienta conectado e involucrado contigo y con cualquier actividad que realice por sí solo o junto a ti, estás invirtiendo en su futuro estado de ánimo predeterminado.

EL ESTADO DE ÁNIMO PREDETERMINADO DE TU HIJO

La mayoría de nosotros tenemos estados de ánimo normales con los que vivimos la mayor parte del tiempo, nuestro estado de ánimo «habitual». Es posible que te sorprenda un poco, pero el tiempo que inviertes en la interacción natural con tu hijo es una inversión que dará sus frutos en el desarrollo del estado de ánimo habitual de tu hijo. Aunque nazcamos con una tendencia a tener un determinado carácter, gran parte de nuestro estado de ánimo habitual se desarrolla mediante las relaciones con otras personas, en especial con nuestros padres. Cuanto más relajado esté tu hijo (posiblemente, porque recibe suficiente atención en sintonía), más probabilidades tendrá de que su estado de ánimo predeterminado sea relajado en lugar de inquieto o irascible. Como muchos adultos, es posible que hayas tenido que esforzarte mucho para aprender a relajarte porque de bebé te acostumbraste a estar inquieto, o solo, o a no recibir consuelo y a no tener tus necesidades cubiertas. Y esos sentimientos se convirtieron en un estado de ánimo habitual en ti. Quiero hacer hincapié en que, por supuesto, no pasa nada si tu hijo experimenta todo el espectro de emociones, y lo hará, pero necesita sentirse acompañado en todos sus estados de ánimo, desde las lágrimas hasta las sonrisas, los miedos y la rabia.

Cuando las personas acuden a terapia por primera vez, por lo general les resulta una experiencia muy intensa por el simple hecho de que sentirte escuchado tiene el poder de tranquilizar. Posiblemente, algunos de nosotros ni siquiera necesitaríamos terapia si nos hubiesen escuchado como era debido. Estar disponible para observar, escuchar e involucrarte con tu hijo de un modo que le haga sentir seguro, amado y valorado es una inversión en su estado de ánimo predeterminado.

EL SUEÑO

El sueño es un tema muy importante, pero no para los bebés y los niños pequeños, que duermen de verdad cuando duermen, sino para los padres. Se trata de una cuestión emocional. Los padres se enfadan y se ponen a la defensiva cuando se les tocan sus técnicas para dormir, sobre todo si creen que han descubierto un método que les funciona y viene alguien y les dice: «No está bien dejar a tu bebé o a tu niño pequeño llorando solo por la noche. No te estás identificando con él. Es como si le trataras como una "cosa" en vez de como una persona». No digo esto porque quiera avergonzarte (de verdad que no), pero tampoco quiero que los bebés y los niños estén solos de noche cuando sienten que nos necesitan. Para un niño, llorar hasta quedarse dormido o sentirse solo resulta igual de desagradable que para un adulto. No me siento cómoda con la idea de la manipulación, o del «entrenamiento», como medio para relacionarnos con los demás, pero especialmente con los niños, que están formando su personalidad y sus estilos de apego con respecto a sus cuidadores principales. El entrenamiento del sueño consiste en dejar que un bebé o un niño pequeño llore hasta quedarse dormido o durante una determinada cantidad de tiempo. Pasado ese tiempo vas a verle, pero cada noche incrementas ese intervalo de tiempo. Existen estudios que afirman que este tipo de condicionamiento reduce el número de minutos que un bebé tarda en dormirse. Otros incluso aseguran que condicionar a un niño para que no llore para reclamarte no le hace ningún daño. Sin embargo, investigaciones posteriores contradicen esos estudios y señalan sus fallos. Aseguran que el entrenamiento del sueño afecta al desarrollo del cerebro de los bebés.

La principal conclusión de las investigaciones sobre el entrenamiento del sueño es que este no elimina la necesidad que el bebé o el niño tiene de ti; elimina su llanto para reclamarte, ya que se le condiciona a dejar de insistir.

La obsesión de los padres por el sueño resulta comprensible, porque el sueño interrumpido puede dejarnos agotados. Sin embargo, creo que nuestra preocupación por tratar de obligar a nuestros hijos a que se duerman lo antes posible puede perjudicar a nuestra relación con ellos y, por tanto, interferir en su capacidad de ser felices en etapas posteriores de su vida. Y ello se debe a que los bebés y los niños no aprenden a consolarse y a regular sus emociones dejándolos solos, sino recibiendo consuelo de manos de un cuidador, una y otra vez. A medida que crecen, aprenden a interiorizar ese consuelo. En otras palabras, aprendemos a calmarnos solos si recibimos el consuelo de otras personas. Y al principio ese consuelo es un trabajo de veinticuatro horas que puede resultar un poco impactante para los padres primerizos.

Si tu hijo relaciona el sueño con la comodidad, la seguridad y la compañía, no tendrá ningún reparo en irse a la cama y dormir. El sueño se convierte en un problema cuando intentamos apartar a nuestros hijos porque queremos que se duerman. En ese caso, el momento de irse a la cama pasará a relacionarse con la soledad y el rechazo.

En la mayoría de las culturas occidentales parecemos tener prisa para dejar solos a los niños por la noche. Podría deberse a que priorizamos nuestras vidas aceleradas y lo que creemos que la sociedad espera de nosotros a la hora de seguir nuestro instinto para responder a un llanto coercitivo. Las expectativas que tiene la sociedad sobre los padres y los bebés pueden no coincidir con la biología. Lo que debemos recordar es que los niños se separan de sus padres de forma natural. Cuando saben que estamos ahí, disponibles, no tienen problema en separarse porque están seguros de que seguiremos ahí cuando deseen reconectar. No fomentamos su independencia apartándolos, ya que en ese caso estamos interfiriendo en el proceso de separación y prolongándolo, además de interferir en el proceso de formación de un estilo de apego seguro en nuestros hijos. Todos los mamíferos duermen con sus crías, y la mayoría de los humanos no somos distintos. En el sur de Europa y en Asia, África y América Central y del Sur, es normal que los padres y los bebés compartan el espacio para dormir hasta que los niños están completamente destetados (en algunos lugares, como en Japón, se alarga mucho más). En

Occidente, quienes consideran aceptable que los bebés duerman separados de sus padres son una minoría.

La noche representa la mitad de la vida de un bebé. Si se acostumbra a sentirse apartado y a estar solo por la noche, existe el riesgo de que ese se convierta en una especie de estado de ánimo predeterminado en él. Si un bebé llora y es consolado por su madre, su padre u otra figura familiar, se trata de un estrés tolerable. Si no se atiende a un bebé que llora, se trata de estrés tóxico. En ese estrés tóxico habrá un exceso de la hormona cortisol, que influye negativamente en las conexiones cerebrales del bebé. Si estás tan cansado que en algunas ocasiones no has respondido al llanto coercitivo de tu bebé porque no te has despertado, es poco probable que tu hijo sufra efectos adversos a largo plazo. Únicamente cuando no haces caso del llanto de un bebé que se siente solo de forma habitual, podría producirse una ruptura que tendrás que reparar. Para ello tienes que aceptar los sentimientos de tu bebé, no intentar condicionarle o reprenderle, estar a su lado y sentir junto a él para que sepa que no está solo. Esto es lo que debemos hacer al margen de la edad de nuestros hijos.

El sueño es uno de esos aspectos, como muchos otros en la crianza de los hijos, en el que cuanto más tiempo inviertas desde el principio, menos tiempo tendrás que dedicar después a arreglarlo. Creo que el mejor modo de abordarlo es con empatía: échate al lado de tu hijo o quédate con él hasta que se duerma. De ese modo, el niño aprenderá a asociar el sueño con sentirse querido, en compañía y seguro.

Es posible que tu patrón de sueño se altere mientras dedicas ese tiempo a hacer compañía a tu hijo por las noches, y es normal. Cuando el bebé se despierta, le ayuda el hecho de oler o tocar a sus padres; por tanto, puedes paliar tu problema de sueño si duermes con tu bebé. Además, no tendrás que levantarte para calmarlo.

Nadie duerme toda la noche del tirón. El ciclo de sueño típico de un adulto es de unos noventa minutos; en el niño es de una hora. Aunque pensemos que dormimos toda la noche, en realidad nos despertamos (o casi) y volvemos a dormirnos inmediatamente. Si tu bebé te siente cerca y puede tocarte, será menos probable que se despierte por completo.

Por favor, no te mortifiques si has probado técnicas de entrenamiento del sueño. Tal vez no tuvieras forma de saber que tu hijo, que está ahí tan calladito, podría estar estresado antes de enterarte de que las hormonas del estrés se mantienen a niveles muy altos aunque haya renunciado a seguir llorando. Es muy posible que muchos niños salgan indemnes del entrenamiento del sueño (cada niño tiene sus necesidades y su sensibilidad), pero personalmente nunca correría ese riesgo. Por favor, no tires este libro en un acceso de rabia. No quiero que sientas vergüenza si has recurrido a intentar condicionar a tu hijo para que duerma ignorando sus llantos o postergando tu respuesta a ellos. Existe mucha presión social para obligar a los niños a estar solos y en silencio por las noches que no es de extrañar que cedamos a ella. Voy a ofrecerte alternativas. El entrenamiento del sueño es una forma de condicionar, no de relacionarse; es tratar a tu bebé como una «cosa» y no como un individuo; es intentar manipular a tu hijo para que no llore por las noches en lugar de permitirle que se separe de ti a su propio ritmo y según sus necesidades.

Casi nadie tiene recuerdos de su etapa preverbal, de modo que no nos acordamos de lo que sentíamos cuando nos dejaban solos para que nos durmiésemos a pesar de necesitar a nuestros padres. Por tanto, quizá no veamos el perjuicio de perpetuar esa práctica. Creo que el entrenamiento del sueño, además de desarrollar el hábito de sentirse desesperado, podría perpetuar el hábito de cerrarse en banda a ese sentimiento de desesperación, lo que también anula la capacidad de empatizar con la angustia de los demás. Existe la posibilidad de que el entrenamiento del sueño, aparte de condicionar al bebé a no llorar por las noches, provoque sentimientos de vergüenza por necesitar a otra persona.

Al principio, un bebé llorará todos los días, y hasta puede parecer que llora a todas horas, de día y de noche. Un niño pequeño llorará todos los días y después, de manera casi imperceptible, llorará cada vez menos. Cuando consuelas a tu hijo, este aprende a afrontar sus sentimientos. Si no haces caso de sus llantos, aprenderá a no compartir sus sentimientos contigo (lo que no le ayudará a afrontarlos). La base de una buena salud mental es que acepten nuestros sentimientos y nos consuelen.

Lo sé: todo esto está muy bien. Aquí estoy, lanzándote datos y opiniones sin piedad y, aparentemente, sin tener en cuenta tu agotamiento. Lo siento. No obstante, existen buenas alternativas al entrenamiento del sueño. Tenemos el colecho, que consiste en no separaros por las noches para que el bebé no se sienta abandonado y solo. Sin embargo, no todo el mundo es capaz o está dispuesto a dormir al lado de un bebé. Otra alternativa es lo que Darcia Narvaez, neurocientífica, denomina «sueño guiado».

¿QUÉ ES EL SUEÑO GUIADO?

El sueño guiado no tiene nada que ver con no hacer caso de los mensajes de tu hijo. Se trata de guiar al niño para que duerma dentro de los límites de su tolerancia, no fuera de ellos. Es importante que tu hijo se sienta seguro durante el proceso. Según la profesora Narvaez, no hay que intentar guiar el sueño de un niño antes de los seis meses de edad. En su primer año de vida, la parte de su cerebro que procesa los aspectos sociales y emocionales (es decir, las bases de su salud mental) se desarrolla en relación con la interacción afectiva que tenga contigo. Por tanto, no comiences el proceso antes de que esté listo. Y cada bebé estará listo en su momento.

Como ya he mencionado, los bebés no nacen con la capacidad de creer que un objeto sigue existiendo cuando no lo ven (los psicoterapeutas lo denominan la «permanencia del objeto»). Así que cuando los dejamos solos, pueden sentirse abandonados. Nosotros tenemos tan incorporado el hecho de que las personas continúan existiendo cuando no las vemos o no las oímos que nos resulta fácil olvidar que también tuvimos que aprenderlo.

Cuando el bebé ya ha desarrollado la «permanencia del objeto» (y, de nuevo, no voy a precisar una edad exacta, ya que cada uno se desarrolla a su ritmo y es posible tener conocimiento de la permanencia de manera cognitiva, pero no sentirla a nivel corporal hasta más tarde), resulta más sencillo empezar a guiarle para separarnos por las noches.

El primer paso consiste en observar dónde y cuándo se siente más seguro tu bebé cuando se duerme. Por ejemplo, tal vez se duerma mientras le das el pecho y, si se despierta, se lo ofrecerías de nuevo hasta que se volviera a dormir. Hay que empezar en esa «base de confort», como lo denomina Narvaez.

A continuación, ¿cuál es el mínimo paso que puedes dar para apartarte de esa base? Podría ser dejar de darle el pecho mientras el bebé está aún adormilado, pero no dormido del todo, y abrazarlo para que continúe sintiendo tu cuerpo y los latidos de tu corazón. Si tu bebé acepta ese paso, repítelo hasta que se convierta en la nueva base de confort. Desde ahí darás el siguiente paso o «empujoncito»: otra pequeña separación, como acostar a tu bebé cuando esté adormilado y acariciarle la frente, o realizar cualquier otro gesto que le tranquilice. El siguiente paso podría consistir en sacar al bebé de tu cama y dejarlo en una cuna, al lado. Después, podrías apartar un poco la cuna y acabar colocándola en otra habitación. En cualquier etapa, si tu bebé se angustia, regresa a su base de confort.

Esta es mi historia:

> Mi primer paso consistió en dejar de amamantar a mi hija cuando estaba adormilada y abrazarla. Cuando ese momento se convirtió en su base de confort, el siguiente paso consistió en pasársela a su padre para que la abrazase hasta que se quedase dormida. De ese modo, uno de los adultos dormía con ella mientras el otro dormía en otra habitación.
>
> Cuando mi hija tenía más o menos dos años, nos pidió su propia habitación, pero se quedó horrorizada cuando llegó la hora de dormir y le sugerimos que durmiese sola. «Ah, no, para dormir no, solo para jugar», nos dijo. Dimos un paso más diciéndole que nos quedaríamos con ella hasta que se durmiese y que si se despertaba, podía venir a nuestra cama siempre y cuando no nos despertase y no hablase. Aceptó la propuesta; a veces nos despertábamos y allí estaba ella, y a veces no.

A los tres años ya dormía siempre en su habitación, y a los cuatro ya se sentía lo suficientemente contenta y segura para empezar a irse sola a la cama, cosa que hacía por voluntad propia, sin ninguna ayuda. Aunque había condiciones: tenía que elegir entre irse sola a la cama o pedirnos a uno de nosotros que estuviésemos con ella mientras se preparaba. No se resistía a irse a la cama porque siempre había sido un lugar de confort, no de soledad.

Lo importante es que introduzcas cada uno de los pasos dentro de la base de confort de tu hijo. Todos nos desarrollamos a nuestro propio ritmo y tenemos nuestras propias necesidades en cuanto a cercanía y espacio personal, así que el momento adecuado lo marcará tu bebé. Lo que le vaya bien a tu primer hijo podría no servirte con el segundo. Se trata de que tu hijo asocie su cama con los conceptos de descanso, bienestar, comodidad y sueño, y no con separación, soledad y angustia. Si la cama se asocia con cosas positivas, no se mostrará reacio a acostarse. Y esto le ayudará a dormir las horas necesarias durante su infancia, lo cual es muy importante para su desarrollo, como ya sabes.

Llevar a cabo el proceso del sueño guiado (en vez del entrenamiento del sueño), usando motivaciones en lugar de castigos, os llevará más tiempo, pero creo que merece la pena. El resultado será más duradero, y la separación para irse a la cama será más fácil para los niños a medida que se desarrollen. Además, fomentará una buena relación entre tu hijo y tú. Que te animen a hacer algo es positivo en una relación, pero que te engañen, te ignoren o te manipulen para que tengas una determinada conducta no refuerza el vínculo. Entiendo lo difícil que es adoptar la visión a largo plazo cuando estás agotado, pero sigo pensando que merece la pena.

Muchas de las cosas que esperamos que consigan nuestros hijos las conseguirán sin apenas ayuda o siguiendo nuestro ejemplo. Empujarlos hasta el límite de su zona de confort, pero no más allá, es una buena forma de proceder si necesitan un poco de ayuda. Recuerda que si hacemos algo que pueden hacer por ellos mismos, podríamos estar desempoderándolos.

Cuando el niño tiene el control de la separación, resulta menos probable que se convierta en un niño inseguro y dependiente que si los padres le dejan antes de que esté listo. Esto se aplica a la separación nocturna, a cuando los dejamos en la guardería, a cuando van a una fiesta o en cualquier otra situación en la que tú no vayas a estar. Puedes dar un empujoncito a tu hijo para animarle a aceptar esas situaciones (es decir, llevarle hasta el límite de su base de confort), pero si corres demasiado para convertirlo en un niño independiente, te supondrá más trabajo porque podría dañar vuestra relación y tendrás que repararla. Puede que creas que obligarle a que se las apañe sin ti es fomentar su independencia, pero lo más probable es que él sienta que le estás apartando y que lo experimente como una especie de castigo. Mi mensaje en este caso es que confíes en tu hijo para que se separe a su ritmo y que tú lo sigas en lugar de imponer el tuyo.

A su debido tiempo, tu hijo dormirá solo toda la noche, se mantendrá sentado, gateará, caminará, se vestirá solo, comerá sólidos, se preparará el desayuno y pagará el alquiler. Cuando empujamos a nuestros hijos a hacer cosas antes de que estén preparados, los frustramos y nos frustramos. Muchas de las cosas que les enseñamos concienzudamente o que les obligamos a hacer las aprenderían por sí solos en su momento. Al tener prisa para que avancen en su desarrollo, incluso podríamos retrasarlo.

Por ejemplo, cuando colocamos a un bebé en posición sentada en lugar de esperar a que sea él mismo el que se ponga erguido, le negamos la oportunidad de aprender a hacerlo por sí solo. Un bebé no necesita soportes que limiten su movimiento para sentarse; lo que necesita es tiempo y espacio para descubrir el movimiento. Si dejamos que recurra a sus propios medios, rodará y serpenteará, aprenderá a gatear y a sentarse, a ponerse de pie y a caminar solo. Además, estará aprendiendo a aprender. Y nosotros no debemos interferir en esos procesos.

De hecho, a veces, recurrir a apoyos para que un bebé se mantenga sentado antes de que esté preparado para ello, antes de que se hayan desarrollado los músculos necesarios, podría suponer que no aprenda a gatear bien. En su lugar, aprenderá una especie de desplazamiento lateral que podría interferir en una buena postura natural más adelante. Me temo que ese fue el destino de mi propia hija. No importa: no se puede hacer todo bien. Soy consciente de que cuando hablo de «buenas prácticas» en el ámbito de la crianza, tú podrías haber pasado ya por la fase que describo y te sentirás mal porque hiciste algo diferente. Sin embargo, lo que importa es tu relación, no lo pronto que has empezado el destete o que sujetases a tu bebé con almohadas para que se mantuviese sentado demasiado pronto. Mi hija va a clase de pilates ahora que es adulta y está corrigiendo su postura. Hubiese sido estupendo tener esa información cuando la necesitaba, pero no fue así. Insisto: no es el error lo que importa, sino enmendarlo, ya sea con pilates o con cualquier otro tipo de terapia que tu hijo necesite de mayor. No te sientas mal si tu hijo necesita algún tipo de ayuda en la edad adulta por algo que no supiste hacer mejor cuando era pequeño. Ponernos a la defensiva respecto a nuestros errores solo sirve para empeorarlos, no para que desaparezcan.

Este ejemplo sobre el hecho de sentar o no a tu bebé puede parecer demasiado específico, pero se trata de dar una idea general sobre cuánto debemos ayudar: no desempoderes a tu hijo haciendo algo que él puede aprender por sí solo, sobre todo si te mantienes al margen. El concepto de darle un empujoncito o del estímulo podría resultarte útil a la hora de decidir cuánto vas a ayudar a tu hijo.

> Freya, de cinco meses, dos semanas y tres días, está tumbada boca abajo en una alfombra, en el salón. Su padre está cerca, sentado en el sofá, leyendo. Freya emite un ruido; está intentando coger una pelota de ping-pong que ha visto en el suelo, pero no llega. Su padre la mira y se da cuenta del problema. ¿Debería solucionarlo? Freya lo mira y llora, frustrada. «Quieres la pelota, ¿verdad? —pregunta el padre, que se arrodilla junto a su hija—. ¿No llegas?» El padre sonríe a su hija dándole ánimos, la mira y después mira la pelota. Freya deja de llorar; empieza a subir las rodillas y logra avanzar retorciéndose y ayudándose

con las manos. Vuelve a tumbarse y se estira hacia la pelota. La toca con los dedos, y la pelota se aleja un poco. El padre la vuelve a colocar donde estaba y Freya lo intenta de nuevo; esta vez logra atrapar la pelota, grita de alegría y su padre ríe con ella. «Te has esforzado mucho. Bien hecho», le dice.

Por supuesto, como padre, y en una situación como esta, resulta difícil decidirse entre rescatar, animar o simplemente observar. Al observar a tu bebé o a tu hijo en busca de señales, acertarás la mayor parte de las veces. Si le rescatas cuando él podría hacer algo por sí mismo, le desempoderarás y le robarás su voluntad, pero si no le ayudas cuando se siente indefenso, estarás pecando de insensible. En el ejemplo anterior, el padre de Freya hace lo correcto. Y lo hace de forma natural, sin pensarlo, porque con él hicieron lo mismo. Si no es tu caso, conviene que adoptes este estilo de manera consciente.

Ejercicio: Deja que tu hijo lleve la voz cantante

Acostúmbrate a estar con tu hijo sin hacer nada, simplemente haciéndole compañía y siguiendo sus pasos. Piensa en observarle y ayudarle en lugar de limitarte a rescatarle. Ayúdale a resolver problemas, no los resuelvas tú en su lugar.

EL JUEGO

La propia palabra implica que el juego es algo trivial, si bien es de vital importancia. Mientras juega, el niño aprende a concentrarse y adopta el hábito de descubrir cosas nuevas; uno de esos descubrimientos es el placer de sentirse absorbido por lo que esté haciendo. Además, aprende a relacionar ideas y a alimentar su imaginación. Los niños aprenden a conectar con sus iguales a través del juego. El juego es la base de la creatividad y del trabajo, de la exploración y el descubrimiento. Todos los mamíferos juegan, porque el juego es una práctica para la vida. Jugar es el trabajo de tu bebé, de tu hijo, y debe respetarse como tal.

Cuando leí por primera vez a Maria Montessori, me sorprendió que dijese que no hay que interrumpir a un niño que está concentrado en una actividad. No estaba acostumbrada a la idea de que cuando un niño pequeño empuja un camión sobre la alfombra y emite un ruido imitando el sonido de un motor en realidad está trabajando. Está absorto, está concentrado, está utilizando su imaginación, está construyendo una narrativa. Su actividad tiene un principio, un nudo y un desenlace. Y cuando se le permite repetir esos procesos muchas veces, sienta unas bases sólidas para acabar tareas y concentrarse.

No obstante, el trabajo del niño empieza antes de esa etapa. Tu bebé necesita un lugar seguro para jugar, en el que pueda tocar todos los objetos que se encuentren a su alcance. Si le dices «no» continuamente, su concentración se verá interrumpida. Un bebé sin distracciones puede jugar durante varios minutos seguidos con un objeto sencillo como un trozo de papel de seda. Puede aprender a agarrarlo, romperlo, tirarlo, volver a cogerlo... Un bebé no se aburre con una actividad, aunque a ti te ocurra lo contrario. Mientras la actividad continúe, tu tarea consiste en observar, en seguirle la mirada, pero no en dirigirlo.

Los niños no necesitan muchos juguetes. Como probablemente sabes, el tópico de que prefieren la caja al artículo que contiene suele ser cierto. Una niña de dos años que conozco recibió un montón de juguetes de sus permisivos padres, amigos y parientes el día de su cumpleaños. Una de sus tías incluyó una botella de limonada vacía con forma de limón. ¿Cuál fue el regalo favorito de la niña? ¡La botella con forma de limón, por supuesto! Mientras jugaba con ella aprendió a sorber agua, a tirar agua con ella y a dirigir el chorro. Así, apenas jugó con la casa de muñecas tan cara, y lo mismo ocurrió con los personajes de Disney, y con la cocinita, y con el resto de cosas que le habían comprado. Los niños no necesitan más que unos pocos juguetes sencillos: un par de coches de juguete, una caja de cartón, un cubo, una muñeca, un osito y unas cuantas piezas de construcción. Con eso tienen suficiente. Algunas prendas de ropa para disfrazarse también pueden disparar su imaginación. Más no es siempre mejor. Si solo tienen unos pocos juguetes (un cajón o un baúl, y algunos materiales para trabajar con las manos como pinturas y papel), cada cosa tendrá su lugar en el que dejarla después de jugar.

Los niños, como los adultos, se agobian y se quedan paralizados cuando tienen demasiadas opciones. Tenemos tendencia a pensar que preferirían disponer de más opciones, pero los experimentos del psicólogo Barry Schwartz demuestran que no es así. En uno de esos experimentos descubrió que los participantes se sentían más felices con una caja con un surtido de seis chocolates que con una de treinta (y se mostraban más satisfechos con el chocolate que elegían). Lo que ocurre cuando tenemos demasiadas opciones es que nos preocupa que podamos elegir mal. En Occidente, un niño «normal» tiene más de 150 juguetes y recibe 70 más cada año. Esto es excesivo para los niños. Con demasiados juguetes es más probable que salten de una actividad a otra en lugar de involucrarse a fondo en una concreta. Los padres caen en el error de comprar más juguetes porque esperan que así el niño pedirá menos. Sin embargo, ¿sabes una cosa? No funciona.

Los niños necesitan jugar libremente, elegir y dirigir su propia actividad para desarrollar su capacidad de creatividad. En ocasiones, no obstante, el niño desea que juegues con él. Y es a ti a quien necesita, no la novedad de un juguete nuevo.

Tal vez te parezca que te consume mucho tiempo, y es posible que tu idea de la diversión no sea jugar a «fiestas» o lo que quiera que tu hijo invente para que participes. Puede resultar frustrante que tu hijo te pida que juegues con él, sobre todo si tienes un montón de cosas que hacer. No obstante, descubrí que me compensaba poner toda mi energía al principio del juego. Cuando mi hija quería que participase, me pedía que «hablase al osito». Después, ella tomaba el mando poco a poco y acababa hablando al osito.

El juego es un momento para dejar que el niño tome el control, que elija la actividad y que dirija tu participación en esa actividad. Será más fácil que puedas encargarte de todas esas tareas que tienes pendientes si ayudas a tu hijo al principio del juego y después, a medida que él se concentre más y más, tú te vayas retirando poco a poco. Resultará más fácil para ti y mejor para él si accedes a jugar desde el principio.

Por otro lado, si le dices a tu hijo que estás demasiado ocupado para jugar con él, es probable que te interrumpa continuamente. De ese modo, tú no dispondrás de tiempo para tus tareas. Además, le estarás transmitiendo el mensaje de que le encuentras aburrido o pesado, y eso podría provocar sentimientos de soledad, rabia o tristeza en tu hijo (e incluso inseguridad respecto a su relación contigo). Cuando un niño ha empezado a jugar y está satisfecho, puede continuar jugando sin controlarte o sin obligarte a participar.

A los niños hay que dedicarles tiempo. Si inviertes tiempo y adoptas una actitud positiva al principio, será menos probable que tengas que dedicar tiempo adoptando una actitud negativa más tarde. Y esto sirve para el juego y para muchas otras situaciones.

Hace poco observaba a un padre y a su hija en la playa. La niña tendría unos seis años. Cuando llegaron, todo el rato era «papi, haz esto», «papi, ven», «ven al agua», «coge el cubo», «construye esto»... El padre hacía todo lo que la niña le pedía. Al cabo de un rato, la niña se concentró cada vez más en jugar con la arena húmeda. El padre estaba cerca, pero solo observando, sin participar... y, además, se las apañó para leer el periódico. Me pareció un magnífico ejemplo de cómo la niña encontró poco a poco su «piloto automático» interior; así el padre también pudo disfrutar un poco de su tiempo.

Poco después llegó otra niña. Se quedó observando unos segundos a la primera, y esta empezó a animarla a entrar en el juego. Me pareció muy gratificante observarlas. Si el padre no hubiese empezado el juego con ella y se hubiese puesto a leer el periódico directamente, la niña podría haberse preocupado por su relación, se habría mostrado inquieta y no habría podido concentrarse en el juego o en hacer una nueva amiguita.

A la mayoría de los niños también les gustan los juegos organizados, como el fútbol o las cartas, para pasar tiempo en familia. Es posible que relaciones esos juegos con momentos de amor y que disfrutes transmitiéndoselos a tus hijos. Sin embargo, si no jugaron contigo cuando eras pequeño, es posible que practicar esos juegos (o incluso organizarlos) te resulte insoportable. Presta atención para detectar si el juego te despierta sentimientos del pasado. Puedes superar esos sentimientos tomando conciencia de que no pertenecen al presente o asegurándote de tener cerca a otros niños o adultos para que te faciliten el juego e intentes participar de vez en cuando.

Recuerdo una ocasión en que éramos una de las tres familias que estábamos pasando juntas los días comprendidos entre Navidad y Año Nuevo. Sacamos el Monopoly para regocijo de la mayoría de los adultos. Los niños estaban entusiasmados. Sin embargo, uno de los padres se levantó y se fue a buscar su abrigo mientras explicaba que se iba caminando a casa (6,5 kilómetros) y que les dejaba el coche a su mujer y su hijo. Le seguí hasta el recibidor. Me contó que era hijo único, que siempre recibía juegos de mesa en Navidad, pero que nadie se molestaba en jugar con él. Así que esos juegos siempre le provocaban tanta tristeza que temía que si se quedaba, acabaría estropeando la velada. Me temo que no tengo un final feliz para esta historia, pero lo que me sorprendió fue hasta qué punto puede perdurar lo que se asienta en la infancia.

A los niños les beneficia tener compañeros de juegos de diferentes edades. Si ponemos a jugar juntos a dos niños muy pequeños, es más probable que jueguen en paralelo en lugar de interactuar. El juego con niños de diferentes edades enseña a jugar de un modo que no se da entre niños de la misma edad. Los niños más pequeños aprenden más jugando con amigos mayores que si solo juegan con niños de su edad. La mayor parte de lo que aprendemos viene de observar a los demás; los niños de más edad enseñan conductas más sofisticadas a los más pequeños, además de servirles de modelos, y pueden ofrecerles más apoyo emocional. Y ellos, a su vez, aprenden a enseñar, a cuidar y a ser líderes.

Al volver la vista atrás a su infancia, muchos adultos creen que vivieron sus momentos más felices en compañía de niños de diferentes edades con los que inventaban juegos y corrían de aquí para allá sin limitaciones de espacio. En general, esos momentos se producían en vacaciones, con primos y amigos, en estancias en campings, en festivales, en excursiones, en el parque cerca de casa o en un jardín. Y en esos momentos había adultos de confianza que se mantenían en un segundo plano, pero a los que se podía acudir en caso de necesidad; proporcionaban alimento y límites para que los niños se sintiesen seguros. Me preocupa que con tantas actividades extraescolares estructuradas, los niños no tengan suficiente tiempo para organizar su propio juego en grupos de diferentes edades. La mayoría de los niños necesita más tiempo al aire libre con otros niños y menos tiempo en espacios cerrados, con actividades organizadas o delante de una pantalla. Las pantallas deben utilizarse con precaución, ya que pueden llegar a ser adictivas. Sin embargo, negarlas por completo es otra forma de privación.

Ejercicio: Crear buenos hábitos de juego

No interrumpas a un niño concentrado.

Si tu hijo pequeño quiere jugar contigo, deja que sea él quien dé comienzo a la actividad que elija. Después, cuando esté tan concentrado que ya no te necesite, retírate.

En el caso de niños un poco más grandes, no creas que tienes que entretener a tu hijo cada vez que no sepa qué hacer. Si tu hijo se aburre, ten fe y dile que confías en que encontrará algo divertido que hacer. El aburrimiento también es un componente necesario de la creatividad.

Resérvate algo de tiempo para disfrutar con tu hijo de actividades que os gusten a los dos: juegos de mesa, cartas, deportes, cantar, o cualquier cosa que disfrutéis haciendo.

A los niños les beneficia tener compañeros de juegos de todas las edades.

SEXTA PARTE

TODA CONDUCTA ES COMUNICACIÓN

He dejado para el final el tema de la conducta porque resulta mucho más fácil actuar mejor si solucionamos el resto de cosas de las que he hablado. Para un niño, eso incluye que se tengan en cuenta sus sentimientos dentro de sus relaciones de apoyo y cariño. Todos nos comportamos mejor cuando no estamos desesperados por tener más contacto y conexión, cuando sentimos que formamos parte de algo.

La mano que mece la cuna realmente domina el mundo. Debemos amar más y juzgar menos, y tener en cuenta los sentimientos de nuestros hijos en lugar de tacharlos automáticamente de estúpidos o equivocados. Se lo debemos al mundo. Tratar a los niños con consideración y respeto no significa que no tengas que poner unos límites.

En esta parte vamos a analizar el juego de la victoria y la derrota, las cualidades que debemos desarrollar para tener una buena conducta, hasta qué punto debemos ser estrictos los padres, la dependencia y las quejas, y cuándo y cómo establecer límites.

Tu hijo imitará tu conducta si no inmediatamente, sí en un futuro no muy lejano. Tuve un cliente que me explicó lo diferente que era de su padre, que dirigía grandes empresas a la manera jerárquica de un autócrata. Sin embargo, aunque mi cliente trabajaba en el sector de la beneficencia, su manera de dirigir su departamento era... (lo has adivinado) autocrática. Probablemente, nuestro comportamiento es lo que más influye en el comportamiento de nuestros hijos. Creemos que somos individuos, pero todos nos influimos unos a otros. No somos más que piezas de un sistema, y los papeles que nos forjamos responden a la reacción a los papeles que desempeñan las personas que nos rodean. Por tanto, el comportamiento de tu hijo o tu propio comportamiento no es algo que suceda de forma aislada, sino que es una cocreación de las personas y la cultura que os rodea.

¿Cómo describirías tu conducta? ¿Eres respetuoso con otros seres humanos en todo momento? ¿Tienes en cuenta sus sentimientos? ¿Tu «buena conducta» es auténtica o se trata simplemente de buenos modales? ¿Eres agradable por fuera, pero después criticas a los demás a sus espaldas? ¿Te quedas atascado en juegos incesantes de superioridad? Sea cual sea tu conducta, enseñarás a tus hijos a comportarse como tú (incluso en cualquier comportamiento que no apruebes).

Si siempre te comportas de manera considerada con tus hijos y con el resto de personas, lo más probable es que tus hijos te imiten... a la larga. Mientras tanto, es posible que los niños no se porten «bien» en todo momento, ya que, antes del lenguaje, el comportamiento es la única manera que tienen de comunicar lo que les pasa. Y eso es cierto incluso hasta bastantes años después de que desarrollen el lenguaje. Eso se debe a que se requiere cierta práctica y habilidad para saber qué sentimos, verbalizarlo y después solucionarlo a partir de lo que necesitamos. Incluso a los adultos (mejor dicho, incluso a los poetas) les cuesta.

No creo que exista nadie que sea siempre bueno o siempre malo. Voy todavía más lejos: diría que los conceptos de «bueno» y «malo» no son útiles. Es cierto, aunque bastante raro, que algunas personas nacen sin la capacidad de sentir empatía (y no aprenden por mucho que se les enseñe). Sin embargo, tener un cerebro programado de manera distinta no significa que esa persona sea «mala». Solo suavizaré este tema de la bondad y la maldad para decir que el comportamiento de algunas personas resulta inconveniente o dañino para los demás. Nadie nace siendo malo. Por tanto, en lugar de etiquetar los comportamientos como «buenos» o «malos», los describo como «convenientes» o «inconvenientes».

La conducta, como he dicho, no es más que comunicación. Las personas, y en especial los niños, actuamos de maneras inadecuadas e inconvenientes porque no encontramos otras alternativas, más eficaces y convenientes, de expresar nuestros sentimientos y necesidades. El comportamiento de algunos niños resulta inconveniente para los demás, pero no es «malo».

Es tu labor descifrar el comportamiento de tu hijo. En lugar de dividir a nuestros hijos en «buenos» y «malos», debemos hacernos preguntas. ¿Qué intenta transmitir su comportamiento? ¿Podemos ayudarlos a comunicarse de un modo más conveniente? ¿Qué nos dicen con sus cuerpos, con los sonidos que emiten y con las palabras que eligen? Y una pregunta muy difícil de responder: ¿Hasta qué punto su comportamiento es un reflejo del tuyo?

EL JUEGO DE LA VICTORIA Y LA DERROTA

En una ocasión, cuando mi hija tenía tres años, quiso ir andando a comprar a unas tiendas cercanas, de modo que dejé su carrito en casa. Ya de regreso, Flo se detuvo y se sentó en el primer escalón de entrada de una casa. Pensé por instinto «¡oh, no!», porque mentalmente estaba más en el futuro que en el presente; ya me veía dejando la compra para relajarme y descansar. En mis planes no estaba descansar a medio camino de vuelta a casa. Sin embargo, en aquel momento, Flo estaba descansando.

Entonces me di cuenta de que no importaba cuándo llegásemos a casa. Dejé las bolsas y me agaché a su lado. Flo estaba mirando una hormiga que recorría una grieta en la acera. En ocasiones desaparecía en el interior de la grieta y después volvía a aparecer. La observé con ella.

Un señor mayor se nos acercó y me preguntó: ¿Gana ella? Entendí a qué se refería de inmediato. Se refería a si Flo se estaba saliendo con la suya en la guerra de voluntades entre madre e hija. Yo conocía bien esa guerra. Mis padres creían en ella hasta el punto de pensar que si un niño se salía demasiado con la suya, en lo que fuese, era malo para él.

Sin embargo, tu hijo y tú estáis en el mismo bando: ambos queréis sentiros satisfechos en vez de frustrados. Ambos queréis llevaros bien y tener una buena conducta. El señor nos sonrió muy seguro de sí mismo. Solo intentaba ser agradable y decidí no discutir con él. No le dije algo en plan «estamos en una relación, no en una batalla»; me limité a decirle que estábamos observando a una hormiga y le devolví la sonrisa. Él continuó su camino, igual que la hormiga. Flo y yo nos levantamos y continuamos el nuestro.

Como ya he dicho, todo comportamiento es comunicación, así que detrás de un comportamiento encontrarás los sentimientos. Cuando descubres el sentimiento que se oculta detrás de un determinado comportamiento y empatizas con él, y después lo verbalizas, ayudas al niño a utilizar las palabras para expresarse y a mitigar la necesidad de reaccionar en función de ese sentimiento.

En el ejemplo anterior me di cuenta de que Flo, que no estaba acostumbrada a caminar tanto rato, se sentía cansada y deseaba descansar. Pensé en lo abrumada que se habría sentido por todo lo que veía y escuchaba a su alrededor; posiblemente, no había aprendido a no hacer caso de todo lo que no era relevante para ella, como los adultos hacemos automáticamente, y de ahí su necesidad de concentrarse en una sola cosa. Resulta más conveniente pensar en una situación desde el punto de vista del niño, no desde el tuyo. El mío en aquel caso sería este: quiero llegar a casa, ella me está entreteniendo, es mi deseo contra el suyo.

Tradicionalmente se pensaba que no debíamos dejar que los niños «se saliesen con la suya». Creo que era eso lo que el señor intentaba decir con su pregunta de «¿gana ella?»; era una especie de «cría cuervos y te sacarán los ojos», que implicaba que yo tendría problemas en el futuro por transigir. Oigo hablar de esto continuamente cuando se relatan casos de rabietas. Los padres parecen temer tanto las rabietas que piensan que el menor atisbo de una significará que el niño no dejará de tenerlas nunca. En este juego de no permitir que se salgan con la suya no hay ganadores. Solo hay manipulación, no relación. El juego no es real. Es algo que se inventan los padres.

Ese enfoque se basa en una fantasía sobre lo que ocurrirá en el futuro en lugar de lo que está sucediendo en el presente. Lo que sucedía en nuestro presente era que Flo estaba descansando antes de seguir nuestro camino.

El juego de la victoria y la derrota puede llegar a afianzarse como una dinámica, y eso perjudica a las relaciones. Al dominar a un niño, le enseñamos a dominar. ¿Y si tu hijo adopta el patrón de pensar que es normal y deseable imponer su voluntad a los demás? ¿Qué imagen se creará entre sus compañeros de clase?

Si tu manera de criar a tus hijos pasa en gran medida por imponer tu voluntad sobre la suya, los patrones de relación que aprenderán pueden ser dañinos. Si un niño aprende una selección de roles tan limitada («el que hace» y «el que recibe» o, dicho de otro modo, el dominante y el sumiso), su potencial como persona se verá considerablemente limitado. Por ejemplo, si los modelos con los que tiene más experiencia son los de víctima y acosador, podría acabar convirtiéndose en un acosador o encontrándose automáticamente en el papel de víctima.

El juego de ganar y perder también tiene consecuencias para el repertorio emocional de los niños. Perder una batalla de voluntades puede implicar una humillación. Y la consecuencia de sentirse humillado no es que la persona se vuelva humilde, sino que se enfada. Esa ira puede dirigirse hacia uno mismo y provocar depresión, o hacia fuera, contra el mundo, lo cual genera un comportamiento antisocial.

Por tanto, si no es con ese patrón de ganar y perder, ¿cuál es el mejor modo de ayudar a un niño a portarse bien en todo momento?

En general, una máxima útil para convivir con niños es actuar según lo que funcione en el momento presente, de acuerdo con la realidad, y no en función de lo que temes que podría suceder en el futuro, lo cual entra en el terreno de la fantasía.

ACTUAR SEGÚN LO QUE TE FUNCIONE EN EL PRESENTE EN LUGAR DE FANTASEAR CON LO QUE PODRÍA OCURRIR EN EL FUTURO

Gina, una de mis pacientes, estaba destetando a su hija. El único modo de conseguir que comiese era cantándole mientras se tomaba sus verduras y sus espaguetis sentada en su alfombra especial, en medio de la habitación. La niña era feliz así, y dado que comía, Gina también estaba contenta.

En ocasiones nos enredamos en historias sobre el futuro: ¿Y si la única manera de que llegue a comer es cantándole? ¿Y si nunca aprende a dormir solo en su cama? ¿Y si no quiere dejar el chupete? ¿Y si el señor Blandengue tiene que acompañarle a la oficina en su primer día de trabajo? Sin embargo, esas historias no son más que eso: historias. En el ejemplo anterior, si Gina se hubiese preguntado si aquella era la única manera en que podría conseguir que su hija comiese, si se negaría para siempre a comer en una mesa, se habría preocupado por las comidas en el colegio, en restaurantes, incluso en la primera cita de su hija. Sin embargo, créeme: casi todo es una fase en el caso de los niños. Por tanto, está bien que actúes según lo que te funcione en el presente, por muy extraño que parezca.

Creo que actuar según lo que le funcione a cada uno en el momento presente resulta especialmente útil en el caso del descanso nocturno. Si la única manera de que todos durmáis consiste en juntar dos camas dobles y meter a toda la familia en ellas, no te preocupes por mañana: duerme hoy. Al final, tu hijo querrá su propia cama. Se hartará de vuestros ronquidos.

Si lo que funciona deja de funcionar, introduce un cambio. Pero que sea un cambio con el que todos ganéis, en la medida de lo posible, o que al menos no haya ganadores y perdedores. Una actitud flexible facilitará las cosas.

CUALIDADES QUE NECESITAMOS PARA TENER UNA BUENA CONDUCTA

Como ya he dicho, tu tarea consiste en dar ejemplo de buena conducta, comportarte con tu hijo y con los demás con la misma actitud empática y esperar que tu hijo adopte esa misma conducta. Además, existen cuatro cualidades básicas que todos necesitamos desarrollar para socializar o comportarnos de manera adecuada:

1. Capacidad de tolerar la frustración.
2. Flexibilidad.
3. Capacidad de resolver problemas.
4. Capacidad de ver y sentir las cosas desde el punto de vista de los demás.

Para poner todo esto en contexto, conseguí 1) tolerar mi frustración cuando Flo quiso sentarse en un escalón al volver de comprar, mientras yo quería irme a casa. Me mostré flexible 2) porque cambié mis expectativas sobre el ritmo de nuestra vuelta a casa. Resolví el problema 3) de Flo, que necesitaba un descanso, permitiéndole hacer una pausa y 4) utilicé mi capacidad de ver el deseo de descansar desde la perspectiva de Flo. De hecho, logré ver la situación también desde la perspectiva del señor, y de ese modo conseguí comportarme de manera adecuada con mi hija y con él.

Algunos niños aprenden las cuatro habilidades de la conducta social de manera natural porque imitan automáticamente a quienes los rodean. Sin embargo, las edades a las que los niños alcanzan logros varían mucho, también en este caso. Algunos niños son capaces de leer antes de los tres años; yo no aprendí a leer con fluidez hasta los nueve. Algunos corretean antes de cumplir un año; otros prefieren seguir gateando al año y medio. Y del mismo modo que las habilidades físicas se aprenden a diferentes edades, cada niño desarrolla sus habilidades conductuales a su ritmo.

Con frecuencia oigo a madres y padres decir que su hijo «los vuelve locos», lo que significa que «soy incapaz de conseguir que mi hijo deje de gritar/llorar/lloriquear/pedir» o lo que quiera que le saque de sus casillas. Creo que cuando un niño se comporta de un modo que consideras inadecuado, no se puede considerar una elección como en el caso de un adulto. Los niños desean que los queramos, desean conectar, quieren ser amigos. En ocasiones necesitan tanto nuestra atención que conseguir que les prestemos una atención negativa es mejor que sentirse ignorados.

Cuando se trata de gestionar tus propias emociones respecto a tu hijo, te ayudará entender la emoción y las circunstancias que han llevado al niño a comportarse de un modo con el que te cuesta lidiar.

De entrada, algunos niños parecen difíciles de entender y de consolar. Podría tratarse de un cólico o de otro tipo de malestar (por ejemplo, las luces o los ruidos), o que tiene el pañal sucio, o que tiene miedo, o que está cansado, o que es muy sensible, o un largo etcétera. En muchos casos no tenemos ni idea del motivo del malestar del niño, pero eso no significa que no debamos intentar calmarle. Otra posibilidad sería que tu hijo se calmase rápidamente de bebé, pero que después tenga dificultades de autocontrol. Calmarlo y aceptarlo en todas sus fases te ayudará a acompañarlo hacia su siguiente fase, algo que te costará mucho más si pierdes la paciencia.

Por lo general, la frustración de un niño aparece cuando el desafío que supone hacer algo es demasiado grande y no es capaz de manejar la situación. El momento de mayor frustración de un niño se produce inmediatamente antes de dominar una nueva fase o habilidad. Antes de caminar, hablar, pensar, escribir, desarrollar la propia sexualidad o ser independiente, el niño se muestra más irritable. Puedes pensar que el arrebato, la rabieta o el enfado inapropiado de tu hijo se debe a una fase del desarrollo que todavía no ha alcanzado en lugar de considerarlo una intervención planificada e intencionada. Si observas a un niño durante una rabieta, comprobarás que no se lo está pasando bien. Nadie elegiría sentirse así si creyese que tiene otra opción.

Otra cosa que se dice con frecuencia es que los niños se portan mal porque sus padres son permisivos. No es cierto: muchos padres permisivos tienen hijos cuya conducta no supone un problema para sí mismos ni para los demás. Y existen padres y madres más estrictos con hijos que se comportan de manera inadecuada a pesar de la constancia y la rectitud de los progenitores. En ocasiones, que un niño se porte bien o mal tiene menos que ver con el hecho de que sus padres sean estrictos o permisivos, y más con la rapidez con la que aprenden las cuatro habilidades: tolerancia de la frustración, flexibilidad, capacidad de solucionar problemas y capacidad de tener en cuenta a los demás.

Cómo aprender a comportarse adecuadamente en vez de adoptar un comportamiento antisocial no es una ciencia exacta. Lo que lleva a un niño a portarse bien podría no tener los mismos resultados en otro niño. Los niños son personas, no máquinas. Queremos que sean capaces de conectar y relacionarse, no que se conviertan en robots. No me entusiasman las listas con pegatinas ni los sobornos porque sirven para juzgar conductas, no para desarrollar relaciones. Con ellos, los niños no aprenden nada sobre tolerancia, frustración, flexibilidad o resolución de problemas, ni a ponerse en el lugar de los demás. Las gráficas de comportamiento son manipuladoras. Un engaño. Si manipulamos a los niños, después no nos quejemos si aprenden a manipular. Creo en relacionarnos con los niños, no en condicionarles para que deseen acumular pegatinas de estrellitas.

Cuando nos portamos bien, rara vez es porque busquemos una recompensa o por temor al castigo, sino porque comportarnos de manera considerada con los demás nos resulta natural. Es porque hemos aprendido que la colaboración implica una vida más armoniosa que el enfrentamiento. No hacemos favores o tenemos en cuenta los sentimientos de los demás porque temamos un castigo si no lo hacemos; ayudamos a los demás porque queremos facilitarles la vida. Queremos que nuestros hijos actúen con consideración y empatía hacia los demás, no que su única motivación sean las inflexibles ideas del castigo y la recompensa material. Dicho esto, no conozco a un solo padre o madre (y me incluyo) que no haya recurrido a un soborno en algún momento. Sin embargo, los sobornos deberían ser la excepción, no la regla.

El mejor modo de conseguir que los niños se interesen por las tareas cotidianas (por ejemplo, poner y vaciar el lavavajillas) es dejarlos jugar a ellas cuando son muy pequeños (recuérdalo: el juego es un trabajo). Tu hijo te imitará cuando colabores en sus juegos y él colaborará contigo. Y después de lo que puede parecer mucho tiempo (lo admito), tendrás en tu casa a una persona que vacía el lavavajillas porque quiere colaborar, no porque le sobornas para que lo haga. Algunas personas creen que está bien pagar a sus hijos para que realicen tareas porque así aprenden, según ellas, el valor del dinero. Sin embargo, creo que para enseñar a un niño el valor del dinero debemos enseñarle el valor de las personas.

Los niños aprenden su conducta a partir del trato que reciben. Aprenden a decir «por favor» y «gracias» cuando se les trata con gratitud y respeto. Después lo interiorizan. Si te limitas a inculcar a tu hijo que diga esas cosas, es posible que nunca aprenda a sentirlas. Como padres podemos llegar a sentirnos avergonzados cuando alguien entrega un regalo a nuestro hijo y este no le da las gracias; queremos que todo el mundo quiera a nuestro hijo tanto como nosotros y no queremos que dañe nuestra imagen. Sin embargo, en un caso así debemos dejar nuestro narcisismo a un lado y dar las gracias nosotros mismos para que la otra persona no sienta que no se valora lo que ha hecho; de ese modo no humillaremos a nuestro hijo obligándole a decir algo que tal vez no sienta. Los niños aprenden a mostrar una auténtica gratitud cuando se les demuestra antes. Ese aprendizaje empieza cuando les damos las gracias por esas falsas tazas de té que nos ofrecen cuando jugamos durante horas. No son horas en vano, sino horas invertidas.

SI TODA CONDUCTA ES COMUNICACIÓN, ¿QUÉ SIGNIFICA UNA CONDUCTA INADECUADA?

¿Cómo puedes entender el posible significado que tiene la mala conducta de tu hijo? Empieza por pensar en vuestros peores momentos. Yo sé que estoy en el peor momento cuando la gente que me rodea no me entiende y parece que ni siquiera lo intenta. Me cuesta mucho comportarme bien si necesito que alguien me preste atención y me ningunea. Me siento estresada cuando una expectativa, un deseo o un plan que tenía se va al traste debido a cosas que escapan a mi control, cuando se espera de mí que haga algo que considero imposible, o cuando me encuentro en una situación que ya no puedo soportar más. Cuando tu hijo reacciona por frustración, probablemente se debe a circunstancias similares. Es posible que llore, o se enfurruñe, o grite, o dé patadas o tire cosas, o incluso que se zarandee hasta el punto de hacerse daño.

Toma nota de las ocasiones en las que reacciona de ese modo. ¿Cuáles son sus factores desencadenantes? ¿Con qué frustraciones tiene más dificultades? ¿Tu estado de ánimo tiene algo que ver? Tienes que convertirte en un observador, porque si preguntas a tu hijo, es posible que no sepa por qué ha reaccionado de esa manera. Probablemente dirá algo del tipo «no es justo» o incluso «no lo sé».

El problema es que cuando estamos enfadados, ese sentimiento es tan dominante que resulta difícil verbalizarlo. Y a un niño pequeño le resulta todavía más difícil expresar por qué algunas situaciones le parecen complicadas o imposibles de afrontar. En ocasiones, esto es aplicable también a nosotros como padres. Veamos el siguiente ejemplo. Es un correo electrónico que recibí de Gina, que tiene una hija llamaba Aoife.

> Esta tarde me he quedado atrapada en un tren durante una hora cuando volvía de Londres, así que no he llegado a la guardería para recoger a Aoife hasta las 17:40, más de media hora tarde. Cuando llegué, ella estaba bien, jugando despreocupadamente con un niño. Pero en cuanto nos fuimos, Aoife empezó a comportarse... voy a decirlo porque es

lo que estoy pensando... como una malcriada. Recorrió el pasillo arriba y abajo, corriendo y gritando «¡no, no, no!», cuando le pedí que se pusiese el abrigo. Me sentí completamente fuera de control, como si ella me estuviese dando mil vueltas. Sentí mucha vergüenza ante los demás padres. Para intentar parecer efectiva le dije que aquella noche se quedaría sin postre si continuaba así... pero no sirvió de nada, por supuesto.

Los niños de los demás no se comportan así en la guardería. Aoife siempre parece la traviesa. Una vez fuera, continuó portándose mal. No quería ir en su sillita, no quería ponerse el gorro, ni los guantes. Yo tenía que ir a la farmacia; allí, Aoife no quiso darme la mano y no dejó de tocar las cosas de los estantes. En el mostrador empezó a gritar. Al intentar ponerla en su sillita, casi acabamos peleándonos mientras ella no dejaba de gritar. De nuevo me sentí fuera de control y completamente inútil porque mi hija estaba portándose muy mal y yo era incapaz de controlarla.

Cuando llegamos a la esquina de nuestra calle, me di cuenta de que al batallar tanto con Aoife para que se pusiera el abrigo me había dejado lo que había comprado para la cena en el porche de la guardería. Volví a toda prisa, pero estaba cerrada. Me sentí desesperada. Estaba muy enfadada con Aoife, más enfadada que nunca, porque ante la gente de la guardería iba a parecer todavía más estúpida, un asco de madre.

Cuando llegamos a casa y vi a mi pareja, rompí a llorar. Estaba de pie, de espaldas a Aoife, llorando. Esa situación también me hizo sentir mal porque ¿quién llora delante de sus hijos? ¿Por qué soy tan mala madre?

Esto es lo que le respondí:

Es terrible llegar tarde por quedarse atrapada en un tren durante toda una hora. Yo me habría estresado mucho, me habría sentido muy frustrada y muy triste imaginando lo horrible que era que fuese a llegar tarde a recoger a mi hija. Me preocuparía mucho que en la guardería pensasen que soy una descuidada por llegar tarde. Me preocuparía que mi hija se preocupase. Sabiendo que este tipo de situaciones me ponen muy nerviosa, estaría con el alma en vilo y necesitaría que todo lo demás fuese como la seda, que se restableciese la rutina. Así, iría con tanta prisa por recuperar el ritmo que no pensaría en cómo podría estar sintiéndose Aoife. Intentaría que se portase bien porque no me quedaría ni un ápice de energía emocional para aflojar un poco y averiguar cuáles eran los sentimientos de Aoife y cómo calmarla. Me sentiría abochornada si los demás viesen a mi hija presa de una rabieta y a mí aparentemente incapaz de hacer algo al respecto en lugar de presenciar una escena de amor y colaboración entre nosotras (también puedo decir, ahora que me encuentro a bastante distancia de esos años, que todos hemos pasado por eso). Me sentiría fatal ante la idea de lanzar alguna amenaza. Y después está lo de olvidar la compra para la cena: habría sido demasiado. Yo también habría roto a llorar en cuanto encontrase los brazos seguros de alguien que me conoce y me quiere.

Y ahora voy a intentar ponerme en el lugar de Aoife:

Hola, mamá. Todavía no sé escribir, e incluso mi lenguaje oral es limitado, pero si pudiese explicarme, esto es lo que diría:

Estaría bien que en lugar de etiquetarme de «malcriada» y poner excusas intentases averiguar qué está sucediendo entre nosotras.

En la guardería me sentía inquieta porque parecía que tú tenías que haber llegado y yo debería estar contigo. Después, cuando llegaste, yo estaba jugando a un juego complicado. Me dijiste que nos íbamos inmediatamente y que me pusiese mi abrigo. Yo me negué. Tú insististe y después yo grité, y después tú estabas enfadada. No fue bien.

Veamos por qué dije «no». Me he acostumbrado a decirlo cuando las cosas van demasiado rápido para mí y quiero que vayan un poco más despacio. No intento ser difícil o manipuladora, solo es una reacción automática porque odio los cambios repentinos e inesperados. Estabas tan despistada y acelerada que no pude conectar contigo, y eso me asustó, y cuando me asusto, también me enfado. Tú siempre estás pensando en lo que tiene que pasar en el futuro, pero yo vivo en el presente y necesito que estés en el presente conmigo. Si no, me siento sola y me enfado.

Cuando llegaste tarde, yo necesitaba que bajases el ritmo y que me explicases qué te había pasado para que llegases tarde. Después tendrías que haberme explicado qué iba a ocurrir a continuación para que yo pudiese entenderlo. Todavía no he aprendido a ser flexible, así que necesito más tiempo que tú para hacer los cambios. Ponerme el abrigo y dejar lo que estaba haciendo, las dos cosas a la vez, eran demasiado para mí. Seguro que si tú estuvieses en medio de un trabajo complicado, y eso es el juego para mí, te sentirías frustrada si te interrumpiesen.

Cuando quieras que deje de hacer algo, lo que sea, jugar o corretear, lo que necesito es un aviso. Necesito un aviso específico para cada cosa: para dejar de jugar, para ponerme el abrigo, para sentarme en la sillita... Además, necesito un espacio para asimilar cada cosa. Dime cuál es el plan cuando lo sepas y dame la oportunidad de asimilarlo y entenderlo. Necesitaría un aviso cinco minutos antes de dejar de jugar, y es posible que no me guste cuando me lo digas. Después, un aviso tres minutos antes. Y un minuto antes. Si de todas maneras no puedo soportar la idea de ponerme el abrigo cuando estamos a cubierto, llévalo hasta la calle y pídeme que me lo ponga entonces. Un cambio que odio con todas mis fuerzas es cuando tengo que pasar de corretear a sentarme en la sillita. Mi energía no tiene adónde ir, así que me sale en forma de frustración.

Cuando me dices que no diga «no» o que deje de correr, o de gritar, y me explicas las consecuencias, no me ayuda. Todavía no he aprendido la capacidad de ver más allá del presente y entender los posibles resultados de mi comportamiento. Esas vías neuronales se pondrán en marcha a su debido tiempo. Por el momento, cuando me riñes, pienso que no me entiendes, y entonces siento más miedo y rabia, y tengo que decir «no» todavía más. Cuando me siento agobiada, no puedo estar quieta y callada.

Lo que ayudaría sería que intentases identificar mis dificultades y lo dijeses de una manera que yo entienda. Por ejemplo, «te sientes frustrada porque no quieres dejar este juego tan divertido». Al poner en palabras mis frustraciones y mis miedos, yo también empezaré a aprender a utilizar las palabras. Así podré comunicarme mejor y será menos probable que pierda el control.

Si te enfadas, o si me dices que me estoy comportando como una tonta, me cerraré en banda o gritaré. Sé que te resulta difícil pensar en relacionarte conmigo en lugar de obligarme a hacer cosas o comportarme de una determinada manera cuando estás estresada y tienes prisa. Pero cuando tenemos un intercambio en el que me siento unida, visible, querida y entendida, entonces me siento tranquila y mis sentimientos no explotan y me hacen comportar de un modo inadecuado.

En la farmacia, si me hubieses dicho lo que pensabas y hacías, podría haberte ayudado. Pero solo me dijiste que me portase bien, así que te copié y cogí cosas de los estantes. Por favor, inclúyeme en lo que estés haciendo, aunque creas que no tienes tiempo. Te va a llevar mucho tiempo de todos modos, porque en ese momento lo consumes riñéndome.

Aunque llorases, papá te demostró que te quiere y te abrazó. Qué bien que entendiese que te habías olvidado la compra. Eso es lo que necesito yo. Si nos hubiésemos abrazado en la guardería cuando yo estaba molesta porque tenía que dejar de jugar, creo que a las dos nos hubiese ido mejor. Mamá, como sabes que tú y yo estaremos juntas para siempre, de cara al exterior te preocupas más de lo que piensen los demás. Lo entiendo, pero no sirve de nada que te juzgues según la opinión de los demás.

Muy pronto, mamá, seré capaz de tolerar la frustración, de ser flexible respecto a los planes, de verbalizar mis sentimientos en vez de portarme mal, y también aprenderé a tener en cuenta tus sentimientos, porque lo aprenderé de ti cuando tengas en cuenta los míos.

Y no te preocupes por ser una buena o una mala madre. Eres la mejor mami del mundo y la única que quiero.

INVERTIR TIEMPO DE MANERA POSITIVA AHORA, NO DE MANERA NEGATIVA MÁS TARDE

Ser padres siempre va a ser una labor que requiere mucho tiempo. Es mejor invertir ese tiempo de manera positiva previniendo los problemas, en vez de invertirlo de manera negativa cuando el problema ya ha aparecido. Si vas demasiado rápido para el ritmo de tu hijo, si no verbalizas sus sentimientos en su nombre, si no le avisas de tus planes, si no le incluyes en ninguna tarea, tendrás que invertir el tiempo que pensabas que te habías ahorrado en reñirle. No hay manera de no invertir tiempo en tu hijo, así que ¿por qué no lo inviertes de manera positiva? Me alegra decir que cuando Gina aprendió a bajar el ritmo, a mantener el contacto con Aoife viviendo en el presente, a ver las situaciones desde el punto de vista de su hija y a verbalizarlas en su nombre, el comportamiento de la niña mejoró.

Ejercicio: Cómo prever las dificultades

Si deseas cambiar una situación que a tu hijo le resulta difícil, o si sabes que se acerca una nueva situación que puede ser complicada, te ayudará imaginar cómo te sentirías en la piel de tu hijo y qué diría si pudiese identificar sus sentimientos, articularlos... y saber qué le sería de ayuda. Prueba a escribirlo en una carta de tu hijo o tu bebé dirigida a ti, como he hecho antes con Aoife. Escribirlo puede ayudarte de verdad a ponerte en la piel de tu hijo, y los dos veréis con mayor claridad el modo de estar más tranquilos.

AYUDAR A MEJORAR LA CONDUCTA VERBALIZANDO LOS SENTIMIENTOS

Cuando queremos que un niño (¡o cualquiera!) ponga fin a una determinada conducta, resulta útil sugerirle una alternativa. Así ocurre en el siguiente ejemplo: Junior, el hijo de cuatro años de

John, lloraba cada mañana al despertarse, corría a la habitación de sus padres y continuaba llorando hasta que recibía un abrazo.

Una mañana, John le sugirió a su hijo que probase una nueva táctica: ir a su habitación sin llorar. Puedes decir: «Buenos días, mamá y papá. Me gustaría un abrazo, por favor», le dijo. Junior lo probó, pero las lágrimas no desaparecieron.

La mamá preguntó a Junior: «¿Te sientes solo cuando te despiertas?». El niño asintió. Le sugirieron que probase a decir lo siguiente: «Buenos días, mamá y papá. Estoy solo y me gustaría un abrazo, por favor». Esto dio un giro a la situación. Junior empezó a entrar en la habitación todas las mañanas dando saltitos, decía su nueva frase y recibía un abrazo.

Al cabo de unos días, los padres le dijeron: «No parece que estés solo. ¡Puedes estar contento y también te abrazaremos!». Al final, la nueva frase matutina de Junior fue esta: «Estoy bien y quiero un abrazo».

La historia de John y Junior demuestra que expresar los sentimientos con palabras puede cambiar las cosas. Y esto sirve también para los adultos.

Como padres, puede resultar difícil identificar los sentimientos de los hijos detrás de las lágrimas y los gritos porque no queremos pensar que están sufriendo. Parece que verbalizar el sufrimiento vaya a empeorarlo, pero no es así: normalmente ocurre lo contrario. Se requiere tiempo para verbalizar las cosas, pero a un niño angustiado le costará todavía más encontrar las palabras adecuadas, de modo que está en tus manos.

Cuando Flo era muy pequeña, la llevaba a la piscina local. Un día no pude ir, así que la llevó mi marido. La sesión de natación fue bien hasta que llegó el momento de marcharse y mi marido se giró para salir por las escaleras. Nosotras siempre entrábamos por las escaleras y salíamos por el ascensor. De modo que Flo, que entonces tenía veintidós meses, dijo «no» y se sentó en el suelo.

Aquella era una conducta inadecuada, ya que encaja en la definición normal de «mal» comportamiento. Pero Flo no se estaba portando mal, sino que solo quería que la rutina fuese como siempre. Todavía no había aprendido a ser flexible ni a articular con claridad lo que quería. En lugar de tomarse el tiempo necesario para averiguar a qué venía el «no», mi marido (con prisa y estresado) la cogió para subir las escaleras. Y eso no era lo que Flo quería, de modo que se puso a llorar. Cuando llegaron a casa, los dos estaban muy enfadados. Después de escuchar lo que había pasado, miré a Flo a sus grandes ojos azules, todavía empapados en lágrimas, y le pregunté: «Querías pulsar el botón del ascensor, ¿verdad? —Ella asintió ligeramente con la cabeza—. Y papá no sabía que por eso querías subir en el ascensor y no utilizar las escaleras, ¿verdad?». Flo negó con la cabeza.

Lo que aprendimos de aquella experiencia es que si vas a desviarte de una rutina instaurada y muy querida, lo más probable es que sea necesario avisar varias veces, ponerte en la piel del otro y, posiblemente, practicar un poco.

CUANDO LAS EXPLICACIONES NO AYUDAN

Yo tuve la suerte de saber qué había ido mal. Sin embargo, resulta habitual que no sepamos a qué vienen determinadas situaciones. Por ejemplo, podrías llevar a tu hijo a un sitio que crees que le gustará, como la piscina, pero el episodio acaba en lágrimas y parece imposible averiguar por qué.

Resulta normal que busques saber con cierta certeza el motivo por el que tu hijo llora, grita o se niega a hacer algo (de lo contrario, sientes que no tienes el control), pero está muy bien no saber y mantener la curiosidad. El motivo que más esgrimen los padres es que «ah, es que está cansado», que podría ser o no un elemento más de la situación. Sin embargo, recuerdo que de pequeña escuchaba esa explicación y yo me enfadaba aún más porque no era un reflejo exacto de mis sentimientos y acababa sintiéndome incomprendida. A los padres les encanta esa explicación, pero creo que todos sabemos quién está cansando en realidad, ¡y no es el niño!

Existen algunas interpretaciones de la conducta inadecuada de un niño que incluso podrían resultar dañinas si el pequeño las escucha. Si estás abierto a reconocerlas en ti, ya habrás dado el primer paso para la reparación:

«Solo lo hace para llamar la atención»

Todos necesitamos atención, tengamos la edad que tengamos. Si un niño recibe suficiente atención y tiene la seguridad de que la recibirá cuando la necesite, no tendrá que desarrollar maneras inapropiadas de conseguirla. Si es cierto que tu hijo hace algo inoportuno para llamar la atención, dile que la pida en lugar de portarse mal.

Mi hija tenía la costumbre de pedirme una manzana cuando en realidad no le apetecía. Lo que quería era verme contenta y que le sonriese. Cuando observé que no se comía las manzanas que le daba, caí en la cuenta y le dije que pidiese mi atención en lugar de manzanas. Se convirtió en un juego divertido entre nosotras y malgastamos bastantes menos manzanas. Y Flo no sentía ningún reparo por desear lo que todos deseamos en ocasiones: atención.

«Me está manipulando»

Los niños muy pequeños no tienen las habilidades necesarias para practicar la malicia premeditada. No urden un plan para molestarnos, sino que simplemente son ellos mismos. Los bebés y los niños son sus sentimientos; todavía no han aprendido a observar sus sentimientos, averiguar qué quieren y pedirlo. Para eso necesitan ayuda.

Cuando tu hijo tiene un acceso de llanto, con patadas y movimientos bruscos de cabeza, no está llevando a cabo una estrategia planificada: está siendo sus sentimientos y necesita ayuda para expresarlos de la manera más conveniente. Lo conseguirá con el tiempo.

Si crees que tu hijo un poco más mayor intenta engañarte y su rabieta se parece más a la actuación de un aficionado al teatro que a una rabieta de verdad, puedes explicarle cómo experimentas tú ese comportamiento y expresar con palabras lo que podría estar intentando decirte. Por ejemplo, «creo que estás intentando engañarme para librarte de los deberes. Supongo que te sientes solo haciéndolos por tu cuenta. Me sentaré a tu lado mientras los haces».

«Sabe cómo sacarme de mis casillas»

Solo porque te resulte desagradable cómo reacciona tu hijo a la frustración, no significa que sea consciente del impacto que tiene o que sepa calcular cómo lograr ese impacto. Mi hija no intentaba enfurecerme cuando se sentó en un escalón de vuelta a casa, aunque por un momento me sentí frustrada. Tampoco intentó sacar de sus casillas a su padre cuando se sentó en el suelo en la piscina; simplemente, aún no tenía las palabras necesarias para explicar lo que quería. Los niños aprenden a utilizar el vocabulario para describir cómo se sienten y qué quieren si les enseñamos a hacerlo con el ejemplo. Piénsalo: aprender esa habilidad resulta mucho más complicado que aprender a pedir una galleta, por ejemplo (sobre todo cuando se trata de emociones intensas).

«Le pasa algo»

Algunos niños tardan más que otros en aprender las habilidades sociales; algunos tienen más dificultades para lidiar con la frustración; algunos tardan más en ser flexibles y tener la capacidad de resolver problemas... Y todo ello plantea algunas dificultades para los niños y para nosotros. La mayoría de la gente creerá que sentarse en el suelo y ponerse a berrear por tener que utilizar las escaleras en lugar del ascensor resulta adecuado por edad para un niño muy pequeño, pero ¿y si ocurre a los seis o siete años? Según las expectativas, un niño de esa edad ya debería haber superado esa fase. Sin embargo, algunos niños necesitan más ayuda para entender qué sienten y encontrar las maneras adecuadas de expresar o contener los sentimientos. Lo que de verdad les ayuda es que esos sentimientos se expresen de manera precisa, y que lo haga alguien que está a su lado: tú.

No siempre serás capaz de entender qué está pasando, pero mostrarte amable, en vez de punitivo, ante la angustia del niño fomentará la colaboración en el futuro y nutrirá vuestra relación en lugar de entorpecerla.

Si necesitas ayuda o consuelo por el comportamiento de tu hijo porque parece atascado en una fase que sus compañeros ya han superado, consulta con un terapeuta familiar o un trabajador social. Tu médico o el personal del colegio deberían poder guiarte hacia la ayuda que necesites. Si es el caso, obtendrás un diagnóstico que podría resultar un alivio y te serviría para buscar ayuda más especializada y apoyo.

La parte negativa de un diagnóstico es que parece una sentencia, un punto final. Significa que puede cerrar una puerta que permitía observar y aprender a entender los sentimientos detrás de un comportamiento. Un diagnóstico puede convertirse en una excusa para un comportamiento. Y al poner una etiqueta, corres el riesgo de pensar que las cosas nunca mejorarán y de perder el optimismo.

Todavía resulta peor que se acabe medicalizando una situación que no lo necesita. Veamos el caso del TDAH. Piensa en esto: se diagnostican más casos de TDAH en niños nacidos en agosto que en niños nacidos en septiembre. Creo que esto demuestra que las autoridades tienden a decidir que los nacidos en agosto presentan un trastorno en lugar de pensar que son menos maduros que sus compañeros nacidos casi un año antes. No digo que toda la medicina diseñada para inhibir conductas sea mala, solo que debería ser el último recurso.

Si sientes que eres incapaz de lidiar con la conducta de tu hijo, no lo dejes para mañana y busca ayuda profesional. Cuanto más prolonguemos hábitos que no ayudan en la relación con nuestros hijos, más tardaremos en desenmarañarlos.

¿CÓMO DE ESTRICTOS DEBERÍAN SER LOS PADRES?

Los tres enfoques principales para intentar dirigir la conducta infantil suelen ser estos: 1) ser estricto; 2) ser permisivo; 3) colaborar.

1. Probablemente, ser estricto es el enfoque más habitual cuando tratamos de que los niños sean disciplinados. Se trata de imponer tu voluntad de adulto sobre la del niño. Por ejemplo, insistes en que tu hijo ordene su habitación y le castigas si no lo hace.

A nadie le entusiasma que otro le imponga su voluntad, y los niños no son una excepción. Algunos niños son muy obedientes, pero no todos lo son, ni mucho menos. Este modo de actuar provoca distanciamiento, ganadores y perdedores, humillación y rabia.

El peligro es que lo que transmites es que hay que «tener razón», «ser inflexible» y mostrar una baja tolerancia a la frustración. Al imponerle tu insistencia a tu hijo, podrías estar enseñándole (sin darte cuenta) que siempre debe tener la razón, y a ser inflexible e intolerante.

Así entrarías en un círculo de inflexibilidad recíproca o, por decirlo de otro modo, en distanciamientos y enfrentamientos a gritos, o en la negativa de tu hijo a comunicarse contigo. No es una buena estrategia a largo plazo para disfrutar de una relación relajada con tu hijo. Esto no significa que no puedas decir de vez en cuando: «¡Quiero los juguetes recogidos ahora mismo!», pero tiene que ser un estilo de comunicación excepcional, no el habitual.

Si eres autoritario en tu manera de relacionarte con tu hijo, también estarás poniendo en peligro su futura relación con la autoridad. Podría tener dificultades para colaborar con la autoridad o para ser líder, o bien podrías estar criando a un futuro dictador. Resumiendo: imponer tu voluntad a tu hijo de manera habitual no es la mejor manera de fomentar la moralidad y la colaboración, y tampoco es una buena manera de tener una relación positiva con él.

2. Cuando eres permisivo, no transmites normas ni expectativas a tu hijo. Con frecuencia, cuando los padres no imponen límites a sus hijos, se trata de una reacción de rechazo a una crianza dominada por la angustia y la aversión al riesgo, o bien de una reacción a su

propia crianza autoritaria. Algunos niños son capaces de establecer sus propias normas y expectativas, pero no todos. Un niño que no sabe qué se espera de él puede sentirse perdido e inseguro. En ocasiones, cuando los padres estamos decididos a no hacer lo que nuestros padres autoritarios hicieron con nosotros, podemos llegar demasiado lejos en la otra dirección y no imponer ni un solo límite a nuestros hijos. Si lo piensas, en esas situaciones, nuestro comportamiento obedece más a una reacción a nuestros propios padres que a la situación presente.

No obstante, la permisividad no es siempre negativa. En ocasiones es la mejor solución para una situación actual. Porque a veces conviene abandonar una expectativa que tenías para tu hijo por la sencilla razón de que todavía no está listo. Por ejemplo, a tu hijo mayor no le cuesta nada ordenar, pero al siguiente le agobia. Por tanto, en lugar de enfrentaros en una batalla en la que no habrá ganadores y que supondrá un desgaste de buena voluntad, deja la expectativa por el momento si el niño no está preparado para hacer lo que quieres que haga. Esto no significa que no debas insistir en que recoja sus juguetes. No se trata de darse por vencido, sino de decidir conscientemente que vas a posponer la imposición de un límite hasta que tu hijo esté preparado. Ser permisivo puede suponer una solución positiva a corto plazo, hasta que tu hijo esté listo para el método colaborativo.

3. El método colaborativo es el que tiene lugar cuando tú y tu hijo trabajáis juntos para resolver un problema. De este modo eres más un consejero que un dictador. Este es mi enfoque favorito porque se trata de buscar juntos una solución al problema.

¿Qué es el método colaborativo, y cómo funciona?

1. Define el problema definiéndote a ti mismo. «Necesito que tu habitación esté ordenada, y me gustaría que la ordenases tú».
2. Identifica los sentimientos que hay detrás del comportamiento. El niño podría necesitar ayuda con esto. Por ejemplo: «¿Crees que es injusto que tengas que ordenar tu

habitación cuando ha sido tu amigo el que la ha desordenado?». «¿Te sientes agobiado por la tarea y tienes la sensación de que vas a tardar una eternidad en acabarla?»

3. Valida esos sentimientos. «Entiendo que te parezca injusto», o «el principio de un gran trabajo puede parecer abrumador».
4. Plantead posibles soluciones. «Sigo queriendo que ordenes la habitación. ¿Cuál sería para ti la manera más fácil de hacerlo?»
5. Continúa hasta el final. Repite los pasos que necesites.

Y no juzgues a tu hijo.

El paso 2 puede resultar complicado, ya que cuesta decir algo que no quieres apoyar, pero si no reconoces un sentimiento que consideras inadecuado, es muy probable que tu hijo se ponga terco. Dado que tu hijo podría ser incapaz de articular todo lo que siente, tendrás que utilizar un enfoque en el que le ofrezcas varias opciones para descifrar los sentimientos que hay detrás del problema, como en el ejemplo anterior.

Cuando hayas determinado esos sentimientos, podrás redefinir el problema, pero no diciendo algo como «tu habitación está hecha un desastre; será mejor que la ordenes o tiraré todos tus juguetes». Así solo provocarías un sentimiento de vergüenza en tu hijo, además de ser una amenaza y generar resentimiento. Lo que hay que hacer en su lugar es empatizar. Se necesita práctica y puede parecer contrario al sentido común, pero los niños aprenden a tener en cuenta los sentimientos de los demás si se tienen en cuenta los suyos.

Cuando planteéis soluciones juntos, es importante que cedas la voz cantante a tu hijo y que no descartes ninguna de sus propuestas. Así, podría salirte con un «podríamos dejar la habitación como está». Piensa en esta respuesta:

—Sí, podríamos. Es posible que a ti te guste esa solución, pero a mí no me convence. No solo me hace sentir incómodo, sino que además me cuesta limpiar la habitación o guardarte la ropa limpia. ¿Qué otra cosa podríamos hacer?

—No lo sé.

—Vale. No hay prisa, tómate tu tiempo.

Es importante que no seas el listo que tiene todas las respuestas, porque en ese caso estarás desempoderando a tu hijo.

—Podría guardar los juguetes ahora, después hago una pausa y luego podrías ayudarme con la ropa, porque me cuesta un poco doblarla.

—Vale, me parece bien. Llámame cuando estés listo para doblar la ropa y veremos cómo podemos hacerlo.

Si te criaste con el método autoritario, pensarás que es el ideal. En ese caso, el método colaborativo te parecerá pura palabrería. No obstante, lo importante aquí es que además de tener la habitación ordenada, ambos os abriréis a los sentimientos del otro y, por tanto, estaréis cuidando vuestra relación y tu hijo aprenderá a involucrarse y a solucionar problemas. El auténtico trabajo de ser madre o padre no es ordenar la habitación, sino estar con tu hijo y ayudarle en su desarrollo. El método colaborativo ayuda a desarrollar las habilidades esenciales para una conducta socializada: tolerancia de la frustración, flexibilidad, capacidad de resolver problemas y empatía.

MÁS ACERCA DE LAS RABIETAS

Si observas a un niño en plena rabieta, verás que no se lo está pasando bien. No hace lo que hace porque quiera hacerlo. Resulta poco probable que sea una táctica premeditada por su parte; muestra sus sentimientos, su frustración, su rabia y su tristeza en estado puro.

Ocurre lo mismo con las rabietas que con cualquier comportamiento que no te guste: pregúntate qué sentimientos está comunicando el niño. ¿Qué sentimientos esconde el comportamiento? Cuando lo sepas, reconoce y valida esos sentimientos. Por ejemplo: «Estás muy enfadado porque no te dejo tomar helado antes de comer». Por último, cuando vuelva a reinar la calma, habla con tu hijo para ayudarle a encontrar un modo más aceptable de expresar sus sentimientos: «Puedes decirme que estás enfadado cuando no te dejo hacer lo que tú quieres. Para mí es más fácil escucharlo que si te pones a gritar».

Por ejemplo, la rabieta de un niño muy pequeño podría deberse a la frustración. Este no decide tener una rabieta, simplemente la tiene. Cuando esté en plena rabieta, es posible que olvide incluso lo que le ha provocado la frustración. Olvidará el helado prohibido y solo se limitará a sentir. Yo prefiero no dejar a los niños gritando solos y que los cuidadores mantengan el diálogo con ellos. Aunque solo sea un «vaya, pobrecito» empático cuando se detenga para tomar aire, el niño sabrá que no está solo. A nadie le gusta que le dejen bailando solo, aunque sea una danza bélica. La excepción podría darse cuando tú, desde el punto de vista de tu hijo, le malinterpretas deliberadamente y esa es la causa de su rabia, o bien eres incapaz de refrenar tus propios sentimientos. No obstante, no me siento cómoda ante la idea de un niño pasando solo por un momento de angustia extrema.

Un método que ayuda consiste en nombrar el sentimiento que hay detrás de la rabieta: «Estás muy enfadado, ¿verdad?». Si es así, necesita consuelo: «Siento que estés tan triste». Eso no es necesariamente lo mismo que dar al niño lo que quiere, porque podría no ser posible o deseable. A lo mejor llora porque no puede volar hasta la luna o nadar con tiburones.

Lo que puedes hacer es intentar observar la situación desde el punto de vista del niño, consolarle porque no puede tener lo que quiere en lugar de castigarle o reñirle por querer algo que no quieres o no puedes proporcionarle. El niño aprenderá a contener sus sentimientos si alguien los contiene en su lugar, alguien que le entienda, que sea capaz de mantener la calma, que no le avergüence por sentir y actuar de ese modo, y para quien sus sentimientos nunca sean excesivos. Por supuesto, ese alguien eres tú.

Creo que, en ocasiones, los padres tienen demasiado miedo a las rabietas y no imponen un límite por temor a provocar una. Pienso en esos padres que veo cargando con un niño en un brazo y con bolsas pesadas y un patinete en el otro. Personalmente, preferiría consolar a un niño presa de una rabieta que llevar un patinete de aquí para allá todo el día, pero cada uno tiene sus límites y, por tanto, tal vez no debería meterme donde no me llaman.

Nadie ha sanado nunca haciéndole sentir avergonzado o estúpido. Puedes contener a tu hijo cuando tiene un mal momento abrazándole, o estando a su lado, agachándote para ponerte a su altura y mostrándole tu preocupación por cómo se siente sin llegar a agobiarte tú también. Puedes utilizar palabras para validar cómo se siente, o tal vez tengas suficiente con gestos o miradas.

En ocasiones se impone la necesidad de retirar a un niño de una situación: por ejemplo, si se pone en peligro o pone en peligro a otras personas, o si molesta a alguien. En ese caso, le dices: «Voy a cogerte y a llevarte fuera porque no puedo dejar que le hagas daño al perro/que molestes a otras personas». Y lo haces.

Lo que empeora una rabieta es que contraataques gritando o zarandeando a tu hijo: ese comportamiento significa castigarle por tener sentimientos. Ignorar a un niño en plena rabieta es también una forma de represalia. Deja de empujar el carrito con el niño presa de una llorera, dirígele algunos sonidos empáticos mirando a los ojos de esa personita y, tal vez, sácalo del carrito para darle un abrazo.

No se trata de que estés haciendo lo que el niño quiere cuando tenga una rabieta, sino que estás mostrando tu empatía con su frustración. Lo que yo hacía era verbalizar lo que estaba ocurriendo. «Ah, estás enfadada porque no voy a llevarte el patinete» (o el problema que fuese). Tarde o temprano, tu hijo empezará a desarrollar tolerancia a la frustración. Recuerdo la alegría que sentí cuando mi hija empezó a procesar sus sentimientos en palabras por sí sola después de mucho tiempo verbalizando yo misma lo que creía que sentía mi hija cada vez que tenía un mal momento o estaba a punto de tener uno. «Me estoy enfadando», me decía, y yo me maravillaba para mis adentros por lo lejos que habíamos llegado.

Si te sientes al límite debido a una rabieta de tu hijo, acuérdate de reflexionar en lugar de reaccionar. Y nunca te tomes una rabieta como algo personal. Respira y permanece en contacto con tu ser y con tu hijo.

Mediante la observación de tu hijo, percibiendo sus estados de ánimo, experimentando y verbalizando para averiguar qué trata de comunicarte, empezarás a detectar qué le hace perder el control de sus sentimientos y su conducta, y podrás parar las rabietas antes de que se produzcan. Muchos padres saben cuándo es el momento de retirar a su hijo de un grupo, por ejemplo, para que esté un momento tranquilo con el padre o la madre. O cuando empieza a agobiarse por ir atado en la sillita y necesita libertad para corretear. O cuando es el momento de comer antes de que el hambre se apodere de la situación.

Si tu hijo tiene rabietas con frecuencia, pero ya ha cumplido los cuatro años, o si te enzarzas en discusiones, puntos muertos y pataletas con él, convendría que empieces a pensar en lo que puede estar funcionando mal y en lo que podrías hacer de otra manera.

Ningún niño vive en una rabieta permanente, de modo que tu primera tarea consiste en tomar nota de dónde, cuándo, con quién, qué y por qué se produce el altercado para detectar los desencadenantes.

Si esos desencadenantes son cosas como el exceso de estímulos o de ruido, puedes tomar medidas para evitar o limitar esas situaciones. Podrían ser transiciones (por ejemplo, cuando le pides al niño que deje de jugar y venga a la mesa). O tal vez notes que el problema se produce cuando tú estás más impaciente. Con frecuencia, el problema es que tenemos unas expectativas demasiado altas con respecto al niño. No digo que no debamos tener grandes expectativas sobre nuestros hijos, pero si se las imponemos antes de que estén listos para cumplirlas, lo único que conseguiremos será provocar su frustración y la nuestra. Cada uno se desarrolla a su ritmo.

La siguiente tarea, después de identificar los desencadenantes, consiste en observar tu papel en la rabieta, o el papel de otros adultos si tú no estás presente (por ejemplo, en el colegio). ¿Estás siendo inflexible? Por lo general, cuando un niño se comunica con nosotros a través del comportamiento (porque todavía no ha aprendido a articular sus sentimientos), en lugar de considerar el sentido que tiene ese comportamiento, cometemos el error de pensar que debemos ser más estrictos. Esto puede «funcionar» con algunos niños. Y es bueno imponer unos límites antes de que tú llegues al tuyo, y mostrarse razonablemente coherente con esos límites, pero podrías llegar demasiado lejos y volverte inflexible. Esto, a su vez, supone un ejemplo de terquedad para nuestros hijos, o bien agrava más su frustración y hace que la situación empeore. Por ejemplo, si un niño no obtiene los resultados esperados en el colegio, podría parecer normal que los profesores y los adultos piensen que tiene que dedicar más tiempo a los deberes y renunciar a su tiempo libre. Sin embargo, si observásemos a ese niño, tal vez veríamos que está inquieto, que le cuesta estar quieto, que es incapaz de concentrarse. Obligarle a permanecer sentado todavía más tiempo hará que empeore su situación, no lo contrario. Es un niño de seis años poco convencional que se conoce tan bien a sí mismo que es capaz de decirnos: «Tengo un exceso de energía física. Necesito corretear al aire libre para poder sentarme y permanecer quieto». Tendrás que observarle para llegar a esa conclusión.

En la Eagle Mountain Elementary School de Fort Worth, Texas, los profesores probaron a aumentar el recreo de los niños a una hora (más del doble del tiempo dedicado anteriormente al recreo). Los profesores afirman que ahora los niños aprenden más. Han observado que los alumnos siguen mejor las instrucciones, intentan aprender de manera más independiente y muestran más iniciativa a la hora de resolver los problemas por sí solos. Incluso se ha producido un descenso de los problemas de disciplina. Los padres afirman que sus hijos se muestran más creativos en casa y más sociables. Este es solo un ejemplo que demuestra que reprimir a los niños rara vez es la solución, y que debemos abrirnos a ellos, ver sus necesidades y sus deseos desde su punto de vista.

Los razonamientos (es decir, jugar al «tenis de argumentos») rara vez consiguen que un niño colabore o deje de llorar, ya que los niños muy pequeños no son capaces de asimilar los razonamientos. Empatizar con sus sentimientos, por otro lado, sí lo consigue casi siempre. Los padres rara vez se observan a sí mismos cuando se sienten irritados con sus hijos. Solo piensan que el niño está siendo molesto y se está «portando mal». Sin embargo, cualquier situación entre nosotros y nuestros hijos se produce en relación con ellos. Es una situación cocreada. Y cuando pensamos en ella en esos términos, tenemos mucho que ver en el comportamiento infantil. Resulta mucho más fácil ver el papel que desempeñamos cuando nos olvidamos de tener razón, de pensar en términos de ganadores y perdedores, y pensamos más en el modo de dar ejemplo de cooperación y colaboración.

LAS QUEJAS

Las conductas que parecen molestar más a los padres son los lloriqueos, las quejas, la dependencia y los sollozos. No hablamos del llanto de un niño que acaba de caerse, sino del lloriqueo quejumbroso que emite cuando a los padres no se les ocurre un motivo por el que su hijo esté triste o siga triste después de realizar un esfuerzo enorme para distraerle o animarle.

Es posible que solo desees que pare cuando tu hijo esté haciendo algo así, que lo veas como un «mal» comportamiento. Sin embargo, me pregunto si el enfado que sientes por las quejas de tu hijo tiene algo que ver con que te sintieses triste e indefenso cuando eras pequeño y te veías aislado. El enfado con tu hijo podría deberse a que no quieres revivir el dolor de viejos sentimientos de vulnerabilidad. Así, tratas de hacer oídos sordos a tu hijo.

Además, o como alternativa, es posible que experimentes las quejas o el llanto de tu hijo como una crítica a tus habilidades como padre o madre. Tal vez tienes la expectativa implícita de que los niños deberían ser felices en todo momento. Por tanto, lo que para el niño solo es tristeza o soledad, tú lo sientes como un recordatorio de tu impotencia ante lo que tu hijo está experimentando en ese momento.

Bella, de cuarenta y cinco años, es una alta ejecutiva en una gran empresa. Está casada con Steve, chef y restaurador. Tienen tres hijos de ocho, doce y catorce años. Son una familia feliz. Los fines de semana practican numerosas actividades. El ambiente en casa es muy activo y alegre. Bella y Steve tienen trabajos muy exigentes, y Juanita vive con la familia durante la semana para ocuparse de los niños y de la casa. Lleva con ellos desde que el mayor tenía cinco años.

Bella cree que su hijo pequeño, Felix, tiene un problema. «Felix es muy dependiente —me explicó—. Ya tiene ocho años, pero necesita más atención, día y noche, que mis otros dos hijos juntos cuando tenían su edad. Me he preguntado si no conseguí establecer un vínculo adecuado con él cuando era un bebé, pero creo que sí lo hice. No sé por qué Felix parece tan inseguro.

Me interesaba saber por qué Bella tenía una tolerancia tan baja con el comportamiento dependiente de Felix y qué se había atascado en su relación. Le dije a Bella que preguntase a Felix por sus sueños. No esperaba encontrar ninguna respuesta en los sueños del niño; pensé que era un modo de que Felix hablase y Bella escuchase.

Esto es lo que me contó Bella: «Felix me ha dicho que tuvo un sueño horrible en el que estaba solo y no podía encontrar a nadie. Le pregunté si había experimentado eso en la vida real alguna vez, con la certeza de que me diría que no. Me sorprendí cuando me dijo que sí. "Recuerdo que cuando visitamos a tu hermano en Gales, me dejasteis solo en el coche." Y entonces me acordé. Mi hermano vive en medio de ninguna parte y una vez, cuando Felix tenía casi dos años, estaba dormido cuando llegamos, así que metí a los otros dos niños en casa y saqué la compra del coche. La llevé a casa y volví para comprobar cómo estaba Felix. Se había despertado y estaba llorando. Me quedé destrozada cuando supe que se acordaba de aquello. Le pedí perdón y le dije: "No estuviste solo en el coche más de cinco minutos, cariño". Nos abrazamos. Empecé a preguntarme cómo era posible que un pequeño incidente ocurrido seis años atrás siguiese estando presente para él».

Puede que el incidente fuese una minucia para Bella, pero probablemente no lo fue para Felix. Le pregunté a Bella si Felix se había quedado solo en un lugar desconocido antes o después del incidente.

—No, pero cuando era pequeño, con veinte meses, tuvo una infección de garganta tan grave que tuvimos que ingresarlo en el hospital. Los antibióticos no funcionaban, y estuvo en coma inducido durante una semana, con una máquina que le ayudaba a respirar. Durante el coma estuvo solo en algunos momentos, pero cuando salió, siempre había alguien con él, o Steve o yo.

—Bella —le dije—, tuvo que ser horrible para ti que tu hijo estuviese tan enfermo que hubiese que inducirle un coma.

—Bueno, no pasa nada —respondió—. Bueno, sí pasa, pero hay que superar estas cosas.

Cuando Bella pronunció esas palabras, me sentí rechazada, como si mi preocupación no fuese bien recibida. Y en aquel momento me pareció que Bella había estado negando (y seguía negando) sus propios sentimientos respecto a la enfermedad de Felix. Me sorprendió mucho y me sentí conmovida al imaginar cómo habría sido estar tan enfermo para el pequeño y cómo lo habrían llevado sus padres.

—Steve dijo que podríamos haberlo perdido, pero yo no podía imaginarlo —me dijo Bella.

Sentí otra oleada de tristeza, y se lo dije. Al mirarla, observé que ella también tenía lágrimas en los ojos.

—Este podría ser el motivo por el que Felix es dependiente —le dije—, porque tuvo que aferrarse a la vida. Aunque no fuese consciente de que no estabais allí durante el coma, es posible que lo supiese a otro nivel, lo que tal vez explicaría su sueño en el que está solo.

Fuese cierto o no, a Bella le pareció que tenía sentido y le ayudó a entender la conducta de Felix. Y esto, a su vez, le sirvió para empatizar más fácilmente con su hijo.

Otra cosa que podría haber ocurrido es que Bella por fin se permitiera sentir el miedo y la tristeza de perder a Felix, sentimientos que había reprimido durante mucho tiempo. Resulta completamente normal desear ocultar los sentimientos difíciles, pero al hacerlo nos arriesgamos a mostrarnos insensibles ante los sentimientos difíciles de los demás (incluidos los de nuestros hijos). Durante el tiempo que Bella reprimió sus sentimientos respecto a la enfermedad de Felix, los sentimientos del niño la molestaron.

Cuando Bella por fin se permitió experimentar el sentimiento de estar a punto de perder a Felix, no la consumió por completo como ella había temido. «Antes siempre pensaba que la dependencia de Felix era culpa suya. Pensaba: "Tus hermanos están bien. ¿Por qué tú no?". Ahora me doy cuenta de que no puedes culpar a nadie por sus sentimientos».

Después de nuestra conversación, fue Bella la que tuvo un sueño (más bien una pesadilla). Soñó que dos de sus sobrinas y Felix iban a nadar al mar y se encontraron con dificultades. A las niñas las salvaban, pero Felix acababa ahogándose. Bella se despertó sobresaltada, llorosa y descompuesta. Fue a comprobar cómo estaba Felix, que dormía sano y salvo. La ironía de aquel acto la sorprendió: normalmente era Felix el que iba al dormitorio de sus padres.

Actualmente, si Bella se siente molesta con Felix, asume su responsabilidad. No está segura de que se deba a que Felix ya no se muestra tan dependiente, a si ella ha suavizado su postura al respecto, a si se muestra más abierta con él o a todo a la vez.

Existen tantos motivos para la dependencia y los lloriqueos como niños y relaciones con cada uno de sus cuidadores. El motivo por el que he explicado el caso anterior no es que el hecho de estar al borde de la muerte sea un motivo habitual de dependencia. Es porque el hecho de negarnos a mostrarnos sensibles con los sentimientos que nos provocan nuestros hijos hace que nos quedemos atascados en las relaciones con ellos, nos impide acercarnos tanto como nos gustaría y, por tanto, reduce la capacidad de nuestros hijos para ser felices.

Reconocer y validar los sentimientos (los propios y los de nuestros hijos) es importante no solo para la salud mental de todos, sino también para entender nuestros desencadenantes y los de nuestros hijos, y para comprender el comportamiento de cada uno de nosotros.

Todos los sentimientos (dependencia, fantasmas en el armario, monstruos debajo de la cama, tristeza o una frustración aplastante) cobran sentido cuando descubrimos en qué contexto se enmarcan. Que el contexto no resulte obvio no significa que no exista. El primer paso consiste en aceptar el sentimiento del niño, lo que te ayudará a entender su comportamiento. Después serás capaz de tolerar ese comportamiento y, por tanto, te encontrarás en mejores condiciones para colaborar con tu hijo a fin de encontrar soluciones para realizar cambios que os ayuden a los dos.

MENTIRAS DE PADRES

En ocasiones, las familias tienen secretos que en realidad son mentiras. Es posible que ni siquiera lo veas así, que consideres que se trata de no revelar información que el niño no necesita o que incluso podría hacerle daño.

Sin embargo, cuando una familia oculta información o cuenta mentiras, habrá consecuencias aunque sus miembros no sean conscientes de la situación real. Se debe a que somos capaces de sentir corporalmente la falta de claridad o de honestidad.

Si dices mentiras (o si omites información) para proteger a tus hijos de la realidad de una situación, estarás insensibilizando su instinto. Les transmites algo distinto a lo que ellos perciben y sienten. Para ellos no será cómodo, y si no son capaces de articular ese malestar, es probable que se manifieste en forma de comportamiento inadecuado.

El siguiente ejemplo se utilizó en mi formación como psicoterapeuta para explicarnos este tipo de situaciones.

> Los señores X. fueron a ver a un psicoterapeuta, el doctor F., porque, según ellos, la conducta de su hijo adolescente, A, estaba fuera de control. No iba a clase, consumía drogas y alcohol, se mostraba huraño y poco comunicativo, y robaba dinero del bolso de su madre. Querían que el terapeuta les aconsejase cómo lograr que A. tuviese un comportamiento normal.
>
> El doctor F. les explicó que, cuando los niños llegan a la adolescencia, sienten la necesidad de separarse de sus padres y formar su propia tribu o unirse a alguna. Cuando sienten que han establecido una identidad separada de la de sus padres, no necesitan mostrar tanto rechazo y las aguas vuelven a su cauce. Los X. insistieron en que la conducta de su hijo iba más allá de todo eso.

El doctor F. les pidió que le contasen los primeros años de A. El modo en que los X. describieron lo feliz y normal que era A. de pequeño le pareció forzado, anodino, sin detalles. Los X. se miraron como si se estuviesen transmitiendo algún secreto. El doctor F. se dio cuenta.

—¿Qué es lo que no me están contando?

Los X. guardaron silencio y volvieron a mirarse.

—¿Siempre se han llevado bien? —preguntó el doctor.

—Por entonces no estábamos juntos –respondió finalmente el señor F.

Su mujer le lanzó una mirada muy seria.

—¿Se separaron cuando A. era pequeño?

Y entonces salió todo. El señor X. no era el padre de A., pero A. no lo sabía. El verdadero padre del chico, dijo el señor X., no se había «portado bien». Era un mujeriego y un alcohólico, y cuando A. tenía dieciocho meses, murió en un accidente de coche por conducir borracho.

—A. no se acuerda de él. De todos modos, casi nunca estaba en casa —añadió la señora X.

—Es posible que no lo recuerde de manera consciente, pero podría haber sentido su presencia corporal y después su ausencia —sugirió el doctor F.

—Lo que nos preocupa es que lleve en los genes ese tipo de comportamiento —dijo el señor X.

El comportamiento es comunicación, les aclaró el doctor; tiene un significado.

—Por tanto, ¿qué les dice el comportamiento de A.?

—Es como si nos dijese que nos vayamos a la mierda —dijo el señor X.

—Le han contado a A. una mentira, una enorme mentira. Él no sabe qué es, pero es posible que sienta que hay algo que no cuadra y que eso le inquiete —explicó el doctor.

—No es que le hayamos mentido, sino que no le hemos dicho la verdad —aclararon los señores X.

—Mentira por omisión —continuó el doctor.

—¿Y qué deberíamos hacer? —preguntaron los X.

—No voy a decirles lo que tienen que hacer, pero creo que esto podría ser parte del problema.

Los X. decidieron contárselo a su hijo, que se puso furioso. Descubrió que su verdadero padre tenía un hermano y se fue a vivir con él. Empezó a esforzarse, obtuvo buenos resultados en los estudios y fue a la universidad.

Sus padres vieron cumplido su deseo de que su hijo empezase a comportarse. Lo único que les quedaba por hacer era reparar la ruptura, y eso pasaba por entender la rabia de su hijo, confesar que habían preferido la imagen perfecta de una familia perfecta a decirle la verdad, reconocer el impacto que eso había tenido en su hijo, pedir disculpas y aceptar sus sentimientos al respecto, fuesen cuales fuesen. Nunca supe cuál fue el desenlace, ya que la historia acababa aquí.

Con mucha frecuencia, cuando preferimos que algo no esté ocurriendo o no hubiese ocurrido, mentimos a nuestros hijos por omisión. Es normal desear proteger a los hijos de sentimientos difíciles, pero el problema no son sus sentimientos, sino que estos nos aterrorizan. Por tanto, creo que es mejor informarles, por ejemplo, de que tú o tu pareja tenéis dificultades, que estáis trabajando para solucionarlas y que esperáis lograrlo, en lugar de mantener en secreto las cosas que afectan a vuestros hijos. Si están preocupados, podéis tranquilizarlos. Si no explicamos las malas noticias de un modo que los niños puedan gestionar, lo percibirán en el ambiente de todos modos y podrían inventarse explicaciones peores.

No creo que sea bueno para los niños que se les mienta o que se les oculte la verdad, así que no estoy a favor de que se les oculten las malas noticias, como la muerte de alguien importante en la familia. Sin embargo, es preciso transmitir la información con la confirmación de que aunque en el momento presente nos sintamos terriblemente tristes, y aunque no olvidaremos a esa persona, nos acostumbraremos a su ausencia, la vida continuará y podremos volver a disfrutarla. Del mismo modo, si uno de los progenitores va a abandonar la casa familiar, es preciso hablar de ello antes de que ocurra. Los niños tienen que conocer los planes y la rutina propuesta para no alterar sus hábitos (dicho de otro modo, deberían seguir viendo a sus dos progenitores de manera regular y previsible).

Probablemente, existe un modo de comunicar las cosas adecuado para cada edad. Por ejemplo, puedes decirle a un niño: «No me encuentro bien, voy a ir al médico y, con un poco de suerte, me pondré mejor. Lo siento si estoy distraído. Estoy preocupado por mi enfermedad». Esto es mejor que mantener en secreto que padeces cáncer. Si tu hijo es adoptado, es preferible decírselo cuanto antes, de un modo adecuado para su edad. Así se evitará el impacto de descubrirlo más tarde por otros medios.

No podemos proteger a los niños del inevitable dolor y de las calamidades que la vida nos depara, pero sí podemos estar a su lado, empatizar con sus sentimientos y ayudarlos a contenerlos cuando, inevitablemente, suceda alguna desgracia.

Todos los niños necesitan saber que importan, que son queridos y amados, y no solo con palabras ocasionales, sino demostrándoles ese amor, comprobando cómo se nos ilumina la cara cuando los vemos, en el intercambio de nuestras interacciones, incluyéndolos en nuestras vidas y reservándonos tiempo para disfrutar de ellos y de estar con ellos. Y todo esto resulta difícil si nos guardamos información que les concierne. Tienen el derecho de saber.

MENTIRAS DE HIJOS

Acudí a la charla de bienvenida para madres y padres de nuevos alumnos en el instituto de mi hija. La directora, Margaret Connell, nos miró a todos y fue directa al grano:

—Vuestros hijos os mentirán.

«Oh, mi hija no, tenemos una relación estupenda», pensé yo.

—Aunque penséis que vuestra hija os lo cuenta todo, os mentirá cuando entre en la adolescencia —continuó—, y vuestra labor es no montar un drama al respecto.

Cuando le pregunté a Margaret por esas palabras, años más tarde, me dijo: «Todo el mundo miente. De todas las cosas malas que hacemos, mentir es la más habitual y en la que menos pensamos. Sin embargo, por alguna razón, los padres parecen colocar ese pecado por delante de todos los demás. Si una niña hace algo que no debería, tal vez algo sin demasiada importancia, y dice que no lo ha hecho, los padres dirán: "Conocemos a nuestra hija, tiene sus defectos, pero mentir no es uno de ellos". El problema es que así se pone a los hijos entre la espada y la pared, y nunca se pone fin al conflicto».

Todos los niños mienten, y los adultos también. Es estupendo cuando no lo hacemos, porque así tenemos más oportunidades de mantener un diálogo adecuado y una relación auténtica. Sin embargo, todos mentimos, así que no deberíamos considerar a nuestros hijos como los peores pecadores cuando ellos mienten.

Al fin y al cabo, transmitimos a nuestros hijos mensajes muy heterogéneos sobre la mentira y su aceptación en nuestra cultura. Les decimos que no mientan, pero también les decimos que finjan agradecimiento por esa bufanda tan horrible que les ha tejido la abuela por Navidad por tercer año consecutivo. Si lo piensas, los niños tienen que aprender una complicada lección acerca de cuándo es adecuado mentir.

Los niños presencian mentiras de sus padres continuamente. Por ejemplo, nos escucharán pidiendo a nuestra pareja que diga a sus compañeros de trabajo que no puedes asistir a la fiesta cuando la versión correcta es que no quieres ir. No existe motivo para que tus hijos piensen que nunca les mentirás si ya te han visto comportándote de esa manera, con el poder de convencer a otras personas de que la verdad es otra de la que es en realidad.

Si piensas en el acto de mentir, supone toda una hazaña para un niño. En primer lugar, tiene que inventar una realidad alternativa y decir «ha pasado esto». Después tiene que acordarse de lo que ha contado, además de lo que ha sucedido realmente. Y tiene que distinguir una cosa de la otra para mentir bien, además de tener en mente (y esta es la parte realmente ingeniosa) lo que piensas y lo que sabes al respecto.

Los niños muy pequeños caen en comportamientos engañosos, como dar de comer al perro algo que a ellos no les gusta, pero no empiezan a mentir realmente como acabo de describir hasta que cumplen los cuatro años más o menos. Entonces sienten que tienen un nuevo superpoder. «¡Vaya! ¡Puedo inventarme cosas y la gente me cree! ¡Esto es genial!».

En muchos casos, los niños mienten porque los adultos que hay en su vida no se quedarán tranquilos con la verdad. Algunos niños dicen mentiras para evitar problemas; en otros casos se trata de fantasías, o de mentiras para agradar a los adultos, o para hacer un favor a alguien.

Algunos niños mienten para revelar una verdad emocional. Cuando se les pregunta qué les pasa y no saben cómo explicarlo, inventan una narrativa que se ajuste a sus sentimientos.

Un día, en la guardería, cuando Flo tenía tres años, no parecía la niña alegre de siempre. La profesora le preguntó si le pasaba algo y ella contestó:

—Mi pez se ha muerto.

Cuando fui a recogerla, la profesora me explicó la conversación y yo le dije:

—Eh... pero si nunca hemos tenido un pez.

Pensándolo bien, me di cuenta de que Flo había dicho una especie de verdad. Mi querida tía había muerto y yo, por supuesto, estaba afectada. Flo me había visto llorando; tal vez no mostré interés en lo que Flo hacía en algún momento, o puede que no le hiciese caso cuando me hablaba. En general, aunque estaba presente físicamente, no estaba disponible y presente para ella. ¿Tal vez echaba de menos a la persona que yo era normalmente y lo comparaba con el valor de un pez? Lo más probable es que Flo fuese capaz de afrontar y concebir la muerte de un pez, pero aquella cosa enorme y terrible de mi pérdida tenía que reducirse al valor de un pez para que ella pudiera afrontarla. Le expliqué a la profesora lo que pensaba que había ocurrido en realidad.

Para un niño puede resultar más fácil aferrarse a una fantasía que afrontar la verdad, y tenemos que respetarlo. Cuanto más verbalicemos nuestros sentimientos y los de nuestros hijos, menos probabilidades habrá de que mientan para transmitirnos su verdad emocional. Y se tarda años en aprenderlo.

En ocasiones, sus mentiras fantasía son una forma de autoconsuelo. En ese caso, como con todas las conductas inadecuadas, debemos tratar de entender los sentimientos que hay detrás de la conducta en lugar de condenar al niño por ella. Si son incapaces de asumir la envergadura del asunto, como le ocurrió a mi hija con la muerte de mi tía, lo convertirán en un pez o en lo que más les convenga.

Y existen más razones por las que un niño miente. Como habrás supuesto, las sabias palabras de la señorita Connell se hicieron realidad y Flo me mintió a los quince años. Cuando lo descubrí, recordé las palabras de la directora del instituto y no traté la situación como la peor tragedia que me había ocurrido jamás.

Lo que hice fue escuchar las explicaciones de mi hija. Ella y una amiga les dijeron a sus respectivos padres que iba a estudiar a casa de la otra, pero en realidad fueron al bar de la asociación de estudiantes de la universidad.

La escuché de verdad cuando me dijo que había mentido porque jamás le habría permitido ir a aquel sitio. Eso era cierto, le dije, no la habría dejado ir porque era ilegal: no solo no tenía la edad permitida para consumir alcohol, sino que además era un bar privado y no estaban autorizadas a visitarlo.

La verdadera razón por la que no le habría dejado ir, sin embargo, era que me daba miedo la idea. Y así se lo dije. Me daba miedo porque cuando yo tenía quince años, corrí aventuras similares y no les conté nada a mis padres. Y cuando recordaba aquellas correrías, entendía que me había puesto en peligro y que tuve mucha suerte de salir indemne.

Le dije que no estaba preparada para permitirle que se pusiese en peligro como yo había hecho a su edad, bebiendo demasiado e intentando impresionar a gente mayor que yo, a la que consideraba más sofisticada, y dejándome llevar por el momento. Le expliqué que tendría que esperar hasta que me sintiese lo suficientemente segura para permitirle hacer ese tipo de cosas, y le dije que entendía que se sintiese frustrada. Lo cierto es que al año siguiente ya sentí la confianza suficiente para darle más libertad. Cuando Flo tenía dieciséis, la dejé ir de acampada a un festival con un grupo de amigas, y no les pasó nada. Antes de irse mantuvimos algunas conversaciones en las que le confesé mis miedos: ¿Qué harás cuando pierdas a tus amigas y no tengas batería en el móvil? Si te ofrecen drogas, ¿cómo sabrás si entrañan algún riesgo? (una pregunta trampa muy maliciosa por mi parte). Sus respuestas me parecieron bastante sensatas.

Ahora que Flo es adulta, puede divertirse asustándome con algunas de las cosas que omitió en su momento. Al parecer, a las tres de la mañana, su tienda era la única que no estaba al rojo vivo, de manera que ella y su amiga dejaron el campamento, caminaron durante kilómetros hasta la estación de tren y durmieron allí. Una maravillosa aventura para un par de chicas de dieciséis años. Flo pensó que no podía decírmelo en el momento porque disfrutaba guardando el secreto.

Es mejor que no reacciones de manera exagerada ante lo que tu hijo haga o te diga, ya que así tendrás más posibilidades de mantener abiertas las líneas de comunicación. Tal vez, yo cometí el error de exagerar mis temores, alejándome demasiado del ideal de contención, y por eso Flo consideró que yo no estaba preparada para escuchar esa historia hasta muchos años después.

Si tu hijo es adolescente, recuerda tu propia adolescencia, cuando te enfrentabas a restricciones de tus padres, que intentaban evitar que sus temores se hiciesen realidad. Los adolescentes necesitan mantener en secreto algunas historias, como la de mi hija (relativamente inofensiva). Necesitan esa intimidad para forjarse su propia identidad. Los adolescentes también mienten (o no dicen la verdad) para crearse un espacio propio. No es que estén metidos necesariamente en algo terrible; están en algo que desean guardarse para sí mismos o para su grupo de amigos porque se están separando de la tribu familiar y formando su propia tribu nueva.

Tu objetivo consiste en mantener las líneas de comunicación abiertas desde la infancia hasta la edad adulta. Es importante que los niños sientan que pueden contarnos la verdad, que todos sus sentimientos serán aceptados (incluso, o sobre todo, los sentimientos y las actitudes que consideras inadecuados). Si no eres una persona de confianza con la que hablar, ¿a quién acudirán cuando sufran acoso en el colegio, por ejemplo, o cuando sientan miedo ante las insinuaciones sexuales del profesor de judo? Tienes que acoger los sentimientos del niño y no reaccionar de manera exagerada ante lo que te muestre o te cuente. Y para ello debes abstenerte de juzgar y sugerirle que busquéis posibles soluciones en lugar de decirle de inmediato lo que debe hacer. Nosotros tenemos más experiencia que ellos y, en ocasiones, cuando nos cuentan algo, nos resulta tentador decirles lo que deben hacer. Sin embargo, intenta contenerte para infundir confianza a tu hijo en lugar de desempoderarle. Si te dedicas a orientarle en lugar de actuar siempre como un sabelotodo, será más probable que tu hijo te cuente siempre la verdad.

Si un niño miente (o muestra cualquier otra conducta que te gustaría cambiar), en lugar de reaccionar, analiza los motivos y los sentimientos que se esconden tras la mentira o la conducta. Si entiendes y validas esos sentimientos, le das al niño la oportunidad de encontrar maneras más aceptables de expresarse y transmitir sus necesidades.

Margaret Connell me habló de una de sus alumnas: «En una ocasión tuve una alumna que cada vez que ocurría un desastre en el mundo, ella tenía alguna relación. Ya fuese un terremoto o un accidente de tren, ella tenía un primo lejano, o un hermanastro, o un amigo de la familia implicado. Al cabo de un tiempo me di cuenta de que aquello no era posible, y que la chica sentía el impulso de mentir para reclamar atención y compasión, probablemente porque no había podido o no se le había permitido pedirlas nunca de un modo directo. Así que se inventaba aquellos escenarios inverosímiles sobre las noticias de turno.

Para llegar a la raíz del problema es importante ir más allá de las mentiras y averiguar qué falta en la vida de ese niño, o qué está ocurriendo o ha ocurrido para que necesite compasión y atención. Y también por qué opta por dar tantos rodeos para conseguirlas.

Podrías pensar: «Vale, de acuerdo, pero mentir sigue estando mal». Sin embargo, un enfoque rígido y moralista de la mentira no hace que los niños cuenten la verdad. De hecho, las investigaciones demuestran que esa actitud hace que los niños mientan mejor.

La investigadora Victoria Talwar visitó dos colegios en África occidental con admisiones de alumnos similares, pero con regímenes disciplinarios muy distintos. Uno equivalía más o menos al de una típica escuela occidental: si hacías algo malo, si mentías o si no te esforzabas, tenías una charla con el profesor (y, tal vez, un castigo) para guiarte sobre el modo de actuar en el futuro. El otro colegio era disciplinario: se sacaba a los niños al patio y recibían castigos físicos por sus faltas.

A Talwar le interesaba comprobar qué régimen era mejor para educar a niños honestos, de modo que realizó un experimento con los niños que llamó el «juego de las miradas furtivas». Invitaba a un niño a entrar en la sala y le decía: «Tú te sientas aquí, de cara a la pared. Yo me colocaré detrás de ti. Voy a sacar tres objetos y tú tienes que adivinar qué es cada cosa por el ruido que hace». Talwar hacía trampa con el tercer objeto, ya que emitía un sonido que no tenía nada que ver (por ejemplo, la melodía de una tarjeta de cumpleaños cuando el objeto era una pelota).

Antes de preguntar la respuesta al niño, Talwar decía:

—Tengo que salir un momento de la habitación. ¡No mires!

Y a su regreso decía:

—No has mirado, ¿verdad?

El niño respondía invariablemente:

—No.

—¿Qué era el tercer objeto? —preguntaba entonces Talwar—. ¿Podrías adivinarlo por el sonido?

—Es una pelota de fútbol —respondía casi siempre el niño.

El niño había mirado. Casi todos lo hicieron.

A continuación, la investigadora preguntaba:

—¿Cómo lo has sabido? ¿Has mirado?

Llegados a aquel punto, ya podía cuantificar cuánto mentían los niños y con qué grado de eficacia. Del colegio con el régimen no tan estricto, algunos niños mintieron y otros no. La proporción era más o menos la misma que en otros países donde había realizado el experimento. Los niños del colegio con el régimen estricto se mostraron increíblemente rápidos en mentir, y todos mintieron de manera muy convincente.

Así, al aplicar mano dura por mentir, el colegio se había convertido sin saberlo en una máquina de mentirosos consumados (algo que la directora del instituto de mi hija, Margaret Connell, ya sabía).

Cuando tu hijo mienta (y dijo «cuando», no «si»), recuerda todos los motivos que existen para mentir. Se trata de una fase del desarrollo. Te está copiando, está creando su propio espacio privado, miente para transmitir un sentimiento, para evitar un castigo o para no alteraros. Si la mentira es un problema, es mejor solucionarlo y averiguar qué esconde en lugar de recurrir al castigo. Los castigos solo servirán para que tu hijo aprenda a mentir mejor.

Cuanto más crítico te muestres y más disciplinario seas, más frenarás a tu hijo para que confíe en ti. Seguirá deseando complacerte, tener tu aprobación, pero lo hará dejando a un lado la honestidad, su auténtico yo, tal vez a expensas de su salud mental. Un régimen draconiano no produce ciudadanos buenos y con principios. Tampoco es probable que ayude a tu hijo a mantener una relación satisfactoria contigo, lo que a su vez podría poner en peligro su capacidad para entablar relaciones prolongadas y satisfactorias en su vida.

Recuerda las palabras de Margaret Connell: «Vuestros hijos os mentirán, y vuestra labor es no montar un drama al respecto».

LÍMITES: DEFÍNETE TÚ, NO A TU HIJO

Lo que los niños (y todos) necesitan es amor y límites, no uno o los otros.

Los límites son importantes en cualquier relación. Un límite es la línea metafórica que dibujamos en la arena y que no permitimos que el otro cruce. Justo al otro lado de esa línea está tu límite, y si alguien lo cruza, pierdes los nervios y ya no puedes manejar tu frustración por más tiempo.

Por eso conviene poner un límite antes de llegar a tu límite. Un ejemplo de un límite consiste en decir algo del tipo «no puedo dejarte jugar con mis llaves» y quitarle las llaves al niño. Los límites se expresan con calma, pero con firmeza. Cuando llegas al límite, pierdes ese control y podrías reaccionar de un modo que asuste a tu hijo (por ejemplo, arrebatándole las llaves y gritándole).

En ocasiones, a los padres les cuesta poner límites: por ejemplo, cuando llega un bebé muy deseado tras varios abortos, tras una fecundación in vitro o en circunstancias trágicas como la muerte de otro hijo. Los padres están tan cegados por el amor después de tal milagro que no saben dónde están sus propios límites y veneran a su hijo como si fuese un dios. Sin límites, tu hijo no aprenderá dónde están tus límites y los de los demás. Si creces pensando que eres todopoderoso, puedes acabar sobrepasando la autoestima para caer en el autoengaño. Todos necesitamos límites, algún tipo de estructura en nuestras vidas que nos respalde y nos enseñe a vivir en comunidad, y los niños no son una excepción. Acostúmbrate a poner límites describiéndote tú, no a tu hijo: «No te puedo dejar las llaves», en vez de «ya te lo he dicho, no me fío de que tú tengas las llaves». Aunque tu bebé todavía no entienda las palabras, definirte de este modo es un buen hábito que deberías adoptar. Más tarde, cuando establezcas un límite con un adolescente, le resultará más fácil escuchar un «necesito que vuelvas a las diez para quedarme tranquilo» que «eres demasiado joven para estar por ahí más tarde de las diez».

El siguiente extracto es de un correo electrónico de una amiga con la que acababa de compartir mi teoría de «defínete tú, no a tu hijo».

> La otra noche, en lugar de decir mi habitual «cepíllate los dientes. ¡Venga! Te lo he dicho cuatro veces, no voy a decírtelo más, te voy a recortar tiempo con el móvil y el ordenador si no lo haces ahora mismo», etcétera, dije: «Esta noche estoy muy cansada y empiezo a estar muy harta de escucharme insistiendo para que te laves los dientes. Por favor, ¿puedes ir a lavártelos ya?». Y lo hizo. Lo adoro.

La idea es que los límites sean efectivos, así que no lances amenazas vacías. Antes de que el niño se dé cuenta de que la amenaza no tiene valor, le resulta demasiado alarmante y, por tanto, se corre el riesgo de destruir los procesos mentales del niño en lugar de ayudarle a que aprenda a ser considerado. Sé consecuente con tus palabras, no caigas en la tentación de ceder y volver a darle las llaves (o lo que sea). Aunque podría acarrear una rabieta, puedes mostrar empatía con su frustración por no tener las llaves y seguir conservándolas tú (y manteniendo también tus límites).

Con los bebés y los niños muy pequeños ponemos los límites físicamente; cogemos al niño y le retiramos de aquello que no queremos que haga o que cause molestias. Este proceso debe llevarse a cabo de manera respetuosa. Respetar a un niño no es lo mismo que mimarlo.

Por ejemplo, podrías decir: «No puedo dejar que molestes al perro, así que voy a cogerte y a apartarte de él». Aunque tu hijo no haya aprendido a hablar todavía, tu tono amable y firme y el acto de retirarlo físicamente de lo que está haciendo le enseñarán poco a poco que desapruebas la actividad en cuestión.

También podrías decir algo como «te he sacado de la sala porque no puedes hacer ruido cuando alguien está hablando». Es posible que el niño no entienda lo que le dices, pero empezará a aprender por sí mismo qué es adecuado y qué no. Si un niño utiliza un teclado de juguete a modo de «arma», podrías demostrarle y explicarle que los teclados son para jugar, no para golpear con ellos o tirarlos. A continuación, podrías decir: «Si no juegas con el teclado en lugar de pegar con él, tendré que quitártelo». Y entonces, si la conducta inadecuada continúa, se lo retiras.

Habla con calma, con amabilidad y con firmeza; haz lo que dices que vas a hacer y sé congruente. La ventaja de no lanzar amenazas vacías, de acabar con una retirada física, es que tu hijo aprenderá a tomarte en serio. Eres una persona que hace lo que dice. Lo que me sorprendió de utilizar este enfoque es que cuando el niño ya está demasiado crecido para que puedas retirarlo físicamente de la escena del peligro, ha aprendido que hablas en serio y hace lo que tiene que hacer, como si todavía pudieses cogerlo y sacarlo del lugar. Si has pasado esa fase en la que puedes coger al niño en brazos y llevártelo, es importante imponer límites definiéndote tú, no definiendo a tu hijo y no entrando en guerras dialécticas (véanse págs. 226-228). Recuérdalo: ambos estáis en el mismo bando. Ambos queréis que el otro esté contento. Y para ello hay que escuchar y empatizar con los sentimientos del niño, contener su frustración y aprender a ser firme (cuando estás llegando a tu límite, cuando su seguridad está en riesgo o, lo más habitual, cuando tus temores sobre su seguridad superan lo que eres capaz de tolerar) y a ser flexible cuando toque. Por ejemplo, puedes ser flexible cuando un cambio de planes o de expectativas no supone un perjuicio a largo plazo, cuando te muestras firme para guardar las apariencias, cuando tiendes a la manipulación en lugar de relacionarte con tu hijo. Mientras escribía esto, oía a unos niños jugando en el jardín de un vecino. Hacían cada vez más ruido, parecía que estaban al borde de la histeria. Poco después oí a una mujer dirigiéndose a ellos: «Me parece que estáis haciendo demasiado ruido. Si no jugáis en silencio, tendréis que entrar». Me encantó su voz firme pero tranquila y me sentí más segura, como si yo fuese uno de aquellos niños que estaban perdiendo el control y necesitaban un límite. Al cabo de un rato volvieron a hacer mucho ruido. La mujer salió y dijo con un tono de voz más firme: «Adentro, ahora mismo». Y los niños obedecieron. Sabían que ella hablaba en serio.

También te ayudará si formulas los límites con la menor negatividad posible. Así, en lugar de «no dibujes en las paredes», di: «Las paredes no son para dibujar, el papel sí. Toma, unas hojas de papel». En el siguiente ejemplo de reparación tras una ruptura, la madre de Aoife, Gina, aprendió a hacer esto que acabo de explicar con su hija.

> Acabábamos de tener un momento muy agradable. Aoife se estaba lavando las manos después de pintar. Llenó un cuenco con agua y lo puso a un lado con mucho cuidado.
>
> —Has tenido mucho cuidado, Aoife —le dije.
>
> —Sí, es verdad —añadió, y me dio un abrazo.

Me di cuenta de que en lugar de ser positiva, siempre estoy diciendo cosas como «no derrames el agua» o «no mojes el suelo». Su abrazo fue mi recompensa por mi buena conducta como madre.

En un principio, los límites están para mantener a tu hijo a salvo: «Juega en el jardín, no en la calle, que la calle no es segura». A continuación tienen en cuenta el entorno y a los demás. Con frecuencia, cuando los padres imponemos un límite, fingimos que no se trata de definirnos a nosotros mismos. Decimos cosas como «tienes que apagar la tele cuando acabe este programa porque ya has estado demasiado rato viéndola». De ese modo estamos definiendo al niño. A nadie le gusta que le definan o le digan lo que necesita cuando piensa que no lo necesita. En este caso, lo que realmente queremos decir es «no quiero que la tele siga encendida, así que la voy a apagar cuando acabe esto». No solo está bien autodefinirse en lugar de fingir ante nuestros hijos (y ante nosotros mismos) que estamos siendo objetivos; además, es un buen ejemplo para ellos. Les demostramos que escuchamos nuestros sentimientos, que decidimos lo que queremos a partir de lo que sentimos, y actuamos en consecuencia. Y esto es fundamental para una buena salud mental.

Tal vez hayas leído que no es bueno que los niños pasen más de una hora al día delante de una pantalla, y por eso crees que estás planteando un hecho objetivo cuando le dices a tu hijo que ya ha visto demasiada tele y que debe apagarla. Sin embargo, es posible que él no esté de acuerdo, por lo que estarías iniciando una partida no deseada de «tenis de argumentos». Por tanto, defínete, expresa tu límite con una frase en primera persona, di cómo te sientes: «No me siento cómodo con que sigas viendo la tele, así que voy a apagarla cuando acabe este programa. ¿Quieres jugar a algo o ayudarme a preparar la cena?».

Si pierdes los nervios con tu hijo, puedes traumatizarle y hacer que se cierre a ti. Por tanto, es mucho mejor conocer tus límites y establecer con firmeza un «hasta aquí» antes de llegar a traspasarlos. Con ese «hasta aquí» detienes la conducta; en cambio, cuando se traspasan tus límites, es cuando pierdes los nervios.

Así, si pierdes la calma después de escuchar durante dos horas memes o dibujos en YouTube, dos horas es tu línea, y tendrás que imponer el límite en menos de dos horas. Los límites benefician al destinatario, pero también a la persona que los impone, y no deberíamos fingir que no es así.

Si finges que tienes razones válidas para imponer un límite, estás enseñando a tu hijo a ocultar sus verdaderos sentimientos detrás de razones válidas. Esto dificultará la comunicación, ya que se convertirá en experto en inventar razones válidas en lugar de compartir cómo se siente. Mantener las conversaciones más difíciles entre padres e hijos (sexo y pornografía, redes sociales, estrés, presiones, sentimientos) resultará mucho más complicado si desde el principio no se tiene el hábito de tener una comunicación clara, si no acostumbras a hablar sobre tus sentimientos y a escuchar los suyos y tomártelos en serio.

Si inventas motivos para imponer límites, aunque parezcan razonables, te meterás en todo tipo de dificultades. «Pero papá me deja quedarme hasta las ocho, y ¿tú dices que tengo que acostarme a las siete y media?» «¿Quién tiene razón?», se preguntará el niño. La verdad en una situación así podría ser esta: «A papá no le importa si te quedas hasta las ocho, pero a mí sí. Y hoy quiero que estés en la cama a las siete y media porque hay un programa que quiero ver tranquilamente a las ocho».

Debemos honestidad a nuestros hijos, y eso significa compartir nuestros sentimientos con ellos, no fingir que no sentimos nada. Inevitablemente, nuestros sentimientos y nuestras preferencias personales influyen en decisiones como la hora de acostarse, y no debemos fingir que no es así.

De forma similar, los niños pueden molestarse si las normas parecen triviales. En una familia, el hijo mayor era autista. Necesitaba saber qué iba a ocurrir y cuándo, y tenía que ocurrir en ese momento y ser igual cada día. Los padres criaron a los dos hijos que tuvieron después siguiendo la misma rutina y las mismas normas porque pensaban que sería «injusto» brindar a los pequeños una flexibilidad que no habían tenido con el primero. «John tenía que acostarse a las ocho cuando tenía doce años, así que tú también», decían. Si eres así de inflexible y te niegas a ver al niño como un individuo, irá acumulando resentimiento contra ti o contra su hermano. Y acumular resentimiento significa acumular problemas.

La regla de oro para imponer un límite consiste en definirte tú en vez de definir al niño. Por ejemplo, supongamos que tu hijo está escuchando música a todo volumen y el ruido te molesta. Él está absorto y disfrutando. Tú, por otro lado, empiezas a sentir resentimiento. En otras palabras, te estás acercando a tu límite. Defínete, describe cómo te sientes, en lugar de definir al niño. Dile: «Me parece que la música está muy alta. Me gustaría que bajases un poco el volumen, por favor», en lugar de «tienes la música demasiado alta, bájala, por favor».

Mis padres nunca se definían cuando me daban órdenes o imponían límites. Recuerdo que resultaba frustrante. Es posible que en aquel momento no supiese explicar el motivo, pero había algo poco auténtico en todo aquello, y me hacía sentir enfadada y sola.

Decidí que, cuando tuviese un hijo, haría las cosas de otra manera. Sería honesta. Diría la verdad. Esto no significa que no pareciese arriesgado reconocer mi egoísmo cuando le dije a mi hija que tenía frío y me aburría, y que por eso quería marcharme del parque, pero salió bien. Al dar ejemplo y expresar cómo me sentía, para decir a continuación lo que quería, mi hija aprendió a hacer lo mismo. Y no nos metimos en guerras de razonamientos.

¿Qué es una guerra de razonamientos? Consiste en jugar a tenis de argumentos y fingir que los sentimientos no tienen nada que ver en una decisión. Entonces se convierte en una guerra o enfrentamiento. Por ejemplo:

ADULTO Tenemos que irnos porque hay que preparar la comida.
NIÑO No. Podemos comer sobras.
ADULTO Es hora de irse a casa a comer de todos modos.
NIÑO No tengo hambre. Si tú tienes, llevamos manzanas en la bolsa.
ADULTO Necesitas una comida como Dios manda y nos vamos a casa, se acabó.
NIÑO ¡Buaaaaaaa!

Si te encuentras enfrascado a menudo en peleas como esta, es porque has enseñado a tu hijo las reglas del tenis de argumentos. Tal vez pienses que es mejor o parece menos egoísta exponer una razón que le implique a él («¡Tienes que comer!»), pero si no es el motivo real de que quieras marcharte del parque (pongamos que el motivo real es que tú quieres comer), estás cediendo al niño demasiado espacio para discutir contigo. No hay discusión posible si tú quieres comer.

El modo de salir de las guerras de razonamientos consiste en explicar cómo te sientes y expresar lo que quieres. Resulta más fácil negociar cuando todos comparten sus sentimientos en lugar de fingir que todo se debe a un motivo.

Por tanto, prueba este otro enfoque:

ADULTO Tenemos que irnos ya porque quiero comer.

NIÑO No quiero irme.

ADULTO Siento que no quieras irte, pero me pondré de mal humor si no como. Te doy dos minutos más para que acabes de jugar, después nos vamos.

Y después haces lo que has dicho.

Recuerdo que un día recibí una agradable sorpresa cuando le dije a mi hija que tenía frío y me aburría en el parque, de modo que nos marcharíamos en cinco minutos. Y ella negoció a mi favor:

—¡Podemos irnos en dos minutos si quieres!

Un niño al que se respeta escuchándole y teniendo en cuenta sus sentimientos se mostrará menos propenso a portarse mal por sentirse frustrado. Además, se mostrará más dispuesto a llevarse bien contigo y a aprender a empatizar. Un niño al que no se escucha lo suficiente demandará más atención. En el caso de los niños muy pequeños, tienen que pasar muchos años hasta que son capaces de expresarse con claridad, así que tendremos que escucharlos mediante la observación. Veamos un ejemplo para ilustrar lo que quiero decir.

Mi hijo, Paul, tiene seis años y padece dificultades del habla y del lenguaje que parecían relacionadas con el autismo (aunque no tenemos un diagnóstico formal). Cuando era bebé y después, hasta los cuatro años más o menos, nuestra casa parecía a veces una zona de guerra.

Cuando mi pareja y yo empezamos a tratar de entender el mundo desde su punto de vista, nuestras vidas (las de todos) mejoraron. Tuvimos que invertir mucho tiempo y esfuerzo en observar y escuchar para aprender de él. Nos enseñó a tener paciencia. Aprendimos a detectar cuándo podemos darle un empujoncito más y cuándo no debemos intervenir. También tenemos una hija dos años mayor que Paul. Dado que su forma de actuar es más parecida a la nuestra, no tuvimos que esforzarnos tanto para comprenderla. Sin embargo, mientras aprendíamos sobre nuestro hijo, empezamos a observar y a escuchar mejor a nuestra hija. Aunque siempre había sido un encanto, hemos notado que ahora que somos más considerados con ella, ella también es más considerada con nosotros.

ESTABLECER LÍMITES CON NIÑOS MAYORES Y ADOLESCENTES

> Cuando tenía catorce años, mi padre era tan ignorante que yo no soportaba estar cerca de él. Pero cuando cumplí veintiuno, me sorprendió ver cuánto había aprendido en siete años.
>
> MARK TWAIN

Establecer límites puede resultar mucho más complicado con los adolescentes que con los niños pequeños. No obstante, es más fácil si ya tienes el hábito de definirte tú en lugar de definir a tu hijo. Si no es así, nunca es demasiado tarde para empezar.

Cuando mi hijo Ethan llegó a la adolescencia, las cosas se pusieron serias. Se metió en líos en el instituto en varias ocasiones, aunque nada grave. Sin embargo, cuando tenía casi dieciséis años, las cosas fueron a peor. Un día recibí una llamada para avisarme de que fuese a buscarle a la comisaría porque había participado en un intento de robo en un supermercado. Un grupo de chicos con los que se juntaba había llenado un carro con cervezas y chuches, y había intentado salir corriendo con el carro sin pagar la compra. Ethan dijo que no tenía ni idea de por qué lo había hecho, que se había visto arrastrado. Era algo completamente impropio de él. Sin embargo, empecé a preocuparme ante la idea de que se convirtiese en ese tipo de chico...

Cerveza y chuches. Esta es una instantánea del punto en el que se encuentra un adolescente: entre la infancia y la edad adulta. ¿Cómo se supone que afrontan eso? ¿Recuerdas lo confuso que fue para ti? ¿Y cómo se supone que lo afrontamos nosotros como padres? Puedes expresar cómo te hace sentir esa conducta adolescente. «Decepcionado» es una palabra utilizada con frecuencia por los padres cuando sus hijos alcanzan esta etapa. Al niño le duele más cuando el padre o la madre se define en esos términos que cuando le define a él diciendo, por ejemplo, «te estás portando como un idiota». La otra herramienta consiste en leer la siguiente lista de resolución de problemas y descomponerla para que el adolescente entienda sus procesos mentales. Al final será capaz de utilizarla por sí solo.

1. Define el problema

En este caso, «los hurtos no me parecen aceptables. Vamos a tener que entender por qué ha pasado esto y buscar el modo de que no vuelva a pasar más. Me sentí avergonzado cuando tuve que recogerte en la comisaría».

2. Averigua qué sentimientos hay detrás del problema

La conversación podría ir más o menos así:

—¿Qué pasa cuando os juntáis los cinco? Porque es que por separado no parecéis delincuentes.

—No lo sé.

—Vale, tómate tu tiempo. ¿Cómo te sentías antes de hacerlo?

—Estábamos de cachondeo, riéndonos.

—¿Qué pasó después?

—Empezamos a picarnos.

—¿Y después?

—Lo hicimos y ya está.

—Me pregunto si el problema no será que cuando os juntáis cinco chicos, os incitáis unos a otros, os dejáis llevar y se crea una presión de grupo a la que es difícil resistirse. ¿Es eso?

—Sí.

3. Plantea soluciones

—Entonces, la próxima vez que ocurra eso, cuando estés a punto de hacer algo que sabes que no es una buena idea, ¿cómo vas a echar el freno para que la situación no se te vaya de las manos?

—Supongo que podríamos limitarnos a imaginarlo en lugar de hacerlo de verdad. Decir lo divertido que sería «si» lo hiciésemos.

—Os lo pasaríais bien de todos modos, pero sin las consecuencias negativas.

—Sí.

Podría ser necesario repetir los pasos 2 y 3 porque tal vez le ocurra algo al adolescente de lo que necesita hablar (por ejemplo, el sentimiento de que no puede responder a lo que se espera de él en el instituto, o cualquier otro problema). Podrías decir algo así: «Me pregunto si ya te sentías enfadado y rebelde porque te habían castigado en el instituto». Recuerda, no obstante, que debes dejar que sea él quien lleve la voz cantante cuando planteéis ideas para solucionar el problema.

Es probable que quieras imponer un límite para el futuro. Cuando lo hagas, defínete tú, no a tu hijo. Así, en lugar de decir: «No se puede confiar en ti, estás castigado», di lo siguiente: «Te vas a quedar en casa un par de semanas porque después de recogerte en la comisaría, he decidido darme un respiro y dejar de preocuparme. Te quiero cerca durante unos días». No dejes de exponer y compartir tus sentimientos.

No juzgues a tu hijo. Etiquetarlo de inútil, impulsivo, poco fiable o inmaduro no le ayudará a mejorar. Los límites están bien («no te voy a dejar salir hasta que sienta la confianza necesaria para hacerlo», por ejemplo), pero una postura punitiva intensifica la resistencia y no favorece el entendimiento entre vosotros. No dejes de dialogar. Sigue hasta el final y comprueba si las soluciones están dando resultados.

Recuérdalo: cuando quieras imponer un límite, defínete tú, no a tu hijo adolescente. Plantea tus sentimientos como el motivo que te lleva a actuar así, porque tus sentimientos «son» el motivo. Por ejemplo, tu hijo de trece años quiere coger solo el autobús nocturno que atraviesa la ciudad para volver a casa. Podrías decir algo así: «Tienes razón, seguramente podías coger ese autobús y sabes cómo comportarte de manera responsable y segura durante el trayecto. El problema es que yo no estoy listo para dejarte hacer eso. Tengo que acostumbrarme a la idea de que eres cada vez más adulto y puedes cuidarte solo. Vas a tener que aguantarme un poco más hasta que pueda dejarte hacer esas cosas». Al expresarte así, estás dando ejemplo de honestidad, además de imponer un límite. Tu hijo adolescente escuchará que tu negativa a que viaje en transporte público en plena noche no tiene nada que ver con él, sino contigo. Es posible que ya lo sepa, pero el hecho de no fingir que el motivo es otro le ayudará a aceptar mejor tu decisión, y vuestra relación saldrá beneficiada.

ADOLESCENTES Y ADULTOS JÓVENES

Aunque sea un cliché repetirlo, tu hijo adolescente está pasando por una etapa. Los seres humanos no alcanzamos la madurez hasta los veinticinco años aproximadamente. Hasta entonces existen más probabilidades de cometer errores a la hora de asumir riesgos y tomar decisiones. Se cree que esto se debe a que el lóbulo frontal, donde se desarrolla gran parte del pensamiento, todavía no ha producido conexiones rápidas con otras partes del cerebro. Al mismo tiempo, sin embargo, la capacidad de entusiasmo alcanza su punto álgido. Los adolescentes parecen sentir las cosas de manera más profunda y absoluta que los niños y los adultos. Su impulsividad dicta sus emociones y todavía no se ha desarrollado su capacidad de decir: «Esto es una mala idea» o «no hagas eso». Algunas personas desarrollan el control de los impulsos más tarde que otras, pero eso no significa que nunca vayan a aprender a contemplar las posibles consecuencias antes de actuar. La mayoría de las personas acaba llegando a ese punto.

Como ocurrió en la etapa en que tu hijo pequeño empezó a descubrir su autonomía, los adolescentes necesitan amor y límites, además de una generosa dosis de optimismo parental en lo que respecta al dominio de sus emociones y su impulsividad. Recuérdalo: el comportamiento llega a ser más desafiante justo antes de alcanzar un nuevo logro conductual. Piensa que están experimentando las emociones en color mientras que nosotros, en comparación, solo las experimentamos en blanco y negro. Es fantástico que puedan canalizar toda esa energía emocional en forma de creatividad, ya sea tocando música o practicando algún deporte, pero no es raro que en algunos casos se manifieste de manera inadecuada. Y vuestra tarea como padres consiste en imponer un límite, un espacio para proponer soluciones y, muy importante, no hacer un drama de ello.

El plan de tres puntos para averiguar la causa de una conducta inadecuada (comunicación, resolución del problema y planteamiento de ideas) no es la única manera de abordar este tipo de situaciones. Las familias encuentran sus propios métodos a medida que van pasando por las diferentes etapas, así como sus propias maneras de reparar una ruptura. Veamos la historia de Sophia.

> Cuando llegué a casa, olía a humo. Fui al salón y allí estaba Camila, mi hija de dieciséis años, con su amiga. Nunca me había gustado especialmente aquella chica porque siempre parecía que tenía algún drama revoloteando a su alrededor.

Así que me dirigí a la amiga de mi hija:

—¿Has estado fumando?

Mi hija respondió tranquilamente:

—No, mamá, hemos fumado las dos.

Pero yo no quería escuchar aquello, así que continúe dirigiendo mi sermón a la amiga, diciéndole que no me gustaba que fumase en mi casa. Mi hija, una chica que siempre había tenido un buen comportamiento, se puso furiosa y empezó a gritarme:

—¡No, mamá, he sido yo! ¡Deja de meterte con ella! ¿Por qué nunca escuchas?

Cuando su amiga se fue, bajó los humos. Yo estaba impactada porque aquel tipo de arrebato no era habitual en ella.

—Me decepciona que me hayas hablado así. No quiero tenerte por aquí ahora mismo. Vete a tu habitación —le dije.

Cuando llegó mi marido, Adam, le conté lo que había pasado. Me recordó que los dos fumábamos de adolescentes, que empezamos a su misma edad. Y que nuestra hija solo estaba expresando que se sentía harta de que la viésemos como a un ángel y a su amiga como el demonio. También me dijo que yo había juzgado demasiado rápido a la amiga.

Adam consiguió que viese las cosas desde el punto de vista de Camila. Y cuando además recordé cómo es el cerebro de un adolescente, empecé a calmarme.

Mientras hablaba con Adam, yo estaba estirando masa para colocar encima de un pastel que había preparado con sobras. Corté las letras para formar la frase «FUMAR MATA» y las coloqué encima del pastel. Era una ofrenda de paz para mi hija. Cuando bajó a cenar, parecía avergonzada. Sin embargo, cuando vio el pastel, no pudo contener la risa. Acabamos riendo los tres y la tensión se esfumó.

Camila hizo una foto, la publicó en Facebook y explicó la historia: la había pillado fumando, habíamos tenido una bronca y aquel era nuestro «pastel de la paz». Una de sus amigas comentó que debería haber preparado un pastel de colillas y obligar a Camila a comérselo. ¡Jamás habría llegado a ese extremo!

Recuerda esto cuando atravieses un momento difícil con tu hijo adolescente: si tienes el hábito de escuchar y ver la situación desde su punto de vista, además del tuyo, en el futuro no muy lejano podréis recordar momentos como esos y reír juntos. Dicho de otro modo, repararás la ruptura, sobre todo si das tú el primer paso. Y puede consistir en preparar un pastel de la paz o, lo más habitual, en usar el diálogo.

También es importante que no niegues lo que experimenta el adolescente con respecto a ti. Los adultos no evolucionamos ni nos desarrollamos con tanta rapidez como nuestros hijos, y la imagen que tenemos de nuestros adolescentes podría ser acertada seis meses atrás, pero hoy ya no estar actualizada. Así que es posible que hace seis meses tu hijo recibiese de buena gana tu ayuda con los deberes, pero que ahora la experimente como una interferencia molesta. Recuerda no ponerte a la defensiva cuando te diga que estás molestando o que te equivocas. Sin embargo, si notas que te acercas a tu límite, podría ser conveniente que le ayudes a encontrar el modo de expresar su queja sobre ti de una manera que te resulte más llevadera de escuchar. Todo eso se hace cada vez más fácil cuanto más expreséis en la familia vuestras experiencias, sentimientos y límites con afirmaciones en primera persona, sin definir a los demás, sino a uno mismo.

Un adolescente puede perder temporalmente parte de su encanto mientras se forja su propia identidad al margen de la familia. Desarrolla nuevos rasgos de identidad que le ayudan a formar nuevas tribus o a encajar en ellas. No has perdido a tu querido hijo. Cuando se sienta seguro en sus nuevos grupos de amigos, en el instituto y después en la universidad, disminuirá su necesidad de separarse de ti y volverá a aflorar lo mejor de su personalidad. El cerebro del adolescente puede tener momentos tan potentes como el de un animal salvaje. Y aunque puede resultar difícil empatizar con eso como padres, no dejes de intentarlo. Y sé optimista: sus lóbulos frontales acabarán poniéndose las pilas.

El adolescente (y, de hecho, los jóvenes de veintipocos) puede actuar movido por su inseguridad, ya que todavía no sabe cuál es su lugar en el mundo. La inseguridad es un tipo de miedo y, en ocasiones, cuando tenemos miedo, nuestro instinto es atacar. Las oportunidades para la gente joven en algunos campos son escasas, mientras que encontrar un papel y forjarse una identidad suponen un reto. Recuérdalo: mostramos nuestra peor cara justo antes de superar el siguiente obstáculo en nuestra vida. Los adultos jóvenes necesitan comprensión y apoyo para encontrar su camino y, con mucha frecuencia, el único modo que conocen de expresar esa necesidad consiste en demostrar su frustración. Y ello resulta incómodo para las personas que los rodean y para la sociedad en general. Nunca describas a alguien como «malo», y ayúdale a obtener la ayuda que necesita. Recuerda que ayudar a alguien consiste en facilitarle el modo de ayudarse a sí mismo. Cuando rescatamos a una persona haciendo por ella lo que es capaz de hacer por sí misma, le restamos poder y, posiblemente, hacemos que se sienta peor. Esto significa, por ejemplo, estar al lado de nuestro hijo adolescente como una pared a la que podrá lanzar sus ideas cuando tenga que elegir universidad, pero la decisión de qué y dónde estudiará se deja en sus manos. Podemos recordarle que la mayor parte de los cursos tienen jornadas de puertas abiertas, pero conviene dejarle la tarea de buscar la información y reservar una plaza. Podemos compartir lo que sabemos, pero sin llegar al extremo de decirle lo que tiene que hacer.

Cuando un adolescente se comporta de manera antisocial, de un modo del que no teníamos ni idea que nuestro angelito fuese capaz, lo que tendemos a hacer como padres es decir que «son las malas compañías». Todos los padres de todos los chicos de ese grupo dirán lo mismo. Para los demás padres, tu hijo es el malo de las malas compañías. Es algo muy humano, y todos lo hacemos: en lugar de admitir que nuestro hijo es tan responsable como los demás de lo que quiera que haya ocurrido, culpamos a los demás y nosotros nos situamos como víctimas inocentes. Más que las «malas compañías», la presión del grupo es irresistible. Piensa en lo que llegaste a hacer por la presión del grupo cuando eras adolescente.

Los niños y adolescentes experimentan, y eso es normal, pero eso no implica que esos experimentos sean siempre aceptables. Puedes compartir con ellos cómo te sientes: «Me siento furioso cuando...», «me da miedo que...», «me molesta que tú...». Sin embargo, no pierdas la oportunidad de compartir sentimientos también positivos: «Me sentí orgullosa de ti cuando...», «me impresionaste cuando...», «me invade el amor por ti cuando...», etcétera.

Si no tachas de estúpidos los sentimientos de tu hijo, si eres capaz de escuchar sin juzgar, si validas su experiencia de sí mismo, será más fácil que mantengáis las líneas de comunicación abiertas y que continúe confiando en ti a medida que pase el tiempo. De este modo, el acto de imponer límites (los suyos y los tuyos) resulta más sencillo y mantenerlos se convierte en algo natural.

Si se ha producido una ruptura entre vosotros, te recomiendo que seas honesto contigo mismo respecto a tu papel en esa ruptura. Si no sabes el motivo, sugiero que preguntes a tu hijo (sin ponerte a la defensiva) qué necesita que hagas para arreglar la situación. O pregúntate qué podrías hacer para que tu hijo y tú podáis hablar de manera más fluida. Te ayudará tener en mente que los adultos de más edad no tenemos el monopolio de tener siempre razón.

También ayuda recordar la sencilla regla de oro: defínete tú y tus sentimientos, no definas a tu hijo. Por tanto, di: «No estoy preparada todavía para que empieces a ir de bares», en vez de «eres demasiado joven para ir de bares».

Una paciente, Liv, me explicó su relación con su hijo adolescente, Matt, de dieciséis años.

> Cuanto más tiempo pasamos juntos (haciendo cosas juntos, saliendo por ahí), más fácil es pedirle que haga cosas, como que quite las sábanas de las camas o que vacíe el lavavajillas. Cuando le pregunto si puede hacer esto o aquello, él me responde: «Sí, claro». Sin embargo, cuando estoy muy ocupada con mis cosas o con el trabajo, y por tanto estoy más en mi mundo, si le pregunto lo mismo, es más probable que me responda con una negativa, o incluso con un «no, ¿por qué debería?». Antes acostumbrábamos a quedarnos atascados en ciclos de discusión. Pero entonces, cuando me bajaba el volumen de trabajo y

estaba más disponible para ver la tele juntos o comernos una pizza, nuestras vidas volvían a basarse más en la cooperación.

Me di cuenta de todo esto más o menos al cabo de diez años de ser madre. Le dije a mi marido: «No puedes limitarte a vivir tu vida y después interrumpir la vida de Matt y decirle "Quiero que hagas esto"». Sería como si un extraño entrase en tu casa y te dijese lo que tienes que hacer. Cuanta más conexión hay entre todos nosotros, más fácil resulta solucionar los problemas y negociar para conseguir lo que quiere cada uno.

La experiencia de Liv me recuerda que es importante pasar tiempo con nuestros hijos, tengan la edad que tengan, y escucharlos. Que no vale estar solo con ellos cuando cada uno está mirando su pantalla o llevar vidas separadas y compartir únicamente un espacio. Tenemos que asegurarnos de conectar con ellos, además de vivir con ellos.

Cuando las líneas de comunicación están abiertas, se facilitan las conversaciones más complicadas y sutiles que debéis mantener sobre sexo, drogas, acoso, amistades, pornografía e internet. Aprenderás cómo ven todos esos temas tu hijo y la generación más joven, y podréis compartir vuestros sentimientos y conocimientos sobre ello, así como los cambios en el proceso. Si no estás dispuesto a dejar que calen en ti las opiniones y los sentimientos de tu hijo, resultará menos probable que él permita que influyas en él y admita tus sabios consejos.

Si intentas recordar cómo eras de adolescente, eso te ayudará a encontrar más puntos en común con tu hijo (aunque examinar tus años de adolescencia te resulte desagradable, como en la siguiente cita).

> Con la esperanza de entender mejor a Bron, he leído los diarios que yo escribía a su edad. Me he quedado horrorizada ante tanta vulgaridad y pedantería.
>
> Evelyn Waugh, *Diario*, 1956

Ejercicio: Máximas de comportamiento

Defínete tú en lugar de definir a tu hijo.

No finjas que tus decisiones se basan en hechos objetivos cuando en realidad se basan en tus sentimientos y tus preferencias.

Recuerda que los dos estáis en el mismo bando.

Colabora y aporta ideas en lugar de mandar.

La falta de autenticidad provoca una ruptura que podrás reparar si eres honesto.

Y recuerda: los niños hacen lo que se les hace a ellos.

Ejercicio: Tratar al adolescente mayor como a un huésped

Si tienes dificultades para saber cuáles son los límites razonables que imponer a tu hijo adolescente mayor, imagina que es un huésped que ha llegado para compartir tu casa. Seguirás teniendo tus normas, pero las expresarás definiéndote, no definiendo a tu hijo. Por ejemplo:

«Me gustaría que dejases tus mochilas/bolsos en tu habitación, no en la entrada.»

«Quiero que estés aquí a las doce porque no duermo bien si estoy pendiente de que llegues.»

«No me siento cómoda con que acumules platos en tu habitación después de comer, no puedo permitirlo.»

«Puedes utilizar la lavadora cuando quieras.»

Si imaginas que tu hijo casi adulto es un huésped, eso te ayudará a darle parte de la distancia respetuosa que ansía.

Una cosa que debemos recordar los padres es que para ayudar a nuestros hijos a alzar los cuatro pilares de la conducta adecuada tenemos que dar ejemplo con la práctica. Debemos tolerar la frustración, ser flexibles, mostrar capacidad de resolver los problemas y ser capaces de ver las cosas desde el punto de vista ajeno.

Y, POR ÚLTIMO, CUANDO TODOS SOMOS ADULTOS

Para mí, tener un hijo es algo así: en un momento dado avanzamos por la calle muy poco a poco porque las piernecitas del pequeño solo son capaces de dar pasitos muy cortos. Después, durante un período breve, vamos los dos al mismo ritmo, y más tarde te supera y tienes que correr para pillarle. Esta última parte es la más larga. En esta parte es donde se refleja toda la inversión de tiempo, cuidado, consideración, respeto y amor. Es entonces cuando recogemos los beneficios de tener un estilo de apego seguro, curiosidad por el mundo y la capacidad de saber qué sienten nuestros hijos para que ellos puedan averiguar qué quieren y necesitan en la vida y nosotros tengamos el placer de verlos ir a por ello.

Les habremos proporcionado una base sólida, emocional y práctica. Así, si se pierden por el camino (¿quién no lo hace de vez en cuando?), tendrán un puerto seguro al que regresar, donde encontrarán socorro y consuelo. Y aunque ya no estemos para que regresen a nosotros, porque no somos más que mortales, encontrarán esa base sólida en su interior, la base que se construyó en la relación con nosotros y que los ayudará a recuperar el rumbo.

Para un hijo adulto significa mucho que sus padres se interesen por su vida de un modo no intrusivo. Siempre fuiste un espejo para tu hijo. El concepto que tenga de sí mismo siempre se verá influido, en mayor o menor medida, por tus reacciones en su presencia, por cómo disfrutas de él, por cómo le recibes y por cómo te relacionas con él. Y todo esto no acaba de repente cuando alcanza la mayoría de edad, o cuando tiene sus propios hijos, o cuando se jubila. Continúa hasta el final. Cuando una madre centenaria sonríe encantada y comparte con su hijo lo orgullosa que se siente de él, aunque ese hijo tenga setenta y cinco años, no es en vano: le quieren, le importa a alguien. Sentirnos orgullosos de nuestros hijos adultos significa mucho para ellos, más que la admiración y los elogios de otras personas. No te adjudiques el mérito de sus triunfos (a menos que te lo concedan explícitamente) porque no los ayuda, pero tampoco niegues tu parte en ninguno de sus contratiempos.

Nunca es tarde para intentar reparar una ruptura, aunque ayuda que los dos estéis vivos. El modo de hacerlo es el de siempre: buscar los sentimientos que se esconden tras su conducta y la de tu hijo, y tratar de entender esos sentimientos. Si, por ejemplo, te sientes ofendido porque tu hijo adulto te dice que tu nueva pareja no le parece buena para ti, no pienses que intenta acapararte o que es grosero, sino que se preocupa por ti y te quiere. Y responde a la parte de tu hijo que se preocupa, no a la parte que quieres castigar por decirte lo que podría ser una verdad incómoda. Los papeles de padre/madre e hijo/a podrían intercambiarse, y descubrirías a tu hijo/a haciendo de padre/madre contigo.

A nuestros hijos adultos los puede ayudar saber que hemos cometido errores que los llevaron a tomar malas decisiones. Y lo siento si esto parece injusto. «No es justo» fue mi primera idea para el título de este libro, porque los adultos tenemos que invertir una gran parte de nuestro tiempo en los hijos y, por muy considerados que seamos con ellos, el hecho de ser padres no ofrece ninguna garantía.

Una de las maneras en que los padres podemos meter la pata cuando pensamos que nuestros deberes han acabado consiste en sentirnos competitivos con nuestros hijos, o con uno de ellos. Y cuando ese hijo nos habla de algún logro, sentimos que nosotros también tenemos que conseguirlo o alardear de algún otro triunfo. Veamos, por ejemplo, la experiencia de Julia:

> Le expliqué a mi madre lo bien que iba su nieto en el colegio y, en lugar de alegrarse por nosotros, me salió con lo lista que era mi hermana en su época escolar. Me dolió y, además, ni siquiera era verdad. Fue como si intentase superarme. Le pregunté por qué se ponía competitiva; se puso nerviosa y cambió de tema.

Es posible que, en este caso, la abuela recordase el orgullo que sentía por sus hijas cuando escuchó a su propia hija hablando con orgullo de su hijo, pero la cosa se torció. Cuando nuestros hijos son adultos, sigue siendo tan importante como siempre no temer equivocarnos, no ponernos nerviosos cuando cometemos un error y reparar la ruptura. Nos ayudará si somos conscientes de nuestros hábitos de rivalidad pasados, como el tenis de argumentos, o el juego de la victoria y la derrota, porque podríamos meter la pata y dejar a un lado esa autoconciencia cuando pensamos que nuestra tarea ha acabado, y entonces podrían regresar esas maneras inadecuadas de relacionarnos. Aunque todos seamos adultos, debido a la dependencia de los hijos en el pasado y al vínculo entre padres e hijos, en muchos casos los progenitores seguirán ejerciendo una gran influencia en cómo se sienten sus hijos adultos respecto a sí mismos y a sus vidas. Tenemos que recordar eso para no ponerles trabas sin darnos cuenta, como en el ejemplo anterior, o no identificarnos tanto con ellos hasta el punto de soltar a nuestro crítico interior contra ellos sin pensar.

Los vínculos con nuestros hijos pueden ser una de las relaciones más importantes y formativas de nuestras vidas. Tenemos que seguir cuidando esas relaciones, y para ello debemos seguir respetando a nuestros hijos ya adultos, además de quererlos.

Y del mismo modo que recomiendo analizar nuestra infancia para observar cómo influye a su vez en la de nuestros hijos, conviene prestar atención a cómo son nuestros padres con nosotros ahora que somos adultos, qué hacemos como ellos y qué queremos hacer de otra manera cuando nuestros hijos sean adultos.

Más adelante, si tenemos la suerte de vivir muchos años, podríamos tener que dejar en manos de nuestros hijos algunas decisiones en las últimas etapas de esa relación de por vida. Si hemos aprendido a confiar en ellos, será más fácil para todos. Tener un hijo significa que tendrás que ejercer de madre o padre cuando sea pequeño, después seréis los dos adultos y, por último, podrías convertirte en el niño de ese adulto. Si somos flexibles y aceptamos esos papeles, las cosas serán más fáciles para todos.

PARA SABER MÁS

Primera parte: El legado de tu crianza

Steven J. Ellman, «Analytic Trust and Transference: Love, Healing Ruptures and Facilitating Repairs» (tesis doctoral, págs. 246–263, publicada en línea el 25 de junio de 2009).

Robert Firestone, *Compassionate Childrearing*, Plenum Publishing/Insight Books, 1990.

John Holt, *How Children Fail*, Penguin, 1990.

Segunda parte: El entorno de tus hijos

Judy Dunn y Richard Layard, *A Good Childhood: Searching for Values in a Competitive Age*, Penguin Books, 2009. Versión castellana: *Una buena infancia: en busca de valores en una época competitiva*, Alianza, 2011.

Emily Esfahani Smith, «Masters of Love. Science Says Lasting Relationships Come down to – You Guessed It – Kindness and Generosity» (<https://www.theatlantic.com/health/archive/2014/06/happily-ever-after/372573>).

John M. Gottman, *The Seven Principles for Making Marriage Work*, Prentice Hall e IBD, 1998.

Virginia Satir, *Peoplemaking*, Souvenir Press, 1990. Versión castellana: *El arte de crear una familia*, RBA, 2006.

D. W. Winnicott, *Home is Where We Start From: Essays by a Psychoanalyst*, Penguin, 1990.

Tercera parte: Sentimientos

Tom Boyce, *The Orchid and the Dandelion*, Penguin, 2019.

Adele Faber y Elaine Mazlish, *How to Talk so Kids Will Listen and Listen so Kids Will Talk*, Piccadilly Press, 2012. Versión castellana: *Cómo hablar para que sus hijos le escuchen y escuchar para que sus hijos le hablen*, Ediciones Medici, 2013.

———, *Siblings without Rivalry*, Piccadilly Press, 2012. Versión castellana: *Hermanos, no rivales*, Ediciones Medici, 2010.

Jerry Hyde, *Play from Your Fucking Heart*, Soul Rocks, 2014 (reimpresión).

Janet Lansbury, «Five Reasons We Should Stop Distracting Toddlers and What to Do Instead» (<www.janetlansbury.com/2014/05/5-reasons-we-should-stop-distracting-toddlers-and-what-to-do-instead>).

Adam Phillips, Vídeo sobre el placer y la frustración (<www.nytimes.com/video/opinion/100000001128653/adam-phillips.html>).

Naomi Stadlen, *What Mothers Do*, Piatkus, 2005. Versión castellana: *Lo que hacen las madres*, Books4pocket, 2010.

Donald Winnicott, Emisiones del programa de radio «Good-enough Mother» (<https://blog.oup.com/2016/12/winnicott-radio-broadcasts>).

Cuarta parte: Sentar unas bases

Más información sobre el acto de gatear hasta el pecho: <http://breastcrawl.org/science.shtml>.

Beatrice Beebe y Frank M. Lachmann, *The Origins of Attachment: Infant Research and Adult Treatment*, Routledge, 2013.

John Bowlby, *A Secure Base*, Routledge, 2005.

Barbara Katz Rothman, *The Tentative Pregnancy: Amniocentesis and the Sexual Politics of Motherhood*, Rivers Oram Press, 1994 (2.ª ed.).

David F. Lancy, *The Anthropology of Childhood*, Cambridge University Press, 2014 (2.ª ed.).

Blog de Janet Lansbury: <JanetLansbury.com>.

Brigid Moss, *IVF: An Emotional Companion*, Collins, 2011.

Annie Murphy Paul, Origins: *How the Nine Months before Birth Shape the Rest of Our Lives*, Hay House, 2010.

Joan Raphael-Leff, *Parent-Infant Psychodynamics*, Anna Freud Centre, 2002.

———, *Psychological Processes of Childbearing*, Centre for Psychoanalytic Studies, 2002 (2.ª ed. revisada).

Quinta parte: Condiciones para una buena salud mental

Beatrice Beebe *et al.*, «The Origins of 12-Month Attachment: A Microanalysis of 4-Month Mother-Infant Interaction» (<www.ncbi.nlm.nih.gov/pmc/articles/PMC3763737>).

Ruth Feldman, «Parent-infant Synchrony and the Construction of Shared Timing; Physiological Precursors, Developmental Outcomes, and Risk Conditions», *Journal of Child Psychology and Psychiatry*, Wiley Online Library, 2007.

———, «Biological Foundations and Developmental Outcomes» (<http://journals.sagepub.com/doi/10.1111/j. 1467-8721.2007.00532.x>).

Tracy Gillett, «Simplifying Childhood May Protect against Mental Health Issues» (<http://raisedgood.com/extraordinary-things-happen-when-we-simplify-childhood>).

Maya Gratier *et al.*, «Early Development of Turn-taking in Vocal Interaction between Mothers and Infants» (<www.ncbi.nlm.nih.gov/pmc/articles/PMC4560030>).

Elma E. Hilbrink, Merideth Gattis y Stephen C. Levinson, «Early Developmental Changes in the Timing of Turn-taking: A Longitudinal Study of Mother-Infant Interaction» (<www.ncbi.nlm.nih.gov/pmc/articles/PMC4586330>).

Oliver James, *Love Bombing: Reset Your Child's Emotional Thermostat*, Routledge, 2012.

Janet Lansbury, *Elevating Child Care: A Guide to Respectful Parenting*, CreateSpace Independent Publishing Platform, 2014.

———, *No Bad Kids: Toddler Discipline without Shame*, CreateSpace Independent Publishing Platform, 2014.

W. Middlemiss *et al.*, «Asynchrony of Mother-Infant Hypothalamic-Pituitary-Adrenal Axis Activity following Extinction of Infant Crying Responses Induced during the Transition to Sleep» (<www.ncbi.nlm.nih.gov/pubmed/21945361>).

Maria Montessori, *The Absorbent Mind*, BN Publishing, 2009.

S. Myriski *et al.*, «Digital Disruption? Maternal Mobile Device Use is Related to Infant Social-Emotional Functioning» (<www.ncbi.nlm.nih.gov/pubmed/28944600>).

Darcia F. Narvaez, «Avoid Stressful Sleep Training and Get the Sleep You Need: You Can Survive the First Year Without Treating Your Baby Like a Rat» (<www.psychologytoday.com/blog/moral-landscapes/201601/avoid-stressful-sleep-training-and-get-the-sleep-you-need>).

———, «Child Sleep Training's "Best Review of Research": Sleep Studies are Multiply Flawed Plus Miss Examining Child Wellbeing» (<www.psychologytoday.com/blog/moral-landscapes/201407/child-sleep-training-s-best-review-research>).

———, *Neurobiology and the Development of Human Morality*, W. W. Norton & Co., 2014.

Barry Schwartz, *The Paradox of Choice: Why More is Less*, Harper-Perennial, 2005. Versión castellana, *Por qué más es menos*, Taurus, 2005.

Jack P. Shonkoff y Andrew S. Garner, «The Lifelong Effects of Early Childhood Adversity and Toxic Stress» (<http://pediatrics.aappublications.org/content/early/2011/12/21/peds.2011-2663.short>).

Ed Tronick, *The Neurobehavioral and Social-Emotional Development of Infants and Children*, W. W. Norton & Co., 2007.

Sexta parte: Toda conducta es comunicación

Hannah Ebelthite, «ADHD: Should We be Medicalising Childhood?» (<www.telegraph.co.uk/health-fitness/body/adhd-should-we-be-medicalising-childhood>).

Adele Faber y Elaine Mazlish, *How to Talk so Teens Will Listen and Listen so Teens Will Talk*, Piccadilly Press, 2012. Versión castellana: *Cómo hablar para que los adolescentes le escuchen y cómo escuchar para que los adolescentes le hablen*, Ediciones Medici, 2006.

Ross Greene, *The Explosive Child*, Harper Paperbacks, 2014.

Christine Hooper y Margaret Thompson, *Child and Adolescent Mental Health: Theory and Practice*, CRC Press, 2012 (2.ª ed.).

Janet Lansbury, *Elevating Child Care: A Guide to Respectful Parenting*, CreateSpace Independent Publishing Platform, 2014.

———, *No Bad Kids: Toddler Discipline without Shame*, CreateSpace Independent Publishing Platform, 2014.

Ian Leslie, *Born Liars: Why We Can't Live without Deceit*, Quercus, 2012.

Ruth Schmidt Neven, *Emotional Milestones from Birth to Adulthood: A Psychodynamic Approach*, Jessica Kingsley Publishers Ltd., 1997.

Victoria Talwar y Kang Lee, «A Punitive Environment Fosters Children's Dishonesty: A Natural Experiment» (<www.ncbi.nlm.nih.gov/pmc/articles/PMC3218233>).

AGRADECIMIENTOS

Me gustaría dar las gracias a mis difuntos padres. Hicieron muchas cosas bien, y las que no estuvieron tan bien me resultaron muy útiles en mi carrera como psicoterapeuta y como escritora.

Cuando estaba embarazada, sabía que quería hacer algunas cosas de manera distinta a como las habían hecho mis padres, así que leí muchos libros para formarme. Los que más me gustaron fueron *Compassionate Childrearing*, de Robert Firestone; *Cómo hablar para que sus hijos le escuchen y escuchar para que sus hijos le hablen*, de Adele Faber y Elaine Mazlish, y *Psychological Processes of Childbearing*, de Joan Raphael-Leff. Sus observaciones sobre facilitadores y reguladores me ayudaron muchísimo. El libro de Firestone trata sobre algunos de los patrones de conducta tóxicos que heredamos y transmitimos sin darnos cuenta, como la voz interior crítica. Faber y Mazlish hablan sobre la sabiduría de validar los sentimientos. Sus ideas perduran en mí y me fueron de gran ayuda para criar a mi hija. Todos han influido en este libro. También soy un reflejo de la influencia del trabajo de Donald Winnicott, en especial de sus ideas sobre los padres que odian o están resentidos con sus hijos, y el trabajo que llevó a cabo para normalizar esas situaciones.

Desde entonces he leído mucho más sobre estos temas. *Origins: How the Nine Months before Birth Shape the Rest of our Lives,* de Annie Murphy Paul, fue una gran influencia para el capítulo sobre el embarazo. Lo recomiendo junto a *The Tentative Pregnancy: Amniocentesis and the Sexual Politics of Motherhood*, de Barbara Katz Rothman, para futuras madres y padres. No obstante, los libros no han sido mi único gran recurso: el blog de Janet Lansbury (<JanetLansbury.com>) ha sido una gran influencia en mí y en este libro, y lo recomiendo encarecidamente para aprender a tratar y entender a los niños de uno a cuatro años. De ella he tomado ideas acerca de la inconveniencia de desviar la atención de los niños de sus sentimientos y de sentar a los bebés, y el ejemplo sobre cuándo ayudar y cuándo no rescatar a los hijos (Freya). También fue en su blog donde leí por primera vez lo importante que es respetar a nuestros hijos, además de quererlos. Me siento agradecida con *Una buena infancia: en busca de valores en una época competitiva,* de Judy Dunn y Richard Layard, por su investigación sobre la estructura familiar y las consecuencias implícitas para los hijos. De *The Anthropology of Childhood*, de David F. Lancy, saqué la expresión «magia empática» y el concepto de la crianza centrada en el hijo o centrada en el adulto, basado en las ideas que he aprendido de Joan Raphael-Leff. También estoy en deuda con *Neurobiology and the Development of Human Morality*, de Darcia Narvaez. Sus ideas y sus investigaciones tienen un enorme valor para mí, en especial su investigación sobre el entrenamiento del sueño y su potencial para causar estragos. *The Explosive Child*, de Ross Greene, me ayudó mucho a definir y analizar las conductas inadecuadas de los niños. Sus reflexiones sobre la disciplina colaborativa me resultaron muy útiles. Suya es la idea de que necesitamos flexibilidad, capacidad de resolver problemas y tolerancia a la frustración para tener una buena conducta. También me aportó la idea de una carta escrita desde la perspectiva de un niño para ayudar a los padres a empatizar con sus hijos. Estos y los demás libros, blogs, podcasts y vídeos que he utilizado aparecen en la sección «Para saber más».

Además, hay muchas personas a las que quiero dar las gracias. Empezaré con los profesionales: estoy en deuda con la sabiduría de Margaret Connell, directora del instituto de mi hija, Flo, que no solo la educó sino que me enseñó también mucho a mí, en especial sobre los niños y las mentiras. Los colegas psicoterapeutas con los que hablé mientras escribía este libro tienen mi eterno agradecimiento. Y uno especial para mi amiga Dorothy Charles, de Tribal Ground (California). Dorothy me ayudó con la «dinámica ganar frente a perder»; nuestras conversaciones y sus comentarios sobre mi primer borrador me fueron de gran ayuda. Mi compañera Julianne Appel-Opper, psicoterapeuta corporal gestalt de The Living Body (Berlín), me ayudó con muchos de los conceptos de este libro, y en especial con los relacionados con el diálogo, el toma y daca de la comunicación y su maravillosa metáfora de la teoría del apego. Julianne leyó uno de los primeros borradores e hizo comentarios de gran valor. Sin ella, este libro sería más pobre. Nos pasamos cuatro días en un spa de Alemania oriental aportando ideas para el libro, y estoy deseando disfrutar de otra minipausa con ella cada vez que no estoy escribiendo. Nicola Blunden, de la Universidad de South Wales, me ayudó mucho con sus ideas cuando nos alojamos en una cabaña de los South Downs; formamos un grupo de escritura de dos personas. Nicky Forsythe, fundadora y directora de Talk for Health (Londres), desarrolló el ejercicio «¿En qué medida te sientes cómodo con tus emociones?»; el ejercicio «Cómo dialogar mejor» es una adaptación de uno titulado «Cómo escuchar» que Nicky enseña en Talk for Health. Tengo que dar las gracias a la escritora Wendy Jones, ya que, cuando estaba en un momento bajo con el libro, me ofreció sesiones privadas de gestalt. Me hizo conversar con este libro y acabé viendo con claridad en qué dirección quería llevarlo. Gracias a Louis Weinstock, terapeuta infantil y familiar en Bounce Works, por su apoyo y sus comentarios acerca de la tecnología y el desarrollo de un estado de ánimo predeterminado. También deseo expresar mi agradecimiento a Suzanne Moore, periodista y psicoterapeuta en formación, autora de la frase que destaca la importancia de «no solo querer a nuestros hijos, sino que también nos caigan bien». Su frase se me quedó grabada e influyó en el planteamiento de este libro. Gracias a Aaron Balik, de Stillpoint (Londres), por permitirme utilizar las instalaciones de Stillpoint Spaces para mis revisiones. Todos habéis sido muy generosos con vuestro tiempo, vuestras ideas, vuestros ánimos y vuestro cariño. No podría haber hecho esto sin vosotros.

Mi hija, Flo, leyó mis primeras notas desordenadas cuando me entraron ganas de rendirme y me suplicó que continuase con el libro. También me asesoró en borradores posteriores. Me convenció de que valía la pena continuar. De no haber sido por ella, no podría haberlo hecho. También fue muy generosa al permitirme usar su nombre en los ejemplos prácticos del libro. De Flo he aprendido mucho de la vida. Ver el mundo con ojos nuevos desde su punto de vista me ha convertido en mejor escritora, pero también (y lo más importante) en mejor persona. Flo, además, me presentó a Hannah Jewell, que se quedó conmigo en casa y resultó ser una gran compañera de escritura. Estoy muy agradecida a mi marido, Grayson, por su amor, su valentía y su autenticidad en su labor como padre. Ha sido maravilloso ser testigo de su relación con Flo y tener un testigo de mi relación con ella. Ha tenido que absorber gran parte del dolor que he pasado en el proceso de escribir este libro, y lo ha hecho sin quejarse. También estoy en deuda con muchos amigos que me han apoyado incondicionalmente. Un agradecimiento especial a Janet Lee; Yolanda Vazquez y Jonny Phillips; Alba Lily Phillips-Vazquez y Helen Bagnall (que me hizo una foto cuando estaba estancada con el libro, y otra cuando me sentía más optimista). Helen, Diccon Towns y Juliet Russell me llevaron a hablar ante el público en el Salon London y el Also Festival, algo muy positivo para mí. Todas estas personas estuvieron a mi lado durante el proceso de escritura, y las quiero muchísimo a todas. También me siento muy agradecida con los amigos que veo menos, aunque charlamos a menudo por medios virtuales. Ellos también me han subido el ánimo: gracias a Rose Boyt, por tus útiles comentarios sobre mi manuscrito; a Damian Barr, por invitarme a leer un borrador de este libro ante su alentador público en su salón literario, en el glamuroso Savoy Ballroom, y a Clare Conville, que me invitó al Curious Arts Festival y me brindó un público maravilloso ante el que expuse algunas ideas del libro. Amigos así me han dado ánimos, y yo los necesitaba.

He hablado con muchísimos padres para buscar ejemplos prácticos, y aquellos que no aparecen en el libro me han sido de tanta ayuda como los que sí se mencionan. Todos dieron forma y agudizaron mis ideas, además de enseñarme qué significa ser madre o padre. Me ayudaron a ver que mi punto de vista como madre y como hija es solo uno de tantos otros. No solo hablé con muchos padres, sino que también muchos me escribieron, participaron en mis estudios, hablaron conmigo online o contactaron conmigo a través de la revista *Red* (para la que escribo una columna). Algunos son pacientes míos. Estoy en deuda con todos ellos.

También deseo dar las gracias a todos los niños, adolescentes e hijos adultos que he tenido el privilegio de conocer y de los que he podido aprender, en especial a mis clientes. Me demuestran una y otra vez que los patrones relativos a formas de sentir, pensar y reaccionar que se instauran en la infancia pueden perdurar durante muchísimo tiempo. Gracias a cada uno de vosotros, ya que habéis sido mis maestros. Debo un agradecimiento especial a la paciente que aparece en este libro con el seudónimo de «Gina»: no solo me proporcionó material para un ejemplo práctico, sino que además me señaló errores en los primeros borradores y apoyó mi trabajo de manera incondicional.

Hay más maestros a los que debo dar las gracias. Las profesoras Maria Gilbert y Diana Smukler dirigieron un grupo de lectura y supervisión de psicoterapeutas que se reunió cada mes durante varios años a principios de este siglo. En ese grupo aprendimos y debatimos sobre numerosos conceptos, teorías e ideas del psicoanálisis relacional que he aplicado en torno al concepto de crianza. Sin embargo, más que aportarme ideas, estas dos profesoras me hicieron confiar más en mis capacidades gracias a sus ánimos. También me sentí animada por mi psicólogo, el profesor Andrew Samuels, que me enseñó que una figura de autoridad no pierde autoridad cuando se permite ser vulnerable, insegura y auténtica. En una ocasión me dijo que existen dos tipos de terapeutas: los que asisten a talleres y los que los facilitan, y me dio un empujoncito muy necesario cuando me dijo que yo estaba en el grupo equivocado. Es posible que mi psicoanálisis acabase hace años, pero sus efectos positivos perduran. Me siento agradecida con todos los terapeutas que he tenido. Con la terapia he aprendido cómo progresan las relaciones, y gran parte de eso se puede aplicar a cualquier relación (en especial, a la que mantienen padres e hijos).

Gracias a Karolina Sutton, mi agente, que me llevó a comer y me preguntó qué ideas tenía para un libro. Le expliqué que podía escribir uno sobre la importancia de la relación con los hijos, una especie de alternativa a los manuales de crianza. Antes de que pudiese decidir si quería escribirlo o no, Karolina organizó una reunión con Venetia Butterfield, de Penguin Random House. Nunca se había ingerido tanta comida en la creación de un libro. Venetia me citó para comer en varias ocasiones, en las que a menudo conversamos sobre nuestras experiencias como madres, así que pensé que estábamos en la misma onda. Después recibió el primer borrador y no le gustó. Pasamos por un proceso de ruptura y reparación, y colaboramos para hallar una solución que nos gustase a las dos. Podríamos habernos alejado, pero no lo hicimos. Creo que las relaciones que se deterioran pueden reencauzarse y ser más fuertes y mejores, y que lo adecuado de aquella ruptura y reparación es una parte importante de este libro porque las dos vivimos el proceso en primera persona, Venetia como editora y yo como autora. Gracias por seguir ahí, Venetia. También quiero dar las gracias a Aimee Longos, Jack Ramm y Sarah Day por su aportación editorial.

Por último, si continúas leyendo, antes del «y a todos los que me conocen» (como si fuese una concursante que cierra su intervención en un programa de radio), tengo que dar las gracias a mi excolega en la revista *Red*, la persona que revisó mi columna de consejos durante varios años, por transformar este libro con su trabajo de corrección. Brigid Moss me planteó todas las preguntas oportunas y me hizo responderlas. Brigid Moss, ERES UNA AUTÉNTICA ESTRELLA, una escritora y editora brillante, una madre impresionante, y te quiero.

Y a todos los que me conocen. Esto puede parecer trivial, pero todos nos influimos, nos moldeamos y nos apoyamos unos a otros. Por ejemplo, el juego de las «fiestas» que se menciona en el apartado sobre el juego es una idea de Esme cuando tenía un año. Hace aproximadamente veinte años, su padre, Guy Scantlebury, me estaba montando una cocina nueva. A veces aparecía con aspecto de estar muy cansando. «Fiesta a las cinco de la mañana», me decía a modo de explicación.

Philippa Perry
Septiembre de 2018

ÍNDICE ANALÍTICO